国家社科基金项目12BSS016

本书得到大连市人民政府及大连大学出版基金资助

东北亚
近代史探赜

DONGBEIYA JINDAISHI TANZE

张晓刚　著

中国社会科学出版社

图书在版编目(CIP)数据

东北亚近代史探赜 / 张晓刚著 . —北京：中国社会科学出版社，2012.12
ISBN 978 - 7 - 5161 - 3342 - 2

Ⅰ . ①东… Ⅱ . ①张… Ⅲ . ①东亚 - 近代史 - 研究 Ⅳ . ①K310.4

中国版本图书馆 CIP 数据核字(2013)第 235663 号

出 版 人	赵剑英
责任编辑	任 明
特约编辑	乔继堂
责任校对	周 昊
责任印制	李 建

出 版	中国社会科学出版社
社 址	北京鼓楼西大街甲 158 号 （邮编 100720）
网 址	http：//www.csspw.cn
	中文域名：中国社科网 010 - 64070619
发 行 部	010 - 84083685
门 市 部	010 - 84029450
经 销	新华书店及其他书店

印 刷	北京奥隆印刷厂
装 订	北京市兴怀印刷厂
版 次	2012 年 12 月第 1 版
印 次	2012 年 12 月第 1 次印刷

开 本	710 × 1000 1/16
印 张	16.25
插 页	2
字 数	288 千字
定 价	55.00 元

序　言

斗转星移，世事沧桑。随着中日韩三国先后于 20 世纪 60、70、80 年代掀起三次经济开发热潮，从整体上提升了东北亚的国际地位和竞争力，国际资本不请自来，东北亚再次成为全球经济社会满怀希望的"黄金之乡"。随着世纪之交朝鲜半岛核危机的发生，东北亚地区集体安全的重要性亦日益突出。而美国战略东移，日本加快军事大国化的步伐和三八线南北与海峡两岸统一进程中突变因素的增加，解决东北亚地区"战争与和平"的问题也越来越紧迫。随着中美日俄四大国纵横捭阖于东北亚国际舞台，更使之成为大国利益角逐与博弈的台风眼，东北亚地区外交活动中的全球色彩遂日趋强烈。

总之，从上述经济开发的利益要求和集体安全的现实考虑，在国际政治运作规则等各种因素的综合作用下，世界的目光也就越来越关注东北亚。相关国家纷纷建立起官、产、学三位一体的协作机制，投入大量的经费、精力与智慧，竞相开展战略性的东北亚学研究。逐年兴旺发展的东北亚学，成了国际学术前沿园地的一门显学。然而，在东北亚学的现有研究中，受制于经济挂帅、应用优先等现实需要，五花八门的研究成果数量虽然惊人，但缺乏应有的深度、学术分量和持久性。造成这种现象的原因之一，就在于我们不够重视对东北亚历史演进历程的应有研究。

众所周知，主要由中日韩三国构成的东北亚古代世界，曾经创造了堪与世界上其他文明类型相媲美的灿烂的东亚文明，为人类文明的开化、发展和进步作出了应有的贡献。在近代世界，日中韩三国分别提供了资本主义化、半殖民地化和殖民地化等足以涵盖整个东方世界的全部早期现代化发展类型。其典型性、完整性和独特性均超过了世界上其他区域。在现代世界，以全球化为时代背景，日本、韩国和中国先后掀起的经济开发浪潮，提升了东北亚的国际地位，并因此受到国际社会的广泛关注；与此同时，在普遍推进和开展政治经济区域一体化的当代世界，唯独东北亚的区域化进程举步维艰、进展迟缓。上述几个问题，比较典型地展示了东北亚历史发展的特点。

如果从历史进程的连续性和变异性的视角出发，将古代、近代和现代的东北亚各断代史连贯起来思考，不难发现其发展进程中的独特性与普遍性的秘密所在。在历史演进的内在逻辑上，可以说正是由于东北亚古代博大精深的文明形成了自我更新和发展的根基，并在近代历经了痛苦的裂变和不断的选择，积蓄了强大的反弹力量，从而为现代的历史跃进与重新崛起准备了必要的前提条件。同样，现代东北亚区域化的阻滞因素，也可以在近代东北亚历史进程中找到直接答案，并在古代东北亚历史进程中探寻其源头。换言之，古代、近代和现代东北亚三代的历史进程相互关联，前后承递，在历史的长河中孕育了东北亚地区发展的能量、动力和特质，无论是积极的还是消极的。

在这方面的研究，国内外学术界已经做出了相当大的努力。例如，为了探寻东北亚经济奇迹产生的原因，各国学者们展开了多角度、多层面的探讨。文化传统、精神特质、思维方式、民族性格、价值观念和行为准则等与文化精神有关的因素得到了最大可能的诠释和发掘，为文化热的持续升温投放着燃料。毋庸赘言，这些研究已涉及历史文化的某些侧面，也不乏真知灼见和开拓意义。但是，对东北亚历史进程的考察研究仍处于零散而非全面、实用而非学理、表层而非深层的状态。迄今为止，甚至还没有一本关于东北亚的通史或者断代史的学术专著面世，这种状况显然不利于人们对东北亚发展全过程的认识和理解。

有鉴于此，国内学界同仁便应该在目前东北亚研究相关的薄弱领域有所贡献，具体而言，就是通过不懈努力在较短时期内陆续出版有关东北亚学的研究成果，并使之成为研究系列。进而言之，有关重大选题的历史专题研究，是形成研究系列的第一步。这些研究课题应该包括古代东北亚国际关系与民族关系、国际关系格局的演进、古代东北亚国家的文化形成、文化的选择与交流、区域文化类型的地位和特点；"西力东渐"与近代东北亚国际关系、东北亚国家开港过程及影响的比较、中日韩三国早期现代化改革与发展类型的比较、近代东北亚国家的文化交流与互动、近代东北亚的民族民主运动；现代东北亚国际关系、全球化与东北亚经济区域化、当代东北亚的国际格局与经济发展中的美国因素、中日韩三国关系互动及影响、中美俄日四大国关系研究，等等。在此基础上，经过必要积累，渐次推出有关东北亚断代史、通史以及专题研究的成果，力所能及地为国际东北亚学研究添砖加瓦，作出应有的贡献。

张晓刚于 2000 年考入北京大学历史学系世界史专业，在我的指导下攻读博士研究生学位。鉴于他日语能力较强，入学后我建议他关注日本开港及早期现代化的问题。他是个颇为认真、勤奋的学生，在对国内外研究状况进行一番调查准备后，很快就确定"横滨开港研究"这一课题作为其博士学位论文的选题。应该说他是比较幸运的，2002—2003 年，他获得了去日本二松学舍大学留学的机会。留日期间，他收集了大量一手的资料，对其后来完成学位论文、顺利毕业打下了良好的基础。当然，读博的几年间，他也尝试写作并发表了几篇论文，科研能力有所提高。毕业后，张晓刚赴大连大学从事教学与研究工作，除了继续坚持日本史研究外，又开始关注中日韩三国开港与现代化等问题。几年来，他发表了 20 余篇相关的学术论文和译文，还承担了多项研究课题，《东北亚近代史探赜》这本书就是在此基础上编撰而成的。

客观而言，该书各篇或多或少还存在着一些问题，如部分篇章论证不够充分，在编排体例和内容结构上还有待进一步调整。但是，应该看到，书中有些研究颇具新意，某些观点亦发人深思。例如，作者通过对横滨开港的翔实考证，纠正了国内学界长期以来对《安政条约》中规定神奈川开港问题的错误认识，显示了他独到的见解。另外，作者还利用许多日文文献和原始资料对幕末英法两国军队驻屯日本等问题进行了考察与探析，对日本某些学者偏激的观点提出了客观、中肯的批评，实属难能可贵。作者对中、韩两国开港与现代化问题尽管落墨较少，但亦不乏可圈可点之处；例如，对东北亚近代城市横滨和大连的兴起与发展作了较为细致、翔实的考察。总之，该书对东北亚近现代史、中日韩关系史及中日韩城市发展研究等都有一定的学术意义和参考价值，对当前中日韩三国领导人和有关各界所倡导的东亚区域一体化问题而言也有一定的现实借鉴意义。当然，该书对中日韩三国历史的综合研究还只是个初步探索，作者尚需作进一步努力，推出更为系统的三国近现代史比较研究的成果。

学术乃天下公器，东北亚是我们大家共同的家园。因此，东北亚历史研究需要东北亚地区相关国家的学者同仁共同努力，在同求学术真谛的过程中，推进研究事业的不断发展，特别是要为青年学者的成长与进步创造必要的条件，尽一份绵薄之力。展望 21 世纪的东北亚，挑战与机遇并存，"战争与和平"的可能性和现实性同在。如何正确的总结历史经验教训，为新世纪东北亚和平、发展与合作找到新思路，是各国学者面临的共同课题。在这个过程中，历史学的研究者们肩负着重大责任和义务；出版东北亚史研究系列成果，就是责任和义务的具体体现。看到自己的学生在学术之路上取得点滴成绩，心中略感欣慰，同时也希望张晓刚博士以《东北亚近代史探赜》一书的出版为契机，在今后的研究中"勿忘初志"，勤奋耕耘，不懈追求学术真谛。

　　是为序言。

北京大学教授、博士生导师　宋成有

2012 年元月于北京蓝旗营寓所

目 录

第一章 国际政治篇

一 锁国时期中日韩三国港口城市发展的政治背景

17 世纪的东亚世界仍处于以中华帝国为核心的"华夷秩序"政治格局下，以港口城市为媒介的贸易方式亦被称作"朝贡贸易"。"朝贡贸易"是"朝贡外交"的表现形式之一，是在经济领域中重申和确认宗主认同意识。如包乐史所说，"每个旧世界的商业中心都再现了它们各自服务的政治经济体制的各种筹谋擘划"①，此一时期东亚三国港口城市的发展也因此被打上了极深的"政治"烙印，从港口城市发展的政治背景出发，考察贸易形式变化对于城市发展的诸般影响就显得尤为重要。此外，东亚三国港口城市的发展在此一时期呈现出一定的相似性，明中晚期至清初的广州，在历经漫长的"闭关锁国"时期及"明清鼎革"的政治变局下，仍能在长时段内保持着完全或有限的对外贸易交流；江户初期的日本，德川幕府颁布宽永"锁国令"，实行锁国制度，唯存长崎一港维系幕府与外界的"通商"联系；壬辰战争②后的朝鲜，迫于"南北交困"国际格局，重开釜山港口单一"倭馆贸易"制度，恢复与日本的贸易联系。三国面临"王朝交替"或"西力东渐"的巨大压力，在以自我封闭的方式维护统治形式与社会结构的相对稳定的同时，对外开放的形式虽不尽相同，但最后都走上了"一口通商"的道路。历史的发展绝非偶然，通过对 17 世纪东亚港口城市发展政治背景的探析，应可找到形成这一历史现象的必然因素。

---

① ［美］包乐史：《看得见的城市——东亚三商港的盛衰浮沉录》，赖钰匀、彭昉译，浙江大学出版社 2010 年版，第 112 页。

② 即万历朝鲜战争，朝鲜、韩国称为壬辰倭乱、丁酉再乱；日本称为文禄—庆长之役；中国则称为朝鲜之役。

（一）明中晚期至清初"锁国体制"下的广州

有明一代，"海禁政策"是国家发展的既定国策，明太祖朱元璋将其作为"定制"，以此建立封建国家"闭关锁国"的政治体制。据《皇明世法录》记载："凡将马、牛、军需、铁货、铜钱、缎匹、细绢丝棉私出外境货卖及下海者，杖一百，挑担驮载之人，减一等，物赏船车入官。若将人口军器出境及下海者绞，因而走泄事情者斩，其拘该官司及手把之人，通同夹带，或知而放纵者，与犯人同罪"①，并规定"禁濒海民不得私出海"，"人民无得擅出海与外国互市"②，且下令将所有尖底帆船改为平头船，"凡擅造二桅以上违式大船，把违禁货物运往国外贩卖者，正犯处以极刑，全家发边卫充军"③。此外，政府严禁民间私自买卖香料、苏木等进口货物，规定"民间祷祀止用松柏枫桃诸香，违者罪之"④，"凡私买或贩卖苏木、胡椒至千斤以上者，具发边卫充军，货物并入官"⑤，至建文三年，又规定"不问官员军民之家，但系番货番香等物，不许存留贩卖，其见存者，限三个月销尽，三个月外仍前存留贩卖者，处以重罪"⑥。与此同时，明朝政府加强沿海各卫守军数量，进而强化"海禁政策"的执行力度，规定"守御边塞官军如有假公事出境交通私市者，全家坐罪"，且"凡把手海防武职官员，有犯受通番土俗哪哒报水，分利金银货物等项，值银百两以上，名为买港，许令船货私入，串通交易，贻患地方，及引惹番贼海寇出没，戕害居民，除正犯死罪外，其余俱问受财枉法罪名，发边卫永远充军"⑦。如此严厉的惩罚措施，致使沿海官兵"见船在海有兵器、火器者，不问是否番货，即捕治之，米谷鱼盐之类一切厉禁"⑧。明英宗正统年间，据福建巡海按察司检事言"旧例濒海居民，私通外国，货易番货，漏泄军情，及引海贼劫掠边地"，于是英宗因"比年民往往嗜利忘禁"，遂命"刑部申明禁之"，并规定"正犯极刑，家人戍边，知情故纵者罪同"⑨。及至明末嘉靖年间，为明朝海

① 《皇明世法录》卷七十五，"私出外境及违禁下海"条。
② 《明太祖实录》卷二百五十二，洪武"三十年四月乙酉"条。
③ 朱纨：《议处夷贼以明典刑以消祸患事》，载陈子龙等编《明经世文编》卷二百零五。
④ 《明太祖实录》卷二百三十一，"洪武二十七年正月甲寅"条。
⑤ 熊鸣岐：《昭代王章》卷二，"私出外境及违禁下海"，正中书局1981年版。
⑥ 阮元：《广东通志》卷一百八十七，"兵防"，（文渊阁四库全书本）。
⑦ 《大明律》卷十五，"兵律"、"关律"，"私出外境及违禁下海"。
⑧ 郑若曾、李致忠等：《筹海图编》卷四，"福建事宜"，中华书局2007年版，第282页。
⑨ 《明英宗实录》卷一百七十九，"正统十四年六月"条。

禁最严厉之时；在福建、浙江两省，连下海捕鱼和海上航行都受禁止，[①]　且嘉靖元年后，明廷撤销闽、浙两地市舶司，仅存广州为唯一的对外贸易进出口岸。尽管隆庆改元后，明廷接受福建巡抚都御使涂泽民的建议"开海禁，准贩东西二洋"，但在封建国家"闭关锁国"的政治思想主导下，沿海贸易发展仍举步维艰。因此，明朝的"海禁"政策作为帝国的既定国策，基本贯穿了明王朝始终，构成了终明一代的"锁国体制"。

明朝实行"海禁"政策，进而构建"锁国体制"，是为广州港口发展之大政治背景；且在此背景下，尤以明中后期的嘉靖年间后锁国政策最为严厉。然察此一时期广州港口发展实态，可以看出，正是在"锁国体制"政治背景的影响下形成了广州港口"一口通商"的格局。"海禁政策"下虽严禁本国人民"下海通番"，但允许朝贡国家按规定"贡道"来贡贸易[②]，因此，明廷对广州港口采取比较灵活的政策。洪武初年，即令"番商止集（广州）舶所"[③]，规定广州为占城、暹罗、爪哇、满剌加、真腊、苏门答腊、古麻剌、柯支等东南亚朝贡国贡使入境口岸[④]；嘉靖二年五月，发生了日本两贡使为争夺朝贡贸易权相互攻杀焚掠宁波城的事件[⑤]，事件发生后明朝政府下令于"（嘉靖六年十月）壬子，裁浙江市舶司"，其直接结果导致闽、浙两地市舶司被裁，广州成为唯一的海外贸易口岸；隆庆改元后，因政府"准贩东西二洋"，于是"广州几垄断西南海之航线，西洋海舶常泊广州"[⑥]，使广州海外贸易获得空前的发展。由此观之，明中后期的广州港口在"锁国体制"的政治背景影响下，仍能在较长的时间范围内保持着完全或有限的对外贸易交流，并逐渐形成了"一口通商"的格局。

1644年，华夏中原之地发生了"明清鼎革"的政治变局，入主中原后的清王朝，在对外关系方面呈现出王朝政策的延续性，继续执行明朝的

---

① 邓端本：《广州港市史》（古代部分），海洋出版社1986年版，第135页。

② 明代"朝贡贸易"体系下，宁波为日本贡使入境口岸，泉州为琉球贡使入境口岸，广州为东南亚朝贡国家或地区贡使入境口岸，参见（明）郑若曾《筹海图编》，"倭国朝贡事略"。

③ 严如煜：《洋防辑要》卷十五《广东防海略》（下），学生书局1985年版，第1120页。

④ 详见（明）李东阳等纂《大明会典》卷一百五十，朝贡一、朝贡二；另参见《明史》卷八，食货志五，市舶。

⑤ 《明史·列传》卷三百二十二，外国三，日本："日本贡使宗设抵宁波。未几，素卿偕瑞佐复至，互争真伪。素卿贿市舶太监赖恩，宴时坐素卿于宗设上，船后至又先为验发。宗设怒，与之鬭，杀瑞佐，焚其舟，追素卿至绍兴城下，素卿窜匿他所免。凶党还宁波，所过焚掠，执指挥袁琏，夺船出海。都指挥刘锦追至海上，战没。"

⑥ 谢清高：《海录校释》上卷，商务印书馆2002年版。

"海禁"政策。《大清律例》明确规定："凡沿海地方奸豪势要及军民人等，私造海船，将带违禁货物下海前往番国买卖，潜通海贼同谋结聚，及为乡导劫掠良民者，正犯比照谋叛已行律斩首"①；且清世祖顺治皇帝下令东南沿海文武官员道："严禁商民船只私自出海，有将一切粮食货物等项，与逆贼贸易者，或地方官察出，或被人告发，即将贸易之人，不论官民，俱行奏闻正法，货物入官，本犯家产尽给告发之人。其该管地方文物各官，不行盘诘擒缉，皆革职，从重治罪。地方保甲，通同容隐，不行举首，皆论死。"②令下之日，闽、粤等地沿海居民"挈妻负子载道路，处其居室，放火焚烧，片石不留，民死过半，枕藉道涂"，沿海一带"火焚二个月，惨不可言"；并立沟墙为界，命"寸板不许下海，界外不许闲行，出界以违旨立杀"③。清廷以严酷的禁律断绝沿海官民与外界的联系，从而形成了清初的"锁国体制"。

　　清初"锁国体制"下，虽"寸板不许下海"，但广东方面，却在藩王（尚氏）实际控制下呈现出别样景象。顺治四年清兵攻陷广州，但第二年广东又重归南明统治，顺治七年平南王尚可喜率清兵再陷广州，由此开始了藩王割据广东的时代。尚氏父子控制广东后"暴横日甚，招纳奸宄，布为爪牙，罔利恣行，官民怨讟"④且允许其藩人进行私市"其所属私市私税，每岁所获银两不下数百万"⑤，以致"平南之富甲天下"，尚氏集团已俨然成为雄踞一方的割据势力，其控制下的广州港口也以"贡舶"和"走私"的形式开展对外贸易。顺治十年"暹罗国有番舶至广州，表请入贡……时监课提举司白万举，藩府参将沈上达以互市之利说尚王（尚可喜），遂咨部允行。乃仍明市舶馆地而厚给其廪，招纳远人焉"⑥。另据樊封《夷难始末》载："皇朝开国，暹罗南掌，首纳贡献。尚氏开藩，益事招集，关榷税务，准沈上达白有珩二人总理，钩稽锱黍，无微不至。"⑦可见尚可喜以"互市之利"请求开放广州贡舶贸易，后经"咨部允行"，乃沿明代旧例管理广州贡舶贸易，并派沈上达、白有珩"总理其事"。由此可知尚氏集团设官管理

---

①　详见《大清律例》，"兵律、关律"，"私出外境及违禁下海"条。
②　陈捷先：《不剃头与两国论》，台湾远流出版事业股份有限公司2001年版，第76页。
③　关于清初沿海地区"海禁"状况详见林仁川《明末清初私人海上贸易》，华东师范大学出版社1987年版，第429—430页。
④　勒德洪：《平定三逆方略》卷一，文渊阁四库全书本。
⑤　《清圣祖实录》卷九十一，"康熙十九年八月丙戌"条。
⑥　史澄等：《广州府志》卷一百六十二，杂录三，成文出版社1966年版，第834页。
⑦　黄佛颐：《广州城坊志》，广东人民出版社1994年版，第615页。

贡舶事务，其对广州港口对外贸易的控制应肇始于此。至康熙初年，"海禁"政策愈发严厉，贡舶船只无法进入广东海口，贡舶贸易几尽断绝，但藩王庇护下的海上走私贸易却盛行开来。此一时期尚氏集团大藩商沈上达利用藩王政治的庇护，通过广州港口大肆进行海上走私贸易。据李士桢奏"自康熙元年奉文禁海，外番舡只不至，即有沈上达等勾结党棍，打造海舡，私通外洋，一次可得利银四、五万两，一年之中，千舡往回，可得利银四、五十万两，其获利甚大也"①。可见当时走私贸易规模之大利润之高。由此观之，清初"海禁"时期藩王庇护下的海上走私贸易，使得广州港口虽名为断绝贸易，然实则继续保持对外贸易交流。

统观明中晚期至清初广州港口发展状况可以看出，在"锁国体制"大政治背景下，由于受到"宁波争贡事件"及明清易代后藩王割据等政治因素的影响，广州港口在对外贸易交流方面呈现出较强的连续性，并逐渐形成了"一口通商"的贸易格局。

（二）德川幕府初期"锁国体制"下的长崎

17世纪以降的东亚世界，正当中国处于"锁国体制"最严厉的时期，日本则由德川家康结束战国时代，开始进入江户幕府200余年封建统治的时期。然而江户幕府建立伊始，国内统治并不稳定，西南诸侯控制下的海外贸易及商业资本有所发展，形成割据势力威胁；葡萄牙传教士的传教活动，使不少日本大名及其他阶层人民开始信奉天主教，这严重威胁着日本固有的神国观念，对幕府巩固政权极为不利，于是幕府出于维护其封建统治的需要，也开始逐步走上了"闭关锁国"的道路。

庆长十年（1605），幕府驱逐天主教传教士及日本信徒；元和九年（1623），平户港的英国商馆关闭，葡萄牙人被驱逐出境；宽永元年，幕府又与西班牙断交，并禁止其商船来日通商。及至宽永十年，幕府颁布第一道"锁国令"，规定："一、除特许船以外，严禁其他船只驶往外国。二、除特许船以外，不得派遣日本人至外国。如有偷渡者，应处死罪，偷渡船及其船主，一并扣留。三、已去外国，并在外国構屋营居之日本人，若返抵日本，应即处以死罪。但如在不得已之情势下，被迫逗留外国，而在五年以内来归日本者，经查明属实，并系恳求留住日本者，可予宽恕。如仍欲再往外国

_____

① 李士桢：《抚粤政略》卷三，康熙二十一年八月六日：议覆粤东增豁税饷疏，转引自沈云龙《近代中国史料丛刊三编第三十九辑》，文海出版社2006年版，第354页。

者，即处死罪。四、如发现有耶稣教蔓延之处，汝二人[①]应即前往诚谕。五、告发耶稣教教士者，应予以褒赏。告发人之功绩优良者，赏银百枚。其他告发者依其忠行情节，酌量褒赏。六、外国船只到来，应即呈报江户。并应按照往例，通告大村藩主，请其派遣监视舰船。七、如有发现传播耶稣教之'南蛮人'[②]或其他邪言惑众者，应即押解至大村藩之牢狱。……… 一六、……右列诸条，应各遵守查照办理。"[③] 即禁止奉书船[④]以外船只渡航，强化丝割符制度，打击天主教势力。宽永十一年，幕府颁布第二道"锁国令"，重申了第一道"锁国令"的内容；同时，长崎长官发布长崎港口告示："一、禁止耶稣教教士进入日本。二、禁止将日本武器运往外国。三、除特许船以外，禁止日本人渡海前往外国。违背右列各条者，当即严惩，此令。宽永十一年五月二十八日 长崎长官 印"[⑤]，进一步加强锁国措施。宽永十二年、十三年，幕府在第一道"锁国令"的基础上又连续颁布两道"锁国令"，进一步规定："一、严禁派遣日本船驶往外国。二、不得派遣日本人至外国，如有偷渡者，应处死罪。船及其船主，一并扣留，并备文呈报。三、已去外国并在外国构屋营居之日本人，若返抵日本，应即处以死罪。……八、搜捕耶稣教教士时，应仔细办理。虽船舱之内，亦须详加检查。九、南蛮人之子孙不得收留，此事务须切实严禁。若有违法收留者，本人应处死罪，其亲属亦须依罪行之轻重，各处刑徒。十、南蛮人在长崎所生之子女，以及接受此等子女作为养子养女之人，一律判处死罪。此外，匿救此等子女之性命，将其交送南蛮人；因而此等子女中，或有再来日本，或与日本通讯往来者。上述匿救者本人，应处死罪，匿救者之亲属，亦须按罪行轻重，各处徒刑。十一、禁止各级武士在长崎码头直接购买外国船之货物"[⑥]。由此可以看出，幕府对于日本船只及人民外出的禁令愈加严格，并增加了处理南蛮人子孙的规定。至宽永十六年，幕府颁布第五道"锁国令"，除之前规定的条款外，又禁止葡萄牙船只入港。随后的宽永十八年，

---

① 日"汝二人"指长崎长官，德川幕府统治时期，在长崎设有两个长官共同治理。宽永十年为曾我、今村两人，宽永十三年为神原、马场两人。

② "南蛮人"指西班牙与葡萄牙人。

③ 宽永十年"锁国令"共十六条，限于篇幅未能全列，第八至十六条为强化"丝割符制度"，详见张荫桐《1600—1914 年的日本》（世界史资料丛刊初集），生活·读书·新知三联书店 1957 年版，第 10—11 页。

④ 奉书船即引文中所指特许船，即出海航行的日本船需持有幕府颁发的朱印状及老中签发的文书。

⑤ 张荫桐：《1600—1914 年的日本》，世界史资料丛刊初集，第 11—12 页。

⑥ 同上书，第 12—13 页。

幕府又将同基督教传教无关的荷兰人迁至长崎出岛，并废止朱印船贸易，于是德川幕府用了近20余年，连续颁布五道"锁国令"，最终仅限长崎"一口通商"，完成了全面的锁国。

德川幕府统一日本后，一改丰臣秀吉时期发动"壬辰战争"的对外扩张策略，着手巩固对内统治，实行"锁国体制"。然而在以整治内政为核心的前提下，德川幕府在对外关系方面并非无所作为。"锁国体制"下的日本，幕府仅开长崎为唯一对外开放口岸，以此建立与中国及荷兰的"通商"关系；与此同时，为了解海外时局，尤其是中国国内政治形势，幕府便利用来日唐船建立起海外情报搜集制度，但这在客观上也刺激了日、中贸易的发展，推动了长崎港口"一口通商"格局的形成。在长崎港口日、中贸易交往中，幕府通过对"唐船风说书"[1]的采集以此完成对中国情报的搜集。现存"唐船风说书"大多辑于日本近世史料《华夷变态》[2]之中。关于"唐船风说书"所记载的内容，谢国桢先生在对《华夷变态》进行考察后写道，"其中所记者多为中土当时之敕谕、咨文、檄文、实务论策等"[3]。且察《华夷变态》内容可以看出，书中确有较多关于当时中国国内情报的记载，例如"崇祯登天弘光等位"记载了明崇祯皇帝等位状况[4]；"崔芝请援兵"记载了南明朝廷派遣周崔芝乞师日本一事[5]；"郑芝龙请援兵"记载了南明将领郑芝龙乞师日本一事[6]；"吴三桂檄"记录了吴三桂奉天讨满的檄文[7]；"郑锦舍檄"记录了郑经伐清的檄文等[8]。此外，林春胜在《华夷变态》序中写道："崇祯登天，弘光陷虏。唐鲁才保南隅，而鞑虏横行中原。是华变于夷之态也。云海渺茫，不详其始末……尔来三十年所，福漳商船，来往长崎，所传说有达江府者，其中闻于公，件件读进之，和解之。"可以看出，尽管德川幕府对当时中国时局十分关注，但由于"云海渺茫"以致"不详

① 国内外学术界对"唐船风说书"定义颇多，观其要旨即：来日中国商船在到达长崎港口后，由幕府派出唐通事询问入港商船船头后写成的报告书。
② 《华夷变态》流传至今，其版本主要有：内阁文库本，三十五卷，抄本；通行本，五卷，抄本，有两种；岛原松平家本，三十七卷，抄本；汉译本，不分卷，刊本；《崎港商说》，三卷，抄本。笔者文章所用为早稻田大学馆藏五卷本《华夷变态》，抄本。
③ 谢国桢：《增订晚明史籍考》，上海古籍出版社1981年版，第994页。
④ 参见《华夷变态》（一），"崇祯登天"。
⑤ 参见《华夷变态》（一），"崔芝请援兵"。
⑥ 参见《华夷变态》（一），"郑芝龙请援兵"。
⑦ 参见《华夷变态》（二），"吴三桂檄"。
⑧ 参见《华夷变态》（二），"郑锦舍檄"。

其始末"，于是积极搜集长崎唐船所带来的中国情报，制作成"风说书"，并"件件读进之，和解之"。

"唐船风说书"的提取作为唐船入港程序中的一部分，在商船入港后由长崎奉行所检使、唐通事、唐年行司等登船，在唐通事的询问下记录制作出来。提取后的"风说书"，"其详细记录之草稿，上交审阅，如无异议，即要求誊清，誊清稿共上交三份。上呈（幕府），有印章一份；在府奉行留底，无印章一份；次方，留底一份"①。即唐通事将风说书草稿提交长崎奉行后，经审阅若无异议，立即制作一份誊清稿上交幕府。"唐船风说书"提交幕府后"老中呈其大意，先考于御前进读，评议数日。尾张、纪伊两大纳言，水户中纳言亦登城，上述书简，春斋读之。因阿部对马守为当月轮值，故保管上述书简，每日出纳，每次亲自封缄，绝不许外人得见"②。可以看出，以将军、老中、大纳言等人组成的幕府决策层，针对"唐船风说书"所记载的内容展开讨论，并令林春斋进行讲解，且将风说书定为机密文件，绝不许外人阅览。由此观之，"唐船风说书"已俨然成为幕府制定决策的参考文件，长崎港口也成为德川幕府进行海外情报搜集的窗口。

统观德川幕府初期长崎港口发展状况可以看出，在"闭关锁国"的政治背景下，幕府为建立对外"通商"关系，进而搜集海外情报、了解国外时局，允许并仅限长崎开港通商，由此形成了长崎港口"一口通商"的贸易格局。

（三）"南北交困"格局下的釜山

17世纪的中、日两国相继构建了自身的"锁国体制"，而同一时期的朝鲜却仍未摆脱"壬辰战争"的阴霾。丰臣秀吉发动侵朝战争，不仅给朝鲜王朝带来了精神、物质上的巨大创伤，同时也将朝鲜置于国际社会封锁状态之中，造成了"南北交困"的国际格局。壬辰一役，日本之于朝鲜乃"万世必报之仇"，朝、日两国的"通信"交往随着丰臣秀吉诉诸战争的扩张策略而断绝；与此同时，中国东北地区建州女真势力迅速崛起并与大明逐鹿中原，这使明朝逐渐丧失了对周边藩属国的控制力，朝鲜与明朝的宗藩关系、通交往来遂逐渐断绝。因此，与同一时期中、日两国主动实施"锁国体制"不同，朝鲜在一定程度上被动地进入了国际社会的隔绝状态。所以由于复杂

①　[日]日浦廉一：《唐船风说书的研究》，载《帝国学士院纪事》第五卷第1号，昭和二十二年二月。
②　参见《华夷变态》（一），"郑芝龙请援兵"。

的社会环境及历史条件决定了"主动"与"被动"的差异，但在"主动"与"被动"的不同一性中又存在"锁国"状态的同一特质，即此一时期的东亚三国都不尽相同地处于"锁国"状态的发展模式。

"壬辰倭乱"、"丁酉再乱"后，朝、日关系极度恶化。战争期间，丰臣秀吉极尽侵略之能事，在朝鲜大肆破坏。据《朝鲜宣祖实录》记载，遭受侵略之后的朝鲜"园陵久为贼薮，焚掘之变，在处皆然，惨不忍言"①，且"勿论老少男女，能步者掳去，不能步者尽杀之，以朝鲜所掳之人，送于日本，代为耕作，以日本耕作之人，换替为兵，年年侵犯"②。可以看出日本军队进入朝鲜后，不仅"焚宗庙、宫阙、公私家舍，括索帑藏"，而且"胁迫朝鲜人从事劳动，稍有抗拒，即遭杀害"，更有甚者"掘毁朝鲜王陵，取其财宝"③。因此，作为壬辰战争最大的受害国，朝鲜国内形成了强烈的敌日情绪，声称"我国之于倭贼，万世必报之仇也"④，并有谕令"凡以和为说着，此乃奸人所为，必先斩枭首"⑤。此外，宣祖在移咨明朝经略中称："此贼燔炀我宗社，屠戮我生民，掘拔我坟墓，灰烬我先骸，遗墟未扫，覆土未掩，万世之仇，一息难忘，虽力绵势屡，愤惋莫白，而摧伤号痛，固已肝蚀而肠裂矣。"⑥ 由此观之，壬辰战争给朝鲜带来了难以愈合的创伤，战争结束伊始，朝、日关系断绝。

然而，壬辰战争结束未久，明朝东北地区建州女真势力迅速崛起。努尔哈赤励精图治二十余年，基本完成了对女真各部的统一，并于1616年即位，建元天命，定国号金。尽管朝鲜政府清晰地认识到努尔哈赤"崛起于辽、金旧疆，拥兵十万，治练有素，其桀骜雄强，中国之所畏也"，且"此贼之有意于南牧久矣，其发必有日矣"，但仍自叹"虽尽发西方之卒，合力以守之，恐难当其一百也"，且"若水合冰之后，乘其愤怒，率其部落，百万为群，冲犯我界，则区区一带之水，已失其险，长驱直捣之患，安保其必无乎?"⑦。此外，壬辰战争爆发之时，努尔哈赤曾向明朝请求出兵抗倭，但朝鲜闻讯后大为恐慌，认为或可有亡国的危险，于是乞清明朝"即明饬凶徒，

---

① 《朝鲜宣祖实录》，"宣祖二十六年正月壬午"条。
② 《朝鲜宣祖实录》，"宣祖三十年十月庚申"条。
③ 汪向荣、汪皓：《中世纪的中日关系》，中国青年出版社2001年版，第305页。
④ 《朝鲜宣祖实录》，"宣祖三十二年四月丙寅"条。
⑤ 《朝鲜宣祖实录》，"宣祖二十六年三月辛未"条。
⑥ 《朝鲜宣祖实录》，"宣祖二十六年七月丁巳"条。
⑦ 《朝鲜宣祖实录》，"宣祖二十八年九月癸巳"条。

痛破奸计，杜外胡窥觇之渐"①，朝鲜王朝如此"待夷之道"终使努尔哈赤未能渡江抗倭。与此同时，朝鲜因北部边境"蕃胡肆行"，遂以降倭为先锋"猝袭巢穴（女真易水部落）……降倭负牌先登，官军继之，城遂陷，尽歼胡人老少，死者七八百口"②。由此观之，此一时期朝鲜与后金政权关系亦十分紧张。因此，诚如朝鲜史臣所言："北虏有窥发之凶，南贼稔再寇之谋，而水路战具，渐至板荡，国之不国，果谁之咎"③，"南北交困"的国际格局使朝鲜虽无"锁国"之名但有"锁国"之实，而此被动的锁国格局又使朝鲜面临夹缝生存的潜在威胁，于是朝鲜政府欲以恢复釜山港口单一"倭馆贸易"制度为突破口，改善同日本的关系，进而摆脱不利形势。

　　1604 年 3 月，宣祖派遣惟政为"探贼使"赴日交涉朝、日议和具体事宜，并以礼曹参议成文名义致书对马藩："贵岛与尔境最为密迩，世输诚款，而近且刷还人口，前后不绝，可见贵岛革心向国之意也，岂可以日本之故，并与贵岛而绝之哉，赍持物货往来交易，姑且许之。日本若能自此更输诚意，始终不怠，则帝王待夷之道，自来宽大，天朝亦岂有终绝之理哉，唯在日本诚不诚如何耳。"④ 即朝鲜政府表示将与对马议和且许可釜山开市，并指出"日本若能自此更输诚意，始终不怠"则朝、日便可复和。另据《古事类苑》记载："遇有本岛倭子乞要交易货物者，许令开市，仍不许毫越法惹事不便外，合行告示前去，俾马岛倭人等遵照谕贴内事意"⑤，可以看出，1604 年朝鲜以"礼曹谕文"的形式许可釜山开市，打破了两国贸易关系的坚冰，为朝、日议和提供了保障。1609 年，经朝、日双方长期交涉，终于达成规定两国复交后通商贸易关系的《己酉约条》，约条规定了两国官方贸易货物种类、贸易时间、贸易船只规格等具体事项，⑥ 成为朝、日此后200 余年间贸易交往的准则。⑦ 至 1611 年 9 月日本第一艘岁贡船来到釜山，由此因两次倭乱而一度中断的朝日贸易关系又重新恢复，因而也形成了釜山港口"一口通商"的贸易格局。与此同时，朝鲜政府出于"倭人狡诈"的

① 《朝鲜宣祖实录》，"宣祖二十五年九月甲戌"条。
② 《朝鲜宣祖实录》，"宣祖二十七年三月己卯"条。
③ 《朝鲜宣祖实录》，"宣祖三十九年十月戊戌"条。
④ 《朝鲜通交大纪》卷四，"万松院公，庆长九年"条；《通航一览》卷二十七，朝鲜国部二。
⑤ 详见《古事类苑》，外交部九，朝鲜三。
⑥ 《己酉约条》共规定十二条贸易约条，详见《朝鲜通交大纪》卷五，"万松院，庆长十四年"条；《东莱府接倭事目抄》，万历三十七年五月条。
⑦ 《己酉约条》有效维持了朝、日两国200 多年的贸易关系，直到 1876 年日本强行以《江华条约》取代。

认识，也以釜山港口为窗口，通过釜山"倭馆贸易"搜集、打探日本国内情报。据《承政院日记》载："睦性善以备边司言启曰：'今此差倭之来，虽以调兴、玄方物为言，而彼自江户而来，实未知到馆之后，更有何等说话；而至于平成连三年在馆，备知国情，今忽入归，代以他人，其间事情，亦所难测。'"① 即朝鲜方面通过釜山"倭馆贸易"探知平智连将接替"三年在馆，备知国情"的平成连进驻釜山倭馆；另据清崇德四年倭情咨报记载："朝鲜国王为传报倭情事。本年八月初六日，东莱府使李民寏牒呈，据庆尚道观察使李命雄状启，节该七月二十九日倭差平智连、藤智绳等持岛主书自倭京来，即遣译官洪善男、李长生等就馆相见。平智连等称，去年大君有疾，久不听政，今春始瘳，山猎船游，与前无异。岛主辄得陪侍，连被恩赏，此诚一岛之荣幸。而大君左右用事之人，需所贵国土产甚多，稍违其意，谗谤随之，此岛主之深患之……"② 即朝鲜政府通过釜山港口"倭情咨报"制度搜集日本国内政况信息。因此，朝鲜通过釜山港口"倭馆贸易"搜集日本国内动态，在客观上也促成了釜山港口"一口通商"的贸易格局。

统观"壬辰战争"后釜山港口"倭馆贸易"发展状况可以看出，战争使朝鲜被动地进入"南北交困"的封闭格局，使朝鲜国家安全受到严重威胁。于是朝鲜政府以恢复釜山"倭馆贸易"制度为突破口，改善同日本的关系，进而摆脱不利形势，因此也形成了釜山港口"一口通商"的贸易格局。

（四）结语

通过对17世纪广州、长崎、釜山港口城市发展状况的考察可以看出，东亚暨中日朝港口城市的发展有着极为显著的国内外政治背景，"锁国"是为三国的共有特质，一方面中日朝三国均遭受到"西学东渐"的冲击与影响，另一方面，三国又都倾力维护国内的"政治稳定"。且在此背景影响下，三国港口均形成了"一口通商"的贸易格局。这种"锁国"与"有限通商"的贸易格局所反映的，是东亚三国在"自我封闭"的同时又保持着与外部世界必要联系的历史态势。在这一态势下，三国对于封闭与开放也有着不同的取舍，政治因素在其间起到了决定性的作用。此一时期东亚三国或主动或被动的形成"锁国体制"的发展模式，反映出17世纪的东亚世界仍处于传统而稳定的"华夷秩序"政治格局下，且"在华夷秩序的国际交往

---

① 《承政院日记》，"崇祯十二年六月十七日"条。
② 《清崇德四年倭情咨报》，《清太祖实录》，"崇德四年九月乙丑"条。

中，政治高于经济，名分重于实利"① 的事实。鉴于此，复杂的国际国内环境及特殊的历史条件决定了中、日、朝三国因各自迥异的原因走上了"锁国"之路，但东亚三国政府不约而同地采取了"锁国"政策又构成了 17 世纪东亚港口城市发展的浓郁政治色彩及东亚社会发展的典型特征。

二　近代条约背景下的日本"开国"与"开港"

1853 年和 1854 年，美国海军准将培理（Perry Matthew Calbraith）率领"黑船"舰队两次造访日本，迫使幕府当局签订《美日和亲条约》，日本由此"开国"；1855 年，纽约商人出身的哈里斯（Harris Townsend）受命出任美国首任驻日本总领事，他则从培理缔约的基础上再进一步，于 1858 年与幕府当局的全权代表井上清直和岩濑忠震缔结《美日修好通商条约》，从而标志着日本接受西方列强的"开港"要求。1859 年 7 月 1 日，日本近代最早的"开港场"之一横滨正式开港。日本由此被纳入世界资本主义市场。

（一）培理访日与日本开国

1853 年 7 月 8 日（嘉永 6 年 6 月 3 日），② 美国海军准将培理率领"黑船"舰队第一次驶抵日本。停泊地点在江户湾的入口，船上的炮口指向陆地，在附近的村民中造成很大恐慌。③ 浦贺奉行派人飞马向江户报告"黑船到来"的消息。江户幕府马上下令在品川一带构筑炮台，并命令诸藩严整武备。

幕府向培理传达在长崎进行交涉的意见。培理态度强硬，命令美舰驶向金泽的小柴冲，打算确认一下"在江户湾深处航行大型军舰的可能性"④。同时保证测量船不超出大炮保护射程以外。幕府指出这种测量是违反日本法律的。培理绵里藏针地解释说："我只是按照美国法律行事，就如阁下遵从日本法律一样，美国人有遵守美国法律的义务"⑤。幕府考虑到作战于己不利，遂屈服于培理的压力，在浦贺久里滨海岸的"应接所"受理了美国总

---

① 陈文寿：《近世初期日本与华夷秩序研究》，香港社会科学出版社有限公司 2002 年版，第 347 页。

② 日本明治维新前一直使用"旧历"（阴历），明治五年十二月三日（1873 年 1 月 1 日）起，采用阳历。

③ 宫城县图书馆：《彼理日本纪行》，横须贺开国史研究会，2001 年，第 2 页。

④ 同上书，第 10 页。

⑤ ［日］伊部英男：《开国——世界中的日美关系》，MINERUBA 书房，1988 年，第 52 页。

统的国书。然而，幕府并未答应美方的贸易通商、补充给养等要求。因为"幕府的下臣并非惧怕外国使臣，内中亦应有敢于斥责外国人者。然而，此辈本来不知道外国交际为何物，海关税为何物，裁判权为何物，通商交易有何利益。故此，第一次谈判与其说是谈判，毋宁说是接受外国人的说教。而要与之对抗，军事上没有获胜的实力，辩论上也无胜算的可能"①。如若承诺其要求，又怕激起国内人民的愤怒。培理表示翌年春季重返日本，美国舰队起锚驶离江户湾。

1854 年 2 月 13 日，培理率领舰队再次驶入江户湾。幕府立即命令近海诸藩加强沿岸的警备，同时决定把浦贺或者镰仓作为与美方交涉的地点。但是培理主张在江户谈判，并以浦贺不适于停泊大船为由，下令测量江户湾，甚至将舰队开到可望见江户市内的羽田冲。结果江户城里钟声乱鸣，造成很大骚动。双方经过交涉，幕府提议将舰队停泊地附近的横滨村作为会谈场所。培理予以接受。2 月 25 日，阿达姆斯参谋长率 30 名美军士兵首先登陆，这大概是外国人第一次踏上横滨村的土地。横滨村民以为美军武装登陆要发生战争，带着行李仓皇出逃，造成很大混乱。② 幕府派来许多当差的人在横滨村北端的驹形建造"应接所"，作为谈判接待处。美国人将其称为"条约馆"（Treaty House）③。横滨由此登上日本近代历史舞台。

3 月 7 日，幕府任命的"应接挂"林大学头、町奉行井户觉弘等日方全权代表赶赴横滨"应接所"，迎接培理一行的到来。当天正午，约 500 名水兵护卫，培理与 30 余名随员在军乐队的先导下，迈着整齐的步伐登陆。与此同时，舰上发射了 17 响礼炮，轰鸣的炮声在沿海的居民中造成不小的骚动。④ 会谈中，培理希望日方至少立即开放三处口岸，并于短期内另外开放两处。他还威胁说，如果日本不肯作这些让步，美国一定会增派更多的船只前来日本。"对日本政府采取毅然决然的态度是提督（培理）的指导方针"⑤。

3 月 31 日，在横滨应接所缔结了由 12 项条款构成的《日美和亲条约》。其中第九条规定："日本政府若将此次对于美国未曾准许之事予其他外国时，当亦对美国予以相同之准许。遇有上述情形时，无须另行谈判，亦不得

---

① ［日］田口卯吉：《日本开化小史》，岩波书店，1942 年，第 253 页。
② ［日］松信太助：《横滨近代史综合年表》，有邻堂，1989 年，第 6 页。
③ ［日］富田仁：《瓦斯灯与红靴子——横滨开化物语》，秋山书房，1984 年，第 6 页。
④ ［日］太田久好：《横滨沿革志 复刻版》，白话社，1974 年，第 8—9 页。
⑤ ［日］土屋乔雄、玉城肇译：《培理提督日本远征记 2》，岩波文库，1961 年，第 191 页。

拖延推诿。"① 即所谓的最惠国条款。值得注意的是，条约中并没有强烈要求日本开港通商。服部之总认为之所以能缔结"和亲"条约而拒绝"贸易"，是因为美国主导的对日交涉主要目的在于获取横渡太平洋直达中国的航线，而在途中首先需要日本作为暂时停泊地。② 但是条约确认在下田设置美国领事馆，为日后哈里斯赴日谈判、签订通商条约埋下了伏笔。《日美和亲条约》是日本近代对外签订的第一个不平等条约。因为条约中有补给煤、水的内容，所以该条约亦被称为"薪水条约"。这样，幕府以固守"祖法"而一直坚持的锁国政策走向瓦解。

交涉期间，日美双方互赠了各种礼物。美国的礼物着实让日本人吃惊不小。其中最引人注目的是电信机和火车模型。当然，还有许多其他赠品。比如，献给幕府将军的礼单上有："铜保命小艇一艘（头尾有气箱，不能沉水）、小手枪20管、千里镜连架一箱……"③。献给阿部伊势守的有："三鞭酒一箱、大时辰种一个、大鸟枪一管……"④。大部分礼物为西洋制品，但是其中的三鞭酒似乎是中国的特产。日本方面也不怠慢，从江户招来5名相扑力士，把赠送给美国舰队的礼物——装满大米的袋子轻松地提到海岸，并做出各种表演动作，使美国人惊叹不已。⑤ 大力士们显示了日本国技的力量，似乎也满足了民族自尊心。

培理造访日本迫使幕府当局签署了亲善条约，使日本迈出了开国的第一步。另外，开国也给日本带来了一些积极的结果。"当外部世界的强大势力出现在眼前，并强行提出一种要求时，遂使人们渐渐感悟到一种超越幕府、藩，也包含人民的所谓国家的存在，或者说是一种必须存在。"⑥ 培理完成了逼迫日本开国的使命，而促使日本开港的任务则历史地落在哈里斯的肩上。

（二）哈里斯赴任与日本开港

1855年，纽约商人出身的哈里斯被美国政府派往日本出任首任驻日总领事。他对日本幕府采取了相对温和、协调的态度。但是，"哈里斯的对日交涉说到底还是以军事实力为背景的炮舰外交"⑦。幕府起初拒绝哈里斯登

---

① 周一良、吴于廑：《世界通史资料选辑（近代部分）》上册，商务印书馆1964年版，第434页。
② ［日］服部之总：《幕末的世界形势及外交事情》，岩波书店，1932年，第21页。
③ 乡土资料集成编纂委员会：《未刊横滨开港史料》，神奈川县图书馆协会，1960年，第10页。
④ 同上书，第21页。
⑤ 同上书，第23页。
⑥ ［日］伊部英男：《开国——世界中的日美关系》，第78页。
⑦ 同上书，第61页。

陆，有备而来的哈里斯引用《国际法》说服幕府在下田开设了美国领事馆。下田奉行井上清直前来造访后，日方对哈里斯的招待水准也大为改观。"以前尽买来一些奇怪的，不能令人满意的代用品，而这次却带来了真正的鹿肉和野猪肉。……与以前的待遇相比，他的餐桌上现在摆满了一年四季的应时水果"①。

　　1857 年 11 月，哈里斯获准来到江户并谒见了第 13 代军德川家定，向他递交了美国总统的信函。在晋见将军时，幕府官吏都匍匐在将军面前，只有哈里斯一人站着，行鞠躬礼。"哈里斯所受的礼遇正是日本政府政治嗅觉比较敏锐以及这位纽约商人外交手腕比较高明的标志"②。培理是海军将军，办事坚决果断。而谙熟外交之道的哈里斯则工于心计，使尽浑身解数劝说日本缔结通商条约。其间，交涉竟先后进行了 13 次。"他只是靠了乐观的坚韧精神、坦率和机警，才慢慢地、好不容易地达成了他奉使的两项目标：在江户呈递国书，和商谈一项广泛的商约。"③ 数日之后，哈里斯与首席老中④堀田正睦会见。其间施展口才，作了两个多小时的发言。哈里斯不厌其烦地向日方解释，美国在努力帮助日本加入文明国家的行列，以使其成为发达国家中的一员。美国对日本没有任何野心，如果不幸单方面毁约，两国之间必将兵戎相见。⑤ 哈里斯进而表白：美国与欧洲各国不同，从不奢望得到东方领土，美国亦未曾以诉诸武力的方式攫取别国领土，因此，日本应该与奉行"友好、和平"政策的美国代表缔结条约，此为贤明之策。⑥ 尽管美国对外政策与英法等国有所不同，但哈里斯侈谈美国的"和平、友好"显然违背事实。1846—1848 年，美国挑起侵墨战争，夺得包括现亚利桑那、加利福尼亚、内华达、新墨西哥等洲的辽阔领土。哈里斯采用软硬兼施的方法，目的无非是敦促幕府当局早日缔结外国通商条约。哈里斯的"著名演说"收到了积极的效果。当然，"哈里斯主张依靠自由贸易原则，适当课以关税，从而实现富国强兵，与主张推动幕府开国外交的大小目付⑦看法一

---

　　① ［美］H. B. 克劳：《哈里斯传——打开日本国门的人》，［日］田坂长次郎译，平凡社，1972 年，第 138 页。

　　② 同上书，第 290 页。

　　③ ［美］马士：《远东国际关系史》，姚曾廙译，上册，商务印书馆 1975 年版，第 289 页。

　　④ 幕府时期官职。直属于征夷大将军，管理全国政务，未设"大老"时为幕府最高官员。一般定员为四到五人，从领地在两万五千石以上的谱代大名中选任。

　　⑤ ［美］丹涅特：《美国人在东亚》，姚曾廙译，商务印书馆 1959 年版，第 300—305 页。

　　⑥ ［日］石井孝：《日本开国史》，吉川弘文馆，1981 年，第 244 页。

　　⑦ 江户幕府官职，负有监察等职责。

致，值得关注。而且，这种意见亦是堀田所支持的"①。

在其后的外交会见中，哈里斯提出了条约的主要条款：（1）在双方首都互设公使；（2）进一步开放其他港口；（3）对进口商品课税；（4）禁止进口鸦片；（5）无政府官员介入下的两国人民贸易；（6）条约缔结15年后两国政府在一方要求下可以修改。② 然而，过了近一个月也没有得到日方的答复。在委婉劝诱不见效果的情况下，哈里斯遂采取恐吓的手法来施加压力。鉴于幕府中许多官员不赞同开港的情况，他声称："日本或者屈服，或者必须品尝战争的苦果。即使不发生战争，日本也一定会受到外国强大舰队不断来日的威胁。"③ 并在会谈中怒斥日方代表。"一天，他突然大怒起来，拿起烟灰缸投向奉行中村出羽守、组头、目付等人，烟灰缸砸在了奉行身后的拉门上，烟灰像雪花一样落在众人的头上。……组头们都愤怒不已，眼看就要拔刀出鞘。奉行一边躲避烟灰，一边不停地打手势制止部下不要拔刀。……确实，如果没有中村出羽守的大度忍让，如果组头向哈里斯一刀砍下去，日美之间不知会发生多大的战争冲突。"④

哈里斯暴跳如雷的发泄反映了他内心很焦躁。这是因为"（本国）船只一直未来日本，家乡也杳无音信，日子一天天地过去。谈判虽然如常进行着，但是，哈里斯却越来越陷入绝望"。⑤ 此后，哈里斯开始故意回避日方代表，不按日方期待那样谈判。幸亏在进入日本港的英国舰长的斡旋下，双方重开谈判。堀田与哈里斯商议后，立即任命谈判的日方代表。井上清直与岩濑忠震遂成为幕府进行日美交涉的全权委员。此时，井伊直弼已经出任幕府大老⑥，他深知日本无论如何也抵御不了美国的攻势，因而必须缔结条约并开港通商。井伊于是上京向朝廷陈述世界形势，以求得批准签约的敕许。然而朝廷方面顽固地不予同意。在万般无奈的情况下，井伊自作主张，派井上、岩濑两位全权代表于1858年7月29日在停泊于神奈川冲的美国军舰波哈坦号上，签订了《日美友好通商条约》。随后，英法俄荷诸国接踵而至，纷纷签订类似商约，是为安政五国条约。近代日本由此走向开港。

---

① ［日］石井孝：《日本开国史》，第245页。

② 东京大学史料编纂所：《幕末外国关系文书》之十八，东京大学出版会，1985年，第320页。

③ ［日］坂田精一译：《哈里斯日本滞留记》下卷，岩波书店，1954年，第87页。

④ ［日］瓜生卓造：《横滨物语》，东京书籍，1979年，第50页。

⑤ ［美］H. B. 克劳：《哈里斯传——打开日本国门的人》，［日］田坂长次郎译，第163页。

⑥ 江户幕府最高官职。地位在老中之上，非常设。

（三）横滨开港的起因

1859 年 7 月 1 日，日本近代最早的"开港场"——横滨、长崎、箱馆三港正式开埠。这三港之中，长崎在锁国时期就是日本对外交流的窗口，箱馆也已经在"和亲条约"中与下田同时作为补给港或者避难港登场亮相，只有横滨港完全是新面孔。起初幕府打算把神奈川设为开港地，但在实地调查中发现神奈川并非最佳选择。当时担任幕府军舰操练所翻译的佐藤与之助提议将横滨村替代神奈川开港，得到幕府赞同，遂立即确定横滨为开港地，以利实行"隔离政策"。① 对于通商条约中所规定的开港地神奈川，幕府作了扩大性的解释，称横滨在神奈川辖区之内，理应在开港之列，决定将"外国人居留地"设在"由神奈川直行 4 公里（如果加上翻山越岭大约有 7 公里）的横滨"②。值得注意的是，国内史学界大多以为神奈川和横滨是一个地方，故涉及日本开港问题时，在相关著述中均标注为"神奈川（今横滨）"的字样。

开港前，横滨还仅是个几十户人家的渔农村庄。1827 年的《新编武藏风土记稿》中对横滨村有如下描述："横滨村民户八十七，东北依傀海岸，西为洲干之港，南邻中村、北方二村，东西十町，也有十七八町之处。南北亦有十八町左右。水田少旱田多，故多靠降雨耕种。"③ 横滨村的位置处于现在的横滨市以中区本町通为中心的一带，即所谓"关内"。从前这一带都是浅海，只有横滨村附近位于细长的沙洲之上。关内地区只是自古以来的一小块陆地，经年累月，由大冈川冲刷下来的沙土和因季风作用被海浪推到岸边的沙子，不断地堆集起来，形成沙丘。④ 海水伸入沙丘的深处，形成吊钟形。它"似乎要隔断江户湾与吉田、新田之间的联系，坐落在横向突出的细长的沙洲上。村名亦是根据那种地形上的原因所命名的"⑤。横滨村民在接近幕末时期开始断续地填海造地，此即后来的横滨新田。

幕府不顾哈里斯的反对，自行在神奈川名义下开放横滨为开港地，其中有大老井伊直弼的意图，即不让外国人接触日本人。⑥ 较之注重政治需求的外交官，贸易商更看中横滨优越的地理条件。横滨位于日本东部海岸线的中

---

① ［日］小田贞夫：《横滨历史漫步》，日本放送出版协会，1977 年，第 52 页。
② ［日］加藤祐三：《东亚近代史》，姜丰译，中国社会科学出版社 1992 年版，第 49 页。
③ ［日］太田久好：《横滨沿革制 复刻版》，白话社，1974 年，第 5 页。
④ 日语中的"滨"写作"浜"：（1）指湖、海边的平展的沙地、港口；（2）狭义指横滨。
⑤ 横滨市立大学编：《横滨今与昔》，横滨市立大学发行，1990 年，第 18 页。
⑥ ［日］富田仁：《瓦斯灯与红靴子——横滨开化物语》，第 14 页。

部，背后依托江户，附近有盛产蚕丝和茶叶的地区，这是外国贸易商人选择横滨的重要原因。换言之，如果横滨不具备开港条件，即便幕府再作努力，而外国贸易商拒绝入住，横滨设港也是枉然。可以说，多方面原因促成了横滨开港，其中包括幕府大量的准备工作和外商的态度。

　　在欧美贸易商积极支持致使驻日公使抗议无效的情况下，幕府在横滨划出外国人居留地，并投入大量资金进行基础设施建设。这样，横滨开港就成了既定事实，并经幕府之手急速发展起来。在横滨建港的过程中，侨居中国上海等地的外国贸易商人中，有许多人为了追逐商业利润而移居到横滨，一些中国人也随同而至。由于幕府当局实行奖励政策，日本国内人口也开始向横滨迁徙，人口激增，在很短的时期内发展为初步繁荣的近代都市，成为日本对外开放的窗口。横滨开港的历史可以说是日本近代都市兴起与发展的一个缩影，也可以说是日本城市早期现代化建设的典范。这是基于幕末时期日本社会动荡不安、武士纷纷破产、国内的传统城市——"城下町"的人口不断减少，而开港后横滨人口却骤然增加、贸易额持续上涨、市区规模不断扩大这一基本事实作出的判断。自横滨开港以来，外国船只的入港数和进出口贸易额长期居于日本全国八大港口城市的第一位。据统计，明治维新时期横滨港贸易吞吐量曾经占日本对外贸易的85%，到了20世纪初也占50%左右。[①] 由此看出，"对外贸易的突出地位决定着横滨港口城市经济发展的主要特征。几乎所有产业部门的经济动向以及重要经济指标的升降，在相当程度上都受到这一经济特征的影响……"[②]。在毫无经验和样板可资借鉴的背景下，横滨市从无到有，从小到大，走了一条与欧美传统城市截然不同的新型高速发展的道路。横滨由建港而走上世界历史舞台，在这个意义上，亦可以认为开港是横滨"近世的终止符与近代的始发站"[③]。

（四）"开国"与"开港"辨析

　　如前所述，"开国"与"开港"在日本是有时间和内容差异的，但是，有些文献将二者混为一谈，容易在学界造成一些误解，因此有必要在此略加讨论和辨析。对于开国，日本一些辞书作如下解释："开国是锁国的否定，意味着日本作为世界资本主义市场的对外开放"[④]，"开国是开始进行迄今被

---

① 参见横滨输出协会编《横滨的今日》绪论部分，早稻田大学图书馆藏书，1925年。
② 田万苍：《横滨港口城市农业地位的变化》，载《日本学》第1辑，北京大学出版社1989年版。
③ ［日］神崎彰利等：《神奈川县的历史》，山川出版社，1996年，第5页。
④ 《日本国史大辞典》第三卷，吉川弘文馆，1987年，第39页。

禁止的与外国的通航与通商"①。但是，这种解释与日本近代史实有些出入，因为日本开国后只实现了通航，并没有通商。而日本"开港"则是以 1859 年 7 月 1 日横滨等口岸正式开港为标志。另外，"开国"一词在汉语和日语中有着截然不同的含义。汉语中指建立新的国家；日语中指打开国门，与外国进行交涉往来，是与锁国相反的概念。至于日文的"开港"，则相当于中文"开埠"一词。在中国，开国与开港几乎同时完成，《南京条约》的签订，即标志着中国对西方诸国开放门户（包括市场的开放）。而在日本则是先开国后开港，两者相距五年之久。因此，开港可以看作是开国的下位概念。用箭头表示上述关系则为：

开国←→锁国；开国→开港

进而言之，1854 年签订的《日美和亲条约》标志着日本的开国，1858 年的《日美修好通商条约》则象征着开港。从某种意义上讲，后发型的日本现代化正是由这两个条约而启动的。由于两个条约规定的内容不同，造成"开国"与"开港"含义上的差异。当然，日本有些学者也将开国与开港区别看待，正如石井孝先生所言："开国的真正历史意义是日本作为世界资本主义市场开放国门，因此，从这种意义上讲，日本真正的开国是将日本纳入世界资本主义市场的 1859 年的开港。所以，1854 年的开国，是走向真正开国的第一阶段。"②

另外，在近代东北亚地区，并非只有日本实行锁国政策，因为与西洋文明相遇而产生的锁国还包含中国和朝鲜。在"西力东渐"的冲击下，中日朝三国纷纷开国，但是，开国的时间和方式各有不同。从时间顺序来看，中国最早，日本次之，朝鲜最后；从方式看，三国均是在外来冲击和压力下被动地打开国门，结束锁国时代。而从冲击对象来看，中国与老牌殖民国家英国发生军事冲突并战败后率先开埠，日本则在新兴资本主义国家美国的冲击下开国，韩国却是在邻国日本的武力逼迫下打开国门。从结果看，中国虽然最先开国，却长期在半封建、半殖民地道路上徘徊；日本通过维新变革后来居上，很快步入资本主义国家行列；朝鲜则被纳入日本势力范围并最终沦为日本殖民地。

日本学术界长期以来有一种观点，认为无能的德川幕府在美国强大军事

---

① 金田一京助等编：《新明解国语辞典》，三省堂。
② ［日］石井孝：《从世界史的范围内看日本开国》，载《续舶来事始》，横滨开港资料馆，1958 年，第 1 页。

压力下签署了极端不平等的条约。而横滨市立大学名誉教授加藤祐三先生对此提出了不同意见，即：中国清政府与英法等国签订的是"战败条约"；日本幕府与美国签署的是"交涉条约"，两者从内容到形式都不尽相同。最显著的区别是战败条约伴随着割地赔款，而从亚洲近代历史的角度来看，日本与美国以签署《和亲条约》的和平方式而开国，实属罕见的事例。① 虽然幕末时期的日本由于缺乏外交经验，与西方列强交涉过程中丧失部分国家主权，但是也应该看到，阿部、堀田乃至岩濑等幕府的开明派官僚在谈判中对外国方面的无理要求并非唯命是从，而是在竭尽全力维护日方权益。当然，弱国无外交，当时的日本还不具备与列强平起平坐的实力，在外交上作出一定的让步是不可避免的。日本开国与开港的过程始终伴随着欧美列强"炮舰政策"的巨大压力，所以说，以横滨开港为起点的日本早期现代化历程，从一开始并不顺利。但难能可贵的是一批有眼光的开明派官僚，尚能对世界发展趋势敏于体察并及时作出应变。尽管这种认识和行动离不开维护幕府统治的基本政治立场，但在客观上，为近代日本的历史进步发挥了某种程度的积极作用。对于日本来说，"闭关的最大支柱之一，即勉强维持下来的封建经济以及它的全部上层建筑，由于开港，'正如小心保存在密闭棺木里的木乃伊，一接触新鲜空气，'便迅速地肢解了"②。由于缔约开港，德川时代200余年的"太平之梦"被彻底打破，幕府的统治进入风雨飘摇的危机时期，日本从传统社会向近代社会的转型时期终于到来。

三　19 世纪 70—80 年代日本主导下的朝鲜开港

中日朝三国是东北亚地区有代表性的国家，在近代历史发展的进程中，三国开港起步阶段的处境极为相似，结局却大相径庭，可谓"同途殊归"。与中国清朝被英国打败从而走向开放不同，日本德川幕府是在美国炮舰政策的逼迫下开港的。而朝鲜王朝的开港则是在其邻国日本的武力威逼下完成的。东北亚三国开港的互动与影响，值得进一步考察和探讨。

（一）"日朝修好条规"的签订与朝鲜开港

1876 年 2 月，日朝双方签订了《日朝修好条规》。一方面，《日朝修好条规》的签订，完成了日本明治维新以来，对日朝关系由"私交"到"国

---

① ［日］加藤祐三:《幕末外交与开国》，筑摩新书，2004 年，第 244 页。
② ［日］井上清、铃木正四:《日本近代史》上册，商务印书馆 1972 年版，第 49 页。

交”的调整；另一方面，《日朝修好条规》在以条约的形式规范日朝关系的同时，故意无视朝鲜在东亚国际秩序体系中的实际地位，给传统的东亚国际秩序体系带来了极大的冲击，也对日本对朝外交政策的制定提出了新的课题。围绕《日朝修好条规》，实现朝鲜的开港与有限开放，以促成朝鲜独立为名的"去清亲日"化，成为了"壬午军变"之前日本对朝外交策略的主旨。

《日朝修好条规》第一款称，"朝鲜国自主之邦，保有与日本平等之权"①。所谓的朝鲜为"自主之邦"，既是《日朝修好条规》得以成立的最根本基础，同时也是该条规的最大矛盾所在。导致这一悖论的原因之一在于"该条约是包含近代外交关系及传统外交关系的双重含义的暧昧表达"②。这种暧昧表达的背后，是日朝外交关系由前近代性向近代性调整过程中不得不面对的"自视"与"他视"的矛盾：日本视自身为拥有完全主权的外交主体，而朝鲜则在相当长一段时间内只承认"对马藩"为中介的日朝外交，拒不接受日本的国书，实际上不承认日本的外交主体资格；朝鲜则身处东亚传统的宗藩体系之下，以清国的属国自居，而日本则无法在近代化的外交体系建立过程中，对"属国"的国际地位明确界定。这种外交观念上难以调和的矛盾，并未因《日朝修好条规》的签订而得以解决，相反，《日朝修好条规》是在日朝双方对于各自外交地位的认识并未取得一致的前提之下，强行以条约的形式重建了日朝"国交"。因此，《日朝修好条规》在日朝外交近代化之路上较之于"成果"则更具"起点"的意义。而日本若试图巩固与朝鲜重建"国交"这一外交成果，并使之符合日本外交近代化的趋势，《日朝修好条规》就只能视清朝间传统的宗属关系的"实像"于不顾，强行描绘出一幅朝鲜乃"自主之邦"的"虚像"。

对于中国清政府与朝鲜王朝之间传统关系的存在，日本政府是有正确认识的。江华岛事件之后，木户孝允曾向三条实美提出处理"江华岛事件"的要旨，称"朝鲜之与中国，现奉其正朔，虽与其互相交谊之亲密，患难之互相关切情况，未可明知，然而其有羁属关系则可必"③。而在《日朝修好条规》签订之前就曾向清政府一再强辩"朝鲜是一独立之国，而贵国谓

① 日本外务省编：《日本外交文书》第9卷，岩南堂书店，1995年，第115页。
② ［日］高桥秀直：《江华条约与明治政府》，载《京都大学文学部研究纪要》，1998，3。
③ 东亚同文会：《对华回忆录》，胡锡年译，商务印书馆1959年版，第126页。

之属国者徒空名耳"① 的森有礼本人也不得不承认"不能视朝鲜为纯然独立之国"②。中朝之间的实际关系,单凭《日朝修好条规》的约定是无法抹杀的。即便《日朝修好条规》强调了朝鲜所谓独立的地位,日本政府在《日朝修好条约》签订之后,仍然认为"以我(日本)助其(朝鲜)全然独立至为重要",而"倘若能够对其国政之枢轴,外交之方略加以干涉,其(朝鲜)定不能再持全然他国从属之局面"③。这一表述,实际上是日本政府解决日朝关系在条约文本与实际情况间存在巨大矛盾这一课题的主要方针。

日本政府一再提及的朝鲜"全然独立",显然是针对中朝之间传统的宗属关系而言,"独立"实即"去清";而为达成朝鲜"全然独立",则必须由日本政府对其扶助,以至于对其内政外交加以"干涉"方可实现,"干涉"则为"亲日"。换言之,朝鲜的"去清化"是朝鲜"亲日化"的基础;朝鲜的"亲日化"是实现朝鲜的"去清化"的必然结果。由是,"去清"与"亲日"实为一体两面。而正是在"去清亲日"这一核心目的的驱使下,日本围绕《日朝修好条规》各款项的实施与展开行动,试图主导并掌控朝鲜的开港及开放。

(二) 朝鲜"日本人居留地"的设立及"开港地"的确定

日朝间的贸易往来,古已有之。朝鲜曾在富山浦、乃而浦和盐浦设立倭馆作为在朝日本人的居住地及贸易区域。"三浦之乱"后,倭馆被关闭。1607 年,朝鲜又允许日本对马藩在豆毛浦建立倭馆。1678 年,倭馆由豆毛浦迁至草梁。虽然由对马藩主持的日朝贸易受到岁遣船等诸多制度上的限制,1871 年对马藩被撤销之后,草梁倭馆更是一度成为日朝外交的"雷区",日朝为草梁倭馆的地位等问题争执不断,但是,草梁倭馆毕竟是日本在朝的唯一居住及贸易基地。日朝重建"国交",草梁倭馆及其周边地区自然成为日本在朝扩张的首选据点。《日朝修好条规》第四款规定:"朝鲜国釜山草梁项立有日本公馆,久已为两国人民通商之区,今应革除从前惯例及岁遣船等事项,凭准新立条款措办贸易事务"④。此条款,成为了日本在釜山设立"日本人居留地"的基础。对于釜山开港和设立居留地事宜,负责交涉事宜的宫本小一表现得极为急迫。与朝方官员的交涉中,宫本小一称,

① 故宫博物院编:《清光绪朝中日交涉史料》第 1 卷,第 6 页。
② 高桥秀直:《江华条约与明治政府》。
③ 日本外务省编:《日本外交文书》第 14 卷,第 351 页。
④ 日本外务省编:《日本外交文书》第 9 卷,第 116 页。

"我政府虽并无急于开港之意，且贵国地理亦未分明……多开港口无益莫如先繁盛釜山一所"①。而日朝双方交涉焦点则集中在釜山居留地的范围上。日朝双方代表于 1876 年 8 月 24 日在汉城签订了《日朝修好条规附录》，其中第三款、第四款规定："从前同国（朝鲜）政府于釜山草梁项日本公馆设立守卫之门，今后废止。新定程限依界标所立。其他二港亦比照此例……嗣后，于釜山港设立日本国人民行步道路之里程，定为以埠头起算东西南北各直径十里。……于此里程之内，日本国人民可随意通行，买卖其地物产及日本国物产"②。这一点与"安政条约"中的规定十分相似。日本人等于把欧美列强逼迫日本签订的不平等条约又依样画葫芦般地强加于朝鲜身上。根据前述条款，日朝于 1877 年 1 月 30 日签订了《釜山港居留地借入约书》，正式在釜山设立了日本人居留地。

釜山居留地设立之后，日本政府急速推行釜山居留地的日本领土化政策。釜山居留地成了朝鲜的"国中之国"，带有明显的殖民地化的印记。在釜山居留地设立之初，日本就设置了管理通商事务的"管理厅"，并委派了管理官。1880 年 2 月，"管理厅"及"管理官"升格为领事馆与领事。同年 3 月，日本又在领事馆配备"警部"及"巡查"，开始在日本居留地行使警察权力。而在此前一年，日本政府就已经要求管理官前田献吉将"内地施行之条例加以取舍"③ 作为居留地的风俗及治安法令加以实施。1877 年 9 月，日本开始向国内开放至釜山的航路，并对赴朝鲜的航渡及贸易实施奖励政策。日本的金融资本也迅速进入釜山，在大久保利通的亲自劝说下，国立第一银行于 1878 年在釜山设立了分行。釜山居留地设立后仅仅不到两年的时间，居留的日本人就由设立前不足百人激增至 700 余人。至 1880 年，其常住人口更是超过 2000 人。当时的日本报纸惊呼，釜山居留地"简直是对马严原的一个町"。

日本对于朝鲜开港地的选择策略，相对于经济价值，更多的是把战略价值置于优先考虑的地位，而与日本本土隔海相望的釜山对于日本的国防意义是显而易见的。1875 年，驻俄公使榎本武扬就曾经建议趁俄国势力南下之

① JACAR（亚洲历史资料中心）Ref. B03030154200、对韩关系杂纂/宫本大丞朝鲜理事始末第一卷（B－1－1－2－037）（外务省外交史料馆）。

② JACAR（亚洲历史资料中心）Ref. A01100140200、公文录·明治九年·第二十二卷·明治九年六月—七月·外务省伺（国立公文书馆）。

③ JACAR（亚洲历史资料中心）Ref. A01000055200、太政类典·第三编·明治十一年—明治十二年·第十九卷，外国交际，诸官员差遣（国立公文书馆）。

前，占领对马岛对岸的战略要地，以作为日本向大陆扩张的基地。《日朝修好条规》签订之前，榎本武扬又上书称"必须置经济得失于度外，占领军事要地釜山码头"①。而选择位于永兴湾要冲的元山作为第二个居留地也同样出自政治和军事方面的考虑。榎本武扬在获悉俄国政府有租借元山港，并将其建设为军港的意图后，极力劝说政府促成元山港的自由港化，以对抗俄国。外务卿寺岛宗则给花房义质代理公使的信函中也提到"此港非但于贸易至关重要，亦为接壤之邻邦兵备攸关，若为将来两国利害之所计，务必促成其开港为要"②。

相对于元山，位于朝鲜西海岸的仁川，不但是朝鲜京城的门户，更与山东半岛隔海相望，其战略价值毋庸赘言。对于仁川开港计划，朝鲜政府以开港会导致仁川人心不稳危及京城防御为由而拒绝，并提出以南阳等地作为开港地取代仁川。对此，井上馨训令花房义质称"朝鲜京城近旁，除仁川之外再无可开港之处"③，随后，花房义质与金弘集就仁川开港问题再次交涉时，亦态度极为坚决的称"依在下及我国海军之所见，南阳及乔桐皆非适宜之处，此外更无适当之港"④。对于金弘集提出仁川开港是否可延期三或五年的提案，花房义质拒不接受，要求仁川开港必须在 20 个月内完成。在与朝鲜交涉仁川开港受阻之后，花房义质在提出要直接与领议政李最应谈判，不为朝鲜预留转圜余地的同时，甚至向国内提出要对朝鲜"施展强硬手段，以武力据其地二处以促其速决"，并强调"此为取得和平结局之必然手段"⑤。在日本的强硬态度面前，朝鲜不得不同意了从 1882 年起开放仁川。

（三）日本使节驻在问题及劝告朝鲜有限开放

《日朝修好条规》第二款有如下规定："日本国政府自今十五个月后随时派使臣到朝鲜国京城，得亲接礼曹判书商议交际事务。该使臣驻留久暂共

---

① ［日］信夫清三郎：《日本外交史》上卷，天津社科院日本问题研究所译，商务印书馆 1980 年版，第 161 页。

② JACAR（亚洲历史资料中心）Ref. A03023631000、公文别录·朝鲜始末续录·明治九年—明治十五年·第一卷·明治九年六月—明治十五年四月（国立公文书馆）。

③ JACAR（亚洲历史资料中心）Ref. A03023632400、公文别录·朝鲜始末续录·明治九年—明治十五年·第一卷·明治九年六月—明治十五年四月（国立公文书馆）。

④ JACAR（亚洲历史资料中心）Ref. A01100215900、公文录·明治十四年·第三十四卷·在外公使报告第五（朝鲜国公馆）（国立公文书馆）。

⑤ 日本外务省编：《日本外交文书》第 14 卷，第 332 页。

任时宜"①，若以此条款与1871年中日两国签订的《中日修好条规》第四条约定"两国均可派秉权大臣并携带眷属随员驻在京师，或长行居住或随时往来"② 相比较，上述两条约在措辞上有着明显的不同，《日朝修好条规》中所使用的"使臣"以及"驻留久暂共任时宜"等语含义非常模糊，既没有约定"使臣"的职务职权及等级，也没有明确规定使节应当"驻在京师"，这与近代外交中的某些基本原则相违背。可以说，这是《日朝修好条规》在"传统性"与"近代性"之间寻求妥协的又一次"暧昧表达"。此外，如前所述，日本对于朝鲜开港地的选择，更多的是从控制朝鲜的战略要津的角度出发，其军事意义远大于可能的贸易获利。但是，若想达到"对其国政之枢轴，外交之方略加以干涉"的目的，只是控制朝鲜的战略要地是远远不够的。而朝鲜方面以"共任时宜"为手段，想方设法阻止日本使节驻在京城，从朝鲜方面来看，日朝外交仍然维持着传统的"交邻"关系的形式。加之朝鲜方面一直没有正式接受日本的国书，日本也只能以"代理公使"的名义派遣赴朝使节。这样充满临时意味的外交形式，既不利于日本推进日朝交涉近代化的努力，也不利于促成朝鲜成为"独立之邦"。

为解决这一问题，1880年4月10日，日本外务省提高了对朝外交的等级，花房义质由"代理公使"升任"弁理公使"，1880年4月13日外务省训令其"朝鲜国京城在勤"，要其权衡局势，尽可能在汉城设立日本使馆。1881年1月4日，花房义质与金弘集的交涉中，金弘集一方面表示对于日使驻在京城一事并无异议，但另一方面，由于朝鲜国内对于日使驻在京城一事舆论纷起，且针对日本人的袭击事件难以制止，希望日本能够像日本开国之初，驻在江户的各国公使移至横滨以避暴力袭击一样，推迟将公使馆设在京城的计划。对此，花房义质称"驻扎一事已经数年详议，今日燃眉之情势所迫，此为至要之事"③，并威胁称，美国使节即将直接前往京城与朝鲜交涉，俄国也有这样的计划。而"倘若日本公使得以驻在京城，则各国使臣抵达京城之后，日本亦可从中妥为周旋"④。日本这一外交手法与哈里斯当年逼迫日本的方式如出一辙。

---

① 日本外务省编：《日本外交文书》第9卷，第115页。

② JACAR（亚洲历史资料中心）Ref. A04017207400、单行书·大日本国大清国修好条规（国立公文书馆）。

③ JACAR（亚洲历史资料中心）Ref. A01100215900、公文录·明治十四年·第三十四卷·在外公使报告第五（朝鲜国公馆）（国立公文书馆）。

④ 同上。

《日朝修好条规》签订之后，美国确有通过日本为中介与朝鲜订立条约的企图。1880 年 3 月，美国驻日公使曾致函日本外务卿井上馨，称美国将派遣使节赴朝，希望日本在朝官员能够对其加以"款待"。在《日朝修好条规》签订之前，西方各国在与朝鲜交涉之时，往往希望清政府能够出面协助，或转递文书，或从中斡旋。但对于西方各国来说，清政府的协助效果并不"理想"。而此次美国提出希望日本能够介入美朝交涉，对日本而言，无疑是推进朝鲜"去清化"的绝好契机。虽然欧美各国与朝鲜订约或可损害日本在朝利益，但日本方面仍希望能够在其中发挥作用，促成朝鲜对于欧美国家的有限开放，一方面可以进一步作成朝鲜乃"独立之邦"的事实，打击清朝间的宗属关系；另一方面在各国与朝鲜交涉中扮演协调和主持的角色，亦可彰显日本在朝的特殊性地位。因此，外务省在对待美国的请求上，表现出足够谨慎的积极态度。在外务省给花房义质的训令中，外务省要其对可能赴朝的各国使节"勿失接遇之礼仪"，但同时也要其对襄助订立条约"仅止于困难民救助、薪水食料资给等，于通商贸易之事及目下平安得保之道宜妥为注意"①。

美国使节薛斐尔抵朝后，日本驻釜山领事也向朝鲜方面转递了美国的信函及井上馨的书信。但是，朝鲜方面以美方信函所用文字有误为由，拒不接纳并将未曾拆封的原书奉还。美国方面遂提出直接由美国驻日本公使向朝鲜国王呈送书函的要求，薛斐尔本人亦赴天津面见李鸿章重新寻求清政府的协助。美国放弃日本的协助，在事实上宣告了日本将欧美各国与朝鲜的交涉限定在日本可控范围之内的努力的失败，此局面才正是花房义质口中的"燃眉之情势"。在这样的背景下，早已与朝鲜订立条约的日本先于欧美各国于朝鲜京城设立使馆显得尤为重要。另一方面，朝鲜拒绝美国方面的信函，也凸显了朝鲜对于日本强硬外交姿态的反感，对于日本来说，实现使节驻在京城，从而更深入地对朝鲜政局施加影响就显得极为紧迫。

（四）　日本谋求朝鲜军政改革的"亲日化"举动

对于朝鲜方面在日朝交涉中的态度，日本方面也早有所认识。1880 年 1 月，花房义质向日本外务省提出建议书，认为日朝双方的交涉气氛"虽有恳切之名而其实难副"，倘若能向朝鲜赠送"新式大小炮及弹药或轻便军舰

---

① 　JACAR（亚洲历史资料中心）Ref. A03023632400、公文别录·朝鲜始末续录·明治九年—明治十五年·第一卷·明治九年六月—明治十五年四月（国立公文书馆）。

一艘……似可颇得其欢心，以至交际上必恳切有加，贸易亦可更近一步"①。
井上馨将花房义质的建议于 1 月 21 日呈送右大臣岩仓具视，并强调"于将
来交际之事，必得好处"②。所谓"好处"，后来井上馨又在给花房义质的交
涉"训条"中进行了明确的解释，"我政府如此展示好意，彼国改进论者之
心必为之一动，且倘若言战，则我舰船、武器如此精良以示，则可破其主战
论者冥顽之识，此为至要之事，此外亦可以此次赠物谋求朝鲜军政改革之肇
始"③。原本花房义质只是想通过向朝鲜赠送武器改善日朝交涉中彼此对抗
的气氛，并为日本将来的军事工业寻求潜在的客户。但井上馨则从更高的外
交战略的角度出发，希望能够向朝鲜的改进论者展示日本的进步，为培育朝
鲜内部的"亲日派"打下基础，同时，也希望通过赠送武器压制强硬派，
取得"不战而屈人之兵"的效果。而其更远的战略意图是在培育"亲日
派"，压制强硬派的基础上，希望朝鲜未来的军政改革可以走"日本化"的
道路。日本政府批准了这一构想，共向朝鲜政府赠送了各种枪支共计 50 只，
朝鲜政府则以人参等朝鲜特产回赠。

　　早在《日朝修好条规》刚刚签订之时，日本就曾经向朝鲜赠送过当时
极为先进的加特林机枪。在与宫本小一谈判《日朝通商章程》及《日朝修
好条约附录》之时，朝鲜政府官员也表达了对日本所赠送武器的好奇与好
感。但是，日本方面通过向朝鲜赠送武器以谋求"朝鲜军政改革之肇始"
的意图并未实现，朝鲜方面更倾向于借助宗主国清政府的力量实现近代化的
军政改革。1879 年，朝鲜就表示希望派人"在天津等处学习军器武备"，李
鸿章认为"如以后朝鲜有员到津，敝处于练兵制器之法，不难罄其秘要，
随宜指授。俾获有成，籍作自强之基，增我藩篱之固"④，表示朝鲜派人来
津修习武备一事可行。对于朝鲜在军政改革上寻求清政府帮助一事，日本随
后也接到了驻清外交官员的报告。此外，美国驻牛庄总领事也曾在给日本外
交官员的书信中谈到，牛庄当地有 150 名朝鲜人接受清政府西式武器训练的
传闻⑤。朝鲜军政改革的中国化倾向使得日本加强了谋求由日本主导"朝鲜

---

①　日本外务省编：《日本外交文书》第 13 卷，第 418—419 页。

②　同上书，第 417 页。

③　同上书，第 423 页。

④　郭廷以、李毓澍：《清季中日韩关系史料》，台北"中央研究院"现代史研究所 1972 年版，
第 394 页。

⑤　JACAR（亚洲历史资料中心）Ref. A01100215100、公文录·明治十四年·第三十三卷·在
外公使报告第四（德国公馆·奥国公馆·清国公馆）（国立公文书馆）。

军政改革之肇始”的努力。花房义质在与金弘集谈判仁川开港及京城驻在时谈到日本愿意“保荐”朝鲜军事工业改革所需的教师和技工，并表示朝鲜派往日本学习军事工业的专修生可以享受与官费生相同的学费待遇。作为“军政改革之肇始”的最重要途径，日本着手“帮助”朝鲜建立日本式的近代化军队，以堀本礼造等人为教官，建立了“别技军”。

总之，在近代朝鲜开港问题上，日本曾试图占据主导作用，并一度取得某些“成功”。客观而言，这对朝鲜融入世界，走向开化起到了一定的作用。然而，就开港而言，“对所谓日本的‘成功’和中朝的‘失败’要进行符合史实的客观评价。对日本积极开放，虚心学习欧美国家先进文明的经验应该加以肯定，而对其以扩张侵略，牺牲中朝利益为特征的现代化发展模式则应持批判态度”①。日本政府出于控制朝鲜半岛，进军大陆的目的而以不平等条约胁迫朝鲜开港，这不但违背了朝鲜的意愿，也直接损害了中国的利益，并最终导致了不断膨胀的大日本帝国的土崩瓦解。

四 日本对中、对朝交涉与近代东亚国际秩序的重构

中日朝三国在其历史上，都曾经不同程度的实行了“锁国”的政策。但这一政策所针对的，主要是逐渐“东渐”的西方诸国。在东亚地区内部，中日朝三国仍然保持着一定的、必要的联系，中朝间保存着传统的“藩属”关系，日朝间则形成了较为特殊的“大君②外交”模式。清王朝与日本虽分别视自己为所处世界的“顶点”而无法展开正式的外交往来，但在分别实施的“锁国”政策下也保持着贸易关系。与近代国际秩序的动态发展原则相悖，东亚间的国家交往则呈现出固化的趋势，由中日朝三国的国际关系所构成的前近代东亚国际秩序体系，在其形成之后的相当长的时间内一直保持了这种固化，既无外力介入，其内部也安然于此，缺乏变革的动力。19 世纪后半期，固有的东亚国际秩序在西方国家坚船利炮的压力下，不得不艰难地开始由前近代性向近代性的逐渐转型。最早开始这种转型的清政府，虽然在与西方的交往中被动地接受了近代化的条约体系，但在视传统依然有效的

---

① 张晓刚：《韩国开港起源考》，载《历史教学》2008 年第 5 期。

② “大君”又称“日本国大君”。是日本江户时代德川幕府将军的对外称号，最早被用于与朝鲜交涉的国书之中。语出自《易经》“大君有命，开国承家”。后世日本学者以“大君外交体系”指称江户幕府时代的日本外交体系。亦有学者对“大君外交体系”的真实性提出异议。

东亚地域内，中国并不希望固有的东亚秩序产生变化，甚至极力阻止西方势力介入这一领域。而扮演打破东亚旧的国际秩序体制角色的，是明治维新之后的日本。

（一）明治维新后的日本对朝、对中交涉

对于幕末时期的外交，信夫清三郎先生认为，之所以能够顺利完成"开国"这一课题，"幕府当局对于新事态表现了惊人的理解和适应性，……争取使大君外交体系的原则与西洋国家体系的原则能够同时并存"。但是，这两种基于不同外交观念的体系之间的矛盾几乎是无法调和的。而最终，"围绕着外交的政治斗争就发展成为要求变革体制的运动，经不起内外重压的幕府，未能使自身转化为近代国家政权，终于被打起天皇旗号的倒幕派所推翻。于是，幕府外交遗留下来的课题，就转入新的天皇政府手中"①。无疑，如何调整"大君外交体系"与"西洋国家体系"并存的局面正是明治政府所面临的最大的外交课题，完成传统外交模式向近代外交模式的过渡也是追求近代化的明治政府必然的选择。以此为出发点，对于由幕府当局开始逐渐接受的具有近代化性质的"西洋国家体系"，即条约体系，明治政府采取了继承的态度。以"神户事件"和"堺事件"的处理为契机，明治政府与外交使节团开始正式接触，并承诺新政府对于以幕府将军名义缔结的条约，将以天皇的名义加以继承。从而使得明治政府在戊辰战争之前，就迅速取得了各国对于明治政府作为外交主体资格的确认。以 1868 年 5 月 25 日，英国公使巴夏礼在大阪行宫西本愿寺向天皇递交国书为标志，以天皇为首的明治政府成为得到外交承认的拥有外交主体资格的唯一正统政府。

与此同时，日本也开始着手调整旧有的东亚国际关系。1868 年 3 月 23 日，明治政府通知原本负责与朝鲜交涉的对马藩主宗义达将"王政复古"等消息知会朝鲜。11 月 13 日，对马藩派遣的"先问使"川本九左卫门抵达草梁倭馆，12 月 18 日向朝鲜国"训导"安东晙提交了"先问书契"。在此封文书中，发信的署名人没有使用旧有的"日本国对马州太守拾遗平某"，而是使用了"日本国左近卫少将对马守平朝臣义达"的称谓。此外，在正文中还有"告者本邦倾时势一变，政权归一皇室"的语句。并表示"朝廷特褒旧勋，加爵进官左近卫少将，更命交际职，永传不朽，又赐证明印记，

---

① ［日］信夫清三郎：《日本外交史》上卷，天津社科院日本问题研究所译，第 114—115 页。

……今般别使书翰押新印，以表朝廷诚意，贵国亦宜领可"①，且在其后
"王政复古通知书"中使用了新印。朝鲜方面则以"不但岛主职号与前有
异，句语中皇室奉敕等语，极为悖慢……岛主图署之自我铸给，今忽谓以铸
印，亦为骇然，喻之以事体，责之以格外"② 回应，并强调"书契万无捧纳
之意"。在随后的正式拒绝接纳理由书中，朝鲜方面责问"而至若今番书契
中，一二句与印章改易之说，此诚三百年以来所无之举也。惟我两邦之率由
旧章，永以为好者，为其诚信之不可渝，约条之不可违，则今日之事，谓之
诚信乎，约条乎"③。日朝交涉就此陷于胶着之中。

　　在江户幕府时代，日朝交往一直是以一种非常复杂的模式进行。日朝之
间并无对等的交往资格，朝鲜庆吊的"信使"可直达江户，而幕府却不能
直接向朝鲜派遣使节，必须以对马藩为中介，且使节在朝鲜也受到诸多限
制。而对马藩所进行的交涉，则由体例固定的图书并加盖朝鲜方面"赐给"
的印信作为交涉资格的表证。佐田白茅等在明治三年四月（1870 年 5 月）
提交的《朝鲜国交际始末内探书》中，将以对马藩为中介所进行的日朝交
涉称为"百年私交之谬误施展"，称对马藩接受朝鲜赐给的印信"视同以彼
国制度为上而自取臣下之礼"④。这种具有鲜明的前近代性的外交形式当然
不能为追求外交近代化而努力的明治政府所接受。以"两邦之率由旧章"
为理由拒绝接受日本国书，也在事实上承认以对马藩为主体的"私交"，而
拒不承认明治政府拥有外交主体的地位。在"版籍奉还"和"废藩置县"
尚未实行，旧的幕藩体制依然在某些方面发挥作用的敏感时期，这样的文字
无疑触动了明治政府高层的神经。此外，更与深受旧体制影响的"从将军
变为与天皇的直接交际，朝鲜必须处于日本下位的位置，这是对于明治维新
后与朝鲜外交相关的政策理念的基本认识"⑤ 相违背。与朝交涉不但未能打
开外交的局面，反而在外交领域提出更严峻的课题。

　　对于这一问题的解决，日本朝野内部形成了两种不同的声音。木户孝允
等人认为朝鲜的"行径"有损"日本国威"，主张"向朝鲜派遣使节，责其

---

① ［日］石田彻：《关于明治初期日朝交涉的文书问题》，载《早稻田政治经济学志》，2004
年，第 356 页。

② 同上。

③ 同上。

④ 日本外务省编：《日本外交文书》第 3 卷，岩南堂书店，平成八年，第 132—133 页。

⑤ ［日］吉野诚：《明治六年的征韩论争》，载《東海大学纪要文学》，第 73 辑，2000 年。

无礼，彼若不服，则兴师问罪，大显神州之威"①。在朝鲜拒绝日本国书之后，木户立刻与军务官副知事大村益次郎商讨征伐朝鲜的细节，并于当年二月向三条实美及岩仓具视报称，"征韩之建议已置于高案之上，望勇决"②，希望速定"征韩"之策。岩仓具视则认为"清国朝鲜乃古来通好近邻之国，清朝近来国势萎靡不振，朝鲜则小而羸弱，然其与我皇国同处亚细亚洲亦同文同种，宜速遣使以修旧好与其共成鼎立之势"③，不同意以武力解决日朝间的外交矛盾，并表示应尽快向清与朝鲜两国遣使修好。日本学者安冈昭男认为，岩仓具视的这一提议"是为应对西洋诸国势力的东进，在明知包括清国视之为属国的韩国在内的三国联合存在困难的前提下，而不得不提出的东亚合作构想"④。这种构想无疑是对原本的东亚国际秩序的结构性调整，试图将原本松散的三国关系修正为紧密的"鼎立之势"。岩仓的这一表述，或可视为日本首次对于东亚新秩序提出了设想。虽然在岩仓的构想中没有明确提到日本的地位，但从其对于"清国近来国势萎靡不振，朝鲜则小而羸弱"的表述来看，明显是希望日本能够在东亚新秩序中起到某种主导的作用。

与此同时，日本也对自身的外交系统进行了近代化的调整。原本由对马藩主导的对朝交涉显然已不适于新的外交要求。外务省设立后，首任外务卿泽宣嘉认为"当前急务，不应以与朝鲜修好之事，委诸对马藩，作为宗氏私交附带办理"⑤。提出应由外务省派遣外交官前往交涉。佐田白茅等人，作为真正意义上的日本外交人员被派至朝鲜，寻求与朝鲜交涉的可能。而外务省也在其提交的报告基础上，提出了解决朝鲜问题的"三策"：一"废止与朝鲜之间的交际，亦不再进行对州的私交，断绝两国间音讯，撤出倭馆人员，从此不相往来"；二"急速命木户从三位为正使，严原藩知事为副使，其他外务省官员四、五名分任使节职务，前述官员及军队，乘坐肥前、肥后两藩的坚牢军舰两艘前往报知大政一新之事。并签订开港开市两国往来自由之条约"；三"先派遣使节前往支那，签订通信条约，之后，于归途前往朝鲜王京（以条约）迫之"⑥，作为对朝交往的方针。最终，明治政府选择了

① 沈予：《日本大陆政策史》，社会科学文献出版社 2005 年版，第 37 页。
② ［日］安冈昭男：《明治前期大陆政策史研究》，法政大学出版局，1998 年，第 3 页。
③ 同上书，第 138—139 页。
④ 同上书，第 139 页。
⑤ 东亚同文会编：《对华回忆录》，胡锡年译，第 11 页。
⑥ 日本外务省编：《日本外交文书》，第 3 卷，第 144—145 页。

"第三策"，以迂回、和缓的方式，试图在对朝交涉上争取更有利的地位，由此，与清建交与日朝交涉问题联系了起来。

作为东亚最早与"西洋国家体系"发生接触的国家，清政府也早已开始了外交近代化的调整。但遗憾的是，这种调整却缺乏有效的和正确的国际认识作为支撑，"天朝上国"的迷梦依然阻碍着清政府外交近代化的进程。对于东亚地区的国际秩序，尤其是中朝关系，清政府试图在世界近代化的潮流冲击下尽可能维持旧有的模式，变革和调整的意愿并不强烈。对于英法等国希望清政府介入朝鲜事务，从而对朝鲜外交政策施加影响的意图，清政府表现得极为谨慎。实际上，清政府以朝鲜"内政外交悉由自主"为理由，避免过多介入朝鲜事务的同时，对列强之于朝鲜的企图也保持着必要的警惕。这种警惕，在面对日本国内政局动荡有可能导致东亚国际秩序发生变化的时候，表现得尤为敏感。早在明治维新之前，清政府从国外报纸得知"近来日本国武备频盛，现有火轮军舰八十余艘。海外有讨朝鲜之志"① 的传闻②。对此，总理衙门于 1867 年 3 月 20 日密奏称："今外国新闻纸既称其武备之盛，军舰之多，并有与朝鲜寻衅之说。臣等反复思维，此事如果属实，朝鲜虽属弹丸，英法各国与之构兵，其志不过在与传教通商……至日本无所牵致，难保不贪其土地，设朝鲜为日本所据，则与中国相邻，患更切肤，传教通商犹其余事。现在日本之有此事，或有别国怂恿亦未可定，是朝鲜被日本之兵其患较被法国之兵为尤甚。是以臣等奏请饬下礼部酌量密咨朝鲜国王预为防范。一切未便宣露，谨附片密陈。"③ 随即清政府即将此一传闻知会朝鲜政府，望其严加防备。朝鲜立即以此事质询对马藩，对马藩对此事答复曰："其说果是荒诞虚妄，毫无行迹……至暴虎不法之言不足信也彰彰矣。"④ 此事虽因谣言而起，但从清政府的反应来看，对于日本试图改变东亚秩序格局的企图是有所防备的。

这种防备在 1871 年中日签订《中日修好条规》时也有所体现。在"条约"第一章中写明"两国所属邦土，亦各以礼相待，不可稍有侵越"。李鸿章对此解释为"隐为朝鲜等国预留地步"⑤。日本原本希望通过与清政府订

---

① 郭廷以、李毓澍：《清季中日韩关系史料》第 1 卷，第 52 页。
② 实际上，与木户孝允关系密切的对马藩士大岛有之允在 1864 年确实向幕府提出了向朝鲜扩张势力的建议书，该建议书包含十分具体的七条方策，在当时的日本社会引起了一定影响。
③ 郭廷以、李毓澍：《清季中日韩关系史料》第 1 卷，第 53—54 页。
④ 同上书，第 91 页。
⑤ 吴汝纶编：《李文忠公全书》卷十七，奏稿，第 54 页。

立条约取得与清政府平等的地位，从而在对朝交涉上取得"居高临下"的优势。但"条约"中的这一条款实际上却成为日本对朝交涉的障碍。对此，在外务省提出数条条约修改意见为清政府拒绝之后，继岩仓之后出任外务卿的副岛种臣，又借庆贺同治皇帝大婚及与清换约之机亲赴北京试探清政府对朝态度。李鸿章在与其谈论此事时，又一次指出"贵国既与西洋通商，若有事于朝鲜，人将谓携大欺小，殊非美名。况与中国约章不合"①，希望日本遵守与清政府订立的条约。在与总署商谈朝鲜等事宜之前，副岛获悉同治十年总署在答美国公使希望通过中国与朝鲜交涉的回函中，有"朝鲜虽系属国，一切政教禁令，皆由该国主持，中国向不过问……书函之事，现虽奏请办理，乃一时权宜之计，通融格外，以后不能再递"②等语。而后，随行的柳原前光在与总署官员谈话时以"（美国）请求将其书信托贵衙门转寄朝鲜之时，贵国是否称彼为属国，其内政教令皆与贵国无关"③相询，得到总署官员肯定的答复。由是，日本原本希望通过清政府而获得与朝鲜交涉优势的尝试基本上宣告失败了。日本在对朝交涉一事上无法取得实质性的进展。

（二）东亚国际秩序重构视角下的"江华岛事件"

与此同时，朝鲜国内政局发生了变化。1873 年 11 月，朝鲜主政的大院君因政变下台，朝鲜对日态度出现了转变的迹象，原属大院君一派的东莱府使等受到政变波及而被撤换，一直负责与日本使节交涉的前训导安东晙甚至被判处死刑。朝鲜国内"由清国报纸而知内地之'征韩论'，肥前之举亦闻之，台湾之事亦早传至。……彼国内亦有我日本大军攻来等说流布"④。明治政府很快获悉了朝鲜发生政变的消息，恰逢此时，有朝鲜渔民漂流至对马，日本以送还漂流民的方式于 1874 年 5 月派遣森山茂等赴朝了解情况，试探重开日朝交涉的可能。朝鲜方面也释放出善意的信号，1875 年 9 月 3 日新任训导玄昔运等人赴釜山公馆面见森山茂等，双方正式开始会谈。然而双方交涉中争执的焦点仍然停滞在文书所用文字及官员品级对等等问题之上，森山茂在谈判中强调"我国称'皇'称'敕'乃世界万国之推认。于我书契之中书载何妨之有"⑤，强硬表态所用文字是针对各国的通例，并得到各国的公认，绝无商谈之必要。需要强调的是，森山茂虽然在此一再提出

①　吴汝纶编：《李文忠公全书》卷一，译署函稿，第 44 页。
②　日本外务省编：《日本外交文书》第 6 卷，第 176 页。
③　同上书，第 177 页。
④　日本外务省编：《日本外交文书》第 7 卷，第 365 页。
⑤　同上书，第 398 页。

"世界万国之推认"、"对之万国之格例"并不是试图使日朝间按照"万国公法"所要求的平等原则进行交涉，而是隐含日本是以高于朝鲜的姿态与之交涉的态度，森山茂一再提及日朝官员品级对等的问题"我外务卿乃正四位而与大清恭亲王、李鸿章等用相匹适之礼，贵国于恭李二氏相匹对者何人哉"① 既是此意。朝鲜方面于是仍以体例不合为理由拒绝接受日本方面的文书。日朝双方僵持于此，谈判再陷困局。

而在此之前，森山茂已于四月向外务卿提议，派遣一两艘军舰赴朝以为交涉之后盾，日本政府于是派遣春日号、云扬号、第二丁卯等舰驶往朝鲜沿海。在双方谈判之前，云扬号就曾驶入釜山港，并对朝鲜东海岸进行了测量。在日朝双方谈判陷入僵局之时，云扬号于 9 月 20 日再度驶入江华岛附近测量海岸。为补充淡水，云扬号派出小艇驶近江华岛试图登陆，江华岛炮台开炮警告；云扬号立刻还击，并于当天下午击毁了江华岛对岸永宗岛上的炮台。"江华岛事件"之后，日本政府决定立即派出以陆军中将兼参议开拓长官黑田清隆为特命全权办理大臣，元老院议官井上馨为特命副全权办理大臣的使节团，赴朝鲜交涉。在授予黑田清隆全权的训条中有"若却再有暴行之举，以致污我政府荣威之事，委任使臣临机处分"② 语。黑田也在出发前陈递了《出兵朝鲜策案》。在策案中，黑田表示"如进口及各处分遣之兵员多寡等，待清隆于彼地审其全国之形势后，临机具陈"③。该"策案"充分说明了使节团带有军事侦察的目的。

"江华岛事件"是日本在试图建构对其有利的东来新秩序的目的下有意促成的"偶然"事件。对于将该"事件"的解决如何导向更有利于己的方面，日本是有充分准备的。不但屯兵以待，在外交方面，日本也做好了与英美等国的协调工作。但是，对于朝鲜，日本从法理乃至实力的角度考虑，都不能忽略清政府的存在。"江华岛事件"发生之后，木户孝允曾上书三条实美，提出处理"江华岛事件"的要旨："朝鲜之与中国，现奉其正朔，虽于其互相交谊之亲密，患难之互相关切情况，未可明知，然而其有羁属关系则可必。是我不可不举朝鲜事件之始末，质诸中国政府，以请其居中代办。中国政府如能本其属邦之义，代我责罪，向我帝国道歉，请求至当之措施，则我亦可适度而止。如中国政府不允居中代办，任我帝国自行处理，我始可举

---

① 　日本外务省编：《日本外交文书》第 7 卷，第 398 页。
② 　［日］安冈昭男：《明治前期大陆政策史的研究》，第 76 页。
③ 　日本陆军省编：《明治军事史》上，原书房，1966 年，第 228 页。

其事由，责询朝鲜，要求其妥善处分。彼若始终不肯，则不得不问其罪"①。木户的提议，得到了大久保等人的支持，日本政府于11月10日任命外务少辅森有礼为特命全权公使，派赴北京了解清政府对于此事件的态度。

森有礼在抵清之后，与李鸿章等会晤，与总理衙门照会往来，从法理角度强辩朝鲜的地位是独立国家，并试探一旦对朝鲜动武清政府的具体态度，试图为日本在朝鲜的行动争取更大的回旋余地。对于森有礼的照会，总理衙门在回复中罕见地极为详尽地解释了中朝两国的"藩属"关系是"盖修其贡献，奉我正朔，朝鲜之于中国应尽之分也。收其钱粮，齐其政令，朝鲜之所自为也，此属邦之实也。纾其难，解其纷，期其安全，中国之于朝鲜自任之事也。此待属邦之实也。……贵国之于朝鲜犹期无事而与我中国先开办难之端，揆之事理似非所宜"②，向日本明确表示，清政府虽然不干涉朝鲜"钱粮政令"，但是清政府对于朝鲜有"纾其难，解其纷，期其安全"的保护义务。清政府对于朝鲜的态度是非常明确的，即朝鲜为清属国，清保护朝鲜的安全，但不会代替朝鲜承担"江华岛事件"的责任。而对于森有礼暗示或可对朝鲜使用武力一事，李鸿章则答复，"高丽与日本同在亚细亚洲，若开起仗来，高丽系中国属国，你既显违条约，中国怎样处置？……且闻俄罗斯听见日本要打高丽，即拟派兵进扎黑龙江口，不但俄国进兵，中国也难保不进兵"③。

虽然清政府在日本的武力威胁面前并未表示退缩，但也并不希望代替朝鲜承担"江华岛事件"的责任。奕䜣在奏报与日使谈判经过的奏折中称，"臣等查朝鲜虽隶中国藩服，其本处一切政教禁令，向由该国自行专主，中国从不与闻，今日本国欲与朝鲜修好，亦当由朝鲜自行主持"④。李鸿章也上书称，"愿与日本通商往来与否，听其自主，本非中国所能干预"⑤。这种态度，在森有礼明确提出，"盖就将来我国与朝鲜交涉，凡有该国政府及人民向我所为之事，即有贵国自任其责之谓也。与若谓不能自任其责，虽云属国徒空名耳"⑥的"诘难"之后，总理衙门只是回函称"朝鲜实中国所属之邦之一即中国之自任也"，并对"自任"一语的意思仅只解释为前述的

① 东亚同文会编：《对华回忆录》，胡锡年译，第126页。
② 故宫博物院编：《清光绪朝中日交涉史料》第1卷，第9页。
③ 同上书，第16页。
④ 同上书，第1页。
⑤ 吴汝纶编：《李文忠公全书》卷四，译署函稿，第31页。
⑥ 故宫博物院编：《清光绪朝中日交涉史料》第1卷，第9页。

"纾其难，解其纷，期其安全"的方式传达给日方。

此前，虽然清政府在日本出兵台湾及在琉球问题上表现出的强硬态度，并曾下令沿海督抚整军备战，但各省大多上奏称其战备不竣。显然，与日本相比，清政府在"江华岛事件"所带来的一系列可能的后果面前，在思想与实际操作两个层面均准备不足。这也是清政府不得不采取视朝鲜与日本交涉当"听其自主，本非中国所能干预"态度的原因之一。这种态度使得日本对于与朝鲜的交涉有了乐观的期许。对朝态度激烈的黑田清隆到达朝鲜海域后，曾希望日本政府增派陆军赴朝，日本政府很快否决了这个建议，"给两位全权办理大臣的训条中明示必须抱持和平的解决方针"①。但是，对于朝鲜，日本并没有放弃武力威慑，日本政府设想了所谓"朝鲜征讨军"的编成方案，甚至草拟了授予征讨军司令官的空白诏命。陆军卿山县有朋被作为征讨军首脑的预想人物，奉命赴下关"会大阪熊本广岛镇台长官少将三好重臣、野津镇雄、大佐高桥胜政于此地，东西通译，准备略具"②。此外，海军也为了保障战时兵员的运输，于1876年1月29日对"邮便汽船三菱会社"以"朝鲜航御用船"的名义对其所属的全部12艘船只下达了征用命令，"御用船及所乘兵员三千人于对马相机而待，直至三月十五日御用解除为止"③。

（三）《日朝修好条规》对东亚国际秩序的挑战

在日本与对马海峡重兵屯集的压力之下，朝鲜政府不得不于1876年2月26日与日本签订了《日朝修好条规》。条规共计12款。其第一款"朝鲜国自主之邦，保有与日本国平等之权"；第二款"日本国政府自今十五个月后，随时派使臣到朝鲜国京城，得亲接礼曹判书，商议交际事务，该使臣驻留久暂，共任时宜"；第四款规定"朝鲜国釜山草梁项立有日本公馆，久已为两国人民通商之区，今应革除从前惯例及岁遣船等事，凭准新立条款，措办贸易事务。且朝鲜国政府须别开第五款所载之二口，准听日本国人民往来通商，就该地赁借地基，造营家屋，或侨寓所在人民屋宅，各随其便"；第五款"京畿、忠清、全罗、庆尚、咸镜五道中，沿海则便通商之港口二处"；第七款"朝鲜沿海岛屿岩礁，从前未经审检，极为危险，准听日本国航海者随时测量海岸，审其位置深浅，编制图志，俾两国船客以得避危就

① ［日］安冈昭男：《明治前期大陆政策史研究》，第81页。
② 日本陆军省编：《明治军事史》上，第229页。
③ ［日］安冈昭男：《明治前期大陆政策史研究》，第83页。

安";第八款"嗣后日本国政府于朝鲜国指定各口,随时设置管理日本国商民之官,遇有两国交涉案件,会商所在地方长官办理";第十款"日本国人民在朝鲜国指定各口,如其犯罪交涉朝鲜国人民,皆归日本官审断"①。日本就此获得了诸如领事裁判等特权,成为第一个在朝设立使馆的国家。而从东亚国际秩序的角度来看,《日朝修好条规》在东亚新秩序的重构过程中有着举足轻重的地位,日本通过《日朝修好条规》所攫取的利益,使得中朝间的传统关系产生了无可弥补的裂痕。旧的东亚秩序平衡被打破,中朝两国也不得不投入到新的东亚秩序的构建中来。

日本的介入,使清政府对朝鲜的影响力受到削弱,不得不尝试引入其他力量以平衡日本在朝鲜半岛上的力量。李鸿章以个人名义致函朝鲜太师李元裕,称"若贵国先于英德法美交通,不但牵制日本,并可杜绝俄人之窥伺,而俄亦必遣使通好矣"②。这种"以夷制夷"的策略也获得了其他清政府要员的响应。光绪五年五月初一,福建巡抚丁日昌上"条陈海防事务折",声言"朝鲜不得已而与日本立约,不如统与泰西各国立约,日本有吞噬朝鲜之心泰西无灭绝人国之例,将来两国启衅,有约之国皆得起而议其非,日本人致无所忌惮"③。在清政府的努力下,朝鲜又分别与美、英等国签订了条约。

在试图实现朝鲜半岛上诸国的"势力均衡"、互相牵制的同时,清政府也开始寻找对中朝关系近代化改造的途径,这种努力的结果,使得清政府对于朝鲜的控制,在与朝鲜签订《中朝水陆通商章程》时,达到有史以来从没有过的强度。而朝鲜也开始尝试着在诸国博弈的局面下,寻求自己在东亚的新定位。在《日朝修好条规》签订之后的 30 年间,东亚的国际关系格局呈现出前所未有的动荡局面,中日两国不断试图在东亚新秩序的重构中占据主动,英美俄等国也希望能在这种局面下获得有利于己的地位。而这一重构的过程直到日本通过两次战争吞并朝鲜之后才逐渐缓慢下来。

(四) 结语

东亚国际秩序的重构过程,也是东亚国际关系从前近代性向近代性过渡的过程。在这个过程中,与中朝两国相比,日本更好地吸纳了西方条约体系,主动挑战旧有的东亚秩序,尝试按照自己的意愿重构新的东亚国际秩序体系。东亚国际秩序的重构过程,在另外一个角度上来说,也可视为日本外

① 日本外务省编:《日本外交文书》第 9 卷,第 115 页。
② 王彦威、王亮编:《清季外交史料》第 16 卷,文海出版社有限公司 1985 年版,第 15 页。
③ 故宫博物院编:《清光绪朝中日交涉史料》第 1 卷,第 31 页。

交的近代性转型给东亚国际关系带来颠覆性变化的过程，以及中朝两国对于这一变化的因应过程。而日本外交近代化转型对于这一过程的意义，笔者认为当从如下几个方面考虑：在外交体制上，日本最早完成了外交职能部门中央化及外交权的一元化；在外交手段上，日本最早运用"万国公法"的观念，将近代性的条约作为外交工具和外交手段处理来东亚国际关系；在外交理念上，日本最早抛弃了东亚传统的"天下"、"华夷"等外交观念，由务虚转而务实，在"独立"、"平等"的外交口号下极尽逐利之能事。正是在外交体制、外交手段、外交理念上的领先，使得日本在东亚国际秩序的重构中占据了重要的地位，并使得这一时期的东亚国际秩序变革的走向，朝向了对日本有利的方面。

五　"壬午军变"前后中日两国对朝的外交策略

中日朝三国在东北亚地区互为邻国，历史上的清政府、德川幕府、朝鲜王朝均实行过闭关锁国政策；鸦片战争以降，中日朝三国渐次从锁国走向开国（开港），暨早期现代化的发展道路。三国开放顺序为中国最早，日本次之，朝鲜最后。而朝鲜王朝在近代外交与开港问题上，除了面临来自欧美列强的冲击，还深受中日两国的影响，尤其是明治维新后的日本政府，急欲主导朝鲜的开港与开国，自然与朝鲜的宗主国——清国产生利益冲突。于是，19 世纪 70—80 年代，中日朝三国围绕朝鲜开港及"壬午军变"、"甲申政变"等问题的解决展开了频繁的，且具有东北亚地域"中日朝三角关系"特点的交涉与谈判。近代中日朝关系的互动与影响问题长期受到中外学术界的关注，相关成果亦多有问世，凸显其研究价值。但中外学者基于研究立场与视角的不同，观点与结论则见仁见智，迥然不同。鉴于此，笔者拟以开港及"壬午军变"前后的中日对朝策略为中心，利用相关史料，着重分析日本面临武力解决与谈判处理两种策略的抉择及"甲申政变"后选择与清政府"妥协"的深层原因，进而考察近代中日朝三国的外交互动关系及对近代东北亚国家历史进程的影响。

（一）"壬午军变"前的中日博弈及对朝关系

1871 年清政府与明治政府签订《中日修好条规》，标志着中日两国正式建交，该条规亦被视为近代中国第一个平等建交条约。当时，清政府一度以为日本可以作为对抗西方列强在亚洲扩张的潜在盟友而对其抱持一定的好感。李鸿章在柳原前光来华之时，曾认为如对日本"推诚相待，纵不能依作外援，亦可稍事联络"①。《中日修好条规》第二款，"两国既经通好，自必互相关切。若他国偶有不公及轻藐之事，一经知照，必须彼此相助，或从中善为调处，以敦友谊"② 的约定甚至一度令欧美国家担心中日会结成同盟与其对抗。但清政府显然是"自作多情"，日本方面并无此意；至于明治政府出兵侵略台湾，强行吞并琉球的行径，则等于在事实上给列强吃下了一颗"定心丸"。而清政府也深感来自日本的国防压力，遂加紧对日战备的脚步。同治十三年九月二十七日（1874 年 11 月 5 日），恭亲王奕䜣奏陈海防事宜，称"窃查日本兵踞台湾番社之事，明知彼之理曲，而苦于我之备虚"③，痛感对日战备之不足。

1876 年 2 月，在日本的武力威逼下，日朝双方签订了《日朝修好条规》。一方面，《日朝修好条规》的签订，完成了日本明治维新以来，对日朝关系由"私交"到"国交"④ 的调整；另一方面，《条规》以条约的形式规范日朝关系的同时，选择了无视朝鲜在东北亚国际秩序体系中的实际地位，给传统的东北亚国际秩序体系带来了极大的冲击，也对日本对朝外交政策的制定提出了新的课题。可以说，围绕《日朝修好条规》的实现与展开，促成朝鲜独立为名义的"去清亲日"化，成为"壬午军变"之前日本对朝外交的中心任务。

1874 年日本出兵台湾，使清政府开始意识到对日战备的重要性；1876 年日朝签订《日朝修好条规》则使清政府认识到，传统的与朝关系已不能适应东北亚国际格局的新变化。几乎是从得知《日朝修好条规》细则的那一刻起，清政府就已着手设计与朝关系的新走向，开始寻找对朝关系的调整契机。光绪五年五月初一（1879 年 6 月 20 日），福建巡抚丁日昌上《条陈海防事务折》，称"朝鲜不得已而与日本立约，不如统与泰西各国立约，日本有吞噬朝鲜之心泰西无灭绝人国之例，将来两国启衅，有约之国皆得起而议其非，日本人致无所忌惮"⑤。光绪五年七月初四（1879 年 8 月 20 日），总理衙门上《拟劝朝鲜交聘各国片》，对于"交聘"的理由，总理衙门表示

① 王芸生：《六十年来中国与日本》第 1 卷，生活·读书·新知三联书店 1979 年版，第 32 页。

② JACAR（アジア歴史資料センター）Ref. A04017207400，单行书? 大日本国大清国修好条规（国立公文書館）

③ 王芸生：《六十年来中国与日本》第 1 卷，第 99 页。

④ 如前所述，佐田白茅等人将维新之前由对马藩主导的对朝外交称为"私交"，与之相对，完成外交权一元化之后与朝鲜重建的外交关系则被视为"国交"。

⑤ 故宫博物院编：《清光绪朝中日交涉史料》第 1 卷，第 31 页。

"日本恃其诈力雄视东隅，前岁台湾之役未受逞创，今年琉球之废愈张气焰。臣等以事势测之将来必有逞志朝鲜之一日"①。认为使朝鲜对诸国开放，可以抑制日本在朝鲜的势力。并表示希望借助李鸿章与李元裕建立的外交渠道，将清政府的意见转陈朝鲜。但朝鲜内部对于开放与否尚犹豫未决，这种态度直到赴日修信的金弘集将时任驻日公使馆参赞黄遵宪的《朝鲜策略》带至朝鲜后终于发生了变化。此外，美国在试图借助日本在朝影响，寻求与朝鲜建立外交联系的努力失败后，转而希望通过清政府的中介达成其目的，这也为清政府提供了调整与朝鲜关系的良机。清政府积极介入朝鲜外交事务，斡旋朝美交涉事宜，非但一度代替朝鲜拟定条约款项，甚至派兵舰护卫美国使节重返朝鲜。对于由清政府主导的朝美交涉，日本极为敏感。在薛斐尔等抵达朝鲜时，"日本公使花房义质已乘兵船在该处下碇，马建忠登岸至仁川府行馆……花房义质来见，语气亦涉窥探"②。清政府不但作为美朝交涉的中介，甚至代拟条约一事，使得无法劝说朝鲜与美国交涉的日本深陷尴尬的境地，这也在事实上向各国宣示了清政府在处理朝鲜问题方面拥有超然地位。在朝美签订条约之后，英、德等国纷纷以朝美条约为范本分别与朝鲜签订了类似的条约。朝鲜也分别以照会的形式向各国重申了与中国的"藩属"关系，欧洲各国也从对朝交涉的务实角度出发，"为避免对朝鲜独立问题作成定案起见，都委派他们的驻北京公使以各种不同的名义，兼充驻汉城的代表"③。即便是日本，此时也无法忽视清政府在朝鲜的影响力。花房义质曾在美朝订约期间与马建忠会面，打探美国与朝鲜订约的情况，并向其透露日本拟与朝鲜重订关税的具体细节，希望马建忠能够在日朝交涉中发挥作用，降低日货出口到朝鲜的关税④。

　　光绪七年二月初四（1881 年 3 月 3 日），军机大臣左宗棠因琉球谈判破裂事上书"请旨饬下海疆各督抚提镇，密饬防营，预为戒备，静以待之"⑤。清政府随即发出上谕，要求"所有沿海各省防务自应严行戒备，着李鸿章、

---

① 故宫博物院编：《清光绪朝中日交涉史料》第 1 卷，第 31 页。

② 故宫博物院编：《清光绪朝中日交涉史料》第 3 卷，第 8 页。

③ ［美］马士：《中华帝国对外关系史》第 3 卷，张汇文等译，上海书店出版社 2000 年版，第 10 页。

④ 日朝间的关税问题是在"日朝修好条规"签订之时由于朝鲜政府缺乏外交经验而并未议定。一段时期日朝贸易出现了罕见的"无关税贸易"情况。1878 年朝鲜在毛豆镇设立关口，对从日本入口的商品征收关税，导致了日朝为此发生冲突。朝鲜一直希望结束这种局面，1880 年金弘集赴日也带有重新与日本议定关税的使命。

⑤ 故宫博物院编：《清光绪朝中日交涉史料》第 2 卷，第 38 页。

刘坤一、何璟、张树声、吴元炳、谭钟麟、勒方琦、周恒祺、裕宽督饬各营，妥为备豫”①。由是，从北到南的沿海各省开始战备，朝野上下，中日难免一战的气氛弥漫。光绪八年正月初十（1882 年 3 月 27 日）的"军机处密寄直隶总督李鸿章等上谕"中，将 4 天前翰林院侍讲张佩纶的上奏加以总结，称"驭倭之策，宜大设水师，以北洋三口为一军，设北海水师提督，天津、通永、登莱等镇属之，师船分驻旅顺、烟台、大连湾以控天险"，并要求李鸿章等沿海督抚"通盘筹画，会同妥议"②。

在介入并主导朝鲜的外交事务的同时，清政府也着手调整与朝鲜之间的传统关系。朝美条约签订之后，朝鲜国王派赵宁夏、鱼允中等赴北京正式通知清政府朝鲜与美国订约一事，同时，又上"朝鲜国王咨请在已开口岸交易并派使驻京"文，希望可以"令上国及本帮人民于已开口岸互相交易以分外人独占之利，且派使进京师用以通情款而资声势，庶可御外辱而固民志"③。对于朝鲜的提案，一向管理朝鲜事务的礼部除遣使入京外，惟要求朝鲜"一，事当旧例；二，不可归总理各国事务衙门管理也"，对于与朝鲜订立商约事几无异议，甚至提出"简精兵数千助其戍守要害，于护庇之中寓控制之"④ 的建议。其主旨显是在区别对待朝鲜与其他诸国的前提下，加强清政府对于朝鲜的控制，对传统的"宗藩"关系进行全新的解读。军机处即于同日将礼部意见转递总理衙门及张树声、李鸿章要其"详定章程"。光绪八年六月十一日（1882 年 7 月 25 日）总理衙门收到北洋大臣张树声的函件，称"日本于朝鲜方百计兜揽，中国势不得不为代谋"⑤，提出派遣时在朝鲜负责"襄助朝鲜与各国议约"的马建忠赴皖与李鸿章共同议定中朝通商章程细则。而就在此前一天，朝鲜爆发了"壬午军变"，清政府对于调整中朝关系的意图暂时搁置。

（二）"壬午军变"期间中日两国采取的军事及外交对策

壬午年六月初九日（1882 年 7 月 23 日）朝鲜爆发的"壬午军变"，又称壬午军乱、壬午兵变、壬午事变，是朝鲜在开港后国内外矛盾激化的反映，也是东北亚国家走向开放的必然趋势之下的偶然事件。但是，"壬午军变"为一直寻找调整朝鲜半岛局面的清政府提供了极好的机会。以往处理

① 故宫博物院编：《清光绪朝中日交涉史料》第 2 卷，第 37 页。
② 故宫博物院编：《清光绪朝中日交涉史料》第 3 卷，第 6 页。
③ 同上书，第 16 页。
④ 同上书，第 18 页。
⑤ 郭廷以、李毓澍编：《清季中日韩关系史料》，第 728 页。

吉田清成在回函里强调"查我国与朝鲜立约，待以自主，仍须据约照办，至于使馆，国各自护，现饬花房公使从公办理，不日将有定约。如来文所称派兵护持等事，恐或至滋葛藤矣"，要求黎庶昌"希将此意，立即转至贵总理衙门，知照再思可也"①。清政府的正式照会，对于"壬午军变"的性质也已作出了明确表述，"平叛"与"护持"的态度也使井上馨得以判断与朝鲜谈判有取得成果的可能。随即，井上馨向仍在马关待命的花房义质发出追加训令，要求其"首先区别此次事变之凶徒，叛乱之对象针对朝鲜政府抑或单纯针对日本官民。若仅止于针对朝鲜政府，则亦要区别如下两种状况：其一，凶徒暴乱已被朝鲜政府平息；其二，政府与凶徒之间胜败之局未分"②，要其根据局势不同，或与朝鲜政府直接谈判；或严守中立，以陆海军占据开港地，等待时局终了；或无需排除和平手段之外之措施③。在此之外，又口头追加了"包含事态恶化的情况下，令朝鲜将巨济岛和松岛让与日本等款项在内的机密训令"④，以图获取更多利益。

从日本政府处理"壬午军变"的外交策略来看，无论是山县有朋还是井上馨，在处理朝鲜问题上，首要考虑的是清政府对此的态度。较之在"江华岛事件"的处理上日本对于清政府意见的"故意"忽视，日本对朝鲜的外交策略已经开始发生变化。虽然在公函往来上，依然强调"我国与朝鲜立约，待以自主"，而在外交事务的处理上则不得不选取了更加务实的态度，如果说前述花房义质希望马建忠在日朝关税问题上发挥作用是在事实上承认清政府对朝影响力高于日本，那么，山县有朋所谓的"庇荫"或可视为承认了清政府为朝鲜"保护者"的事实。虽然山县有朋认为这种"庇荫"会影响日本的利益而不惜动用武力，但井上馨始终将问题的处理限定在以谈判求取利益的模式下，而最终，日本在武力解决抑或谈判处理两种策略之间经过谨慎权衡，最后倾向于后者。尽管当时清政府积极主动地介入朝鲜问题，甚至不惜动用武力，而日本却低调应对；这或许是迫于当时面临的内外压力以及对自身实力进行对比考量后的抉择，但不失为一种不丧失利益前提下的现实的选择。

（三）"壬午军变"后中国在朝地位的上升及对日影响

"壬午军变"爆发后，尽管清政府积极主动地介入朝鲜问题，却与日本

---

① 日本外务省编：《日本外交文书》第15卷，第165页。
② 同上书，第226页。
③ 同上书，第226—227页。
④ ［日］安冈昭男：《明治前期大陆政策史的研究》，第159页。

政府不约而同地采取了回避双方直接冲突的态度，从而避免了中日之间的兵戎相见，而日本政府方面追求外交可能的利益最大化的方针亦得以实现。日朝双方于 1882 年 8 月 30 日签订的《济物浦条约》及其后的《续约》与井上馨授予花房义质的训令相比较，除捉拿"凶徒"的时限及赔款的具体数额有所改变之外，日本基本上实现了预想的交涉目的。但是，由于清政府在处理"壬午兵变"中毫不吝于动用武力的表现，及其后对于中朝关系顺应时代发展作出了相应调整，显示了在对朝问题上的"自信"。清政府在朝鲜的影响力极大地撼动了日本自《日朝修好条规》签订以来苦心经营的局面。"壬午军变"之后，清政府继续其调整对朝关系的脚步，与朝鲜签订了《中朝商民水陆通商章程》。该章程对日本而言，其所申明的清政府对朝鲜的"宗主权"，是给予日本通过《日朝修好条规》将朝鲜"独立之国"的虚像作实这一企图最大的打击。时任驻朝弁理公使的竹添进一郎[①]在给井上馨的"机密信"中谈到该章程，称"此章程实为清国政府制定，朝鲜国王并无谈判之权。其'主属'名分不言自明"[②]。

　　面对这一局面，日本开始寻找新的对朝策略方向。而清政府在朝鲜问题上积极参与的咄咄之姿，使得日本对朝策略在某些层面上也与对清策略重合。在《济物浦条约》尚未签订之时，山县有朋即以参事院议长身份提出《关于扩张陆海军财政意见书》，指出"近邻之外患，必将乘我之弊，倘若坐待此等极端之局面到来，则我帝国复与何人共维持其独立，与何人共语之富强。是故，谋划陆海军之扩张实乃方今之急务，政府亦应于此处孜孜以求"[③]。曾参与起草《军人敕谕》的太政官大书记井上毅也于九月上《朝鲜政略意见》，指出"朝鲜之事实为将来东洋交际战略之一大问题，二三大国之间势必为此国开战……倘若支那果真永久实施此种干涉保护，则必有与我国不利之事哉"[④]。1883 年 6 月 5 日，山县有朋又以参议的身份上《对清意见书》，指出"万一清法两国之间以和平之局终了，难保其不生兵锋转而向东之意"[⑤]，提出加快铁甲舰建造，加紧海口炮台建筑，准备内海防御所需

---

① 与其前任花房义质的俄国工作背景不同，竹添进一郎长期作为日本派驻中国的外交官，有丰富的对清工作的经验。其本人也以"汉学"为人称道。从驻朝使节的选择上，亦可见日本在处理朝鲜问题上对清朝方面的重视。

② JACAR（アジア歴史資料センター）Ref. A03023651600，《公文別録・朝鮮事変始末》第七卷，明治十五年（国立公文書館）。

③ ［日］大山梓编：《山县有朋意见书》，第 119 页。

④ ［日］古川万太郎：《近代日本的大陆政策》，东京书籍株式会社，1991 年，第 153 页。

⑤ ［日］大山梓编：《山县有朋意见书》，第 137 页。

水雷等对清战备的意见。客观而言，虽然日本军方高层"未雨绸缪"，对于日中开战已有设想并开始着手准备，但是就此时两国战力的对比而言，日本并无必胜把握，从上述山县有朋提出的对清战备意见大多止于近海防御即可见端倪。而在《对清意见书》的开篇，山县有朋夸张地强调"清国长毛之乱以来，陆海军制逐渐模仿西洋而为之一变，雇佣西洋教习，采购洋舰二百余艘。今日其委托'日耳曼'制造之铁甲舰乃无比坚牢之物，倘若加以壮勇士官熟加操练，则必可倚之争雄宇内"①。而清政府作战能力的加强，也正是山县有朋在《对清意见书》中要求"外交策略应取平和稳妥之方针"②的原因之一。

　　清政府军力的加强与"壬午军变"后中朝之间以条约形式明确的新"宗藩"关系，是日本考虑对朝外交策略时无法忽视的背景因素。日本军方对日清开战并无必胜把握的事实，也使得日本在制定"壬午军变"后的对朝外交策略时，一改之前围绕《日朝修好条规》的实现与展开之际的强硬态度，转而开始在"消极"和"积极"两种路线上考量取舍。对于这两种外交路线，井上馨的解释是，积极一策"对于该国政府，内则养成实力为我之隐秘辅助；外则以各国确认其独立自主为要"，"消极"一策则是"若无法钳制清政府之干涉，则姑且任其其所为以保持日清两国及东洋之和平"③。其时正在欧洲的伊藤博文对"积极"之策表示赞同，井上馨则因熟知朝鲜政府内部现状及中朝关系而"不得不暂取前述之消极政策以为保持东洋和平之大局以为万全之策"④。而右大臣岩仓具视则据此向三条实美太政大臣上对朝政策"三策"，提出："一、与条约各国协议，达成朝鲜乃独立之共识；二、就朝鲜'属与不属'与清国直接谈判；三、应允朝鲜国之依赖"⑤。廷议则取岩仓具视的"第一策"作为此时的对朝政策。这实际上是"积极"和"消极"两策中"积极"策的消极方面，即避免日中之间矛盾在朝鲜政府内部形成对立，而招致清政府可能的积极反应，导致日中之间正面或非正面的冲突，转而寻求各国联合，以期在朝鲜地位问题上形成多数而强力的共同认识，以此作为朝鲜"独立之国"这一虚像实化的前提。这种复杂而又曲折的策略简而言之，就是"既要同清政府保持妥协，又企图

① ［日］大山梓编：《山县有朋意见书》，第137页。
② 同上。
③ 井上馨候传记编纂会：《世外井上公传》第4卷，原书房，昭和四十三年，第490页。
④ 同上书，第493页。
⑤ 日本外务省编：《日本外交文书》第15卷，第253页—254页。

实现朝鲜独立"①。在确定对朝策略方针之后，井上馨将此意见报知在欧洲的伊藤博文，称"美国政府已有与我意向协同之可能，亦有以（朝鲜为）独立国之地位批准与其签约之倾向。使各国与朝鲜直接缔约为手段，徐图其独立之地位，其确有可为，亦可预见"②。而在实际上，除美国政府"援日本例，委派了一个与北京和东京使馆完全无关的全权公使驻在朝鲜"③，以与日本对朝政策遥相呼应之外，其余各西方国家均在朝鲜独立与否的问题上采取观望的态度。

日本的对朝外交策略在"壬午军变"之前"故意"无视清政府的存在，只以《日朝修好条规》为基点，努力将"朝鲜独立"的虚像实化的尝试已是困难重重，许多外交问题在立场上难以自圆其说，遑论解决。而现在还必须在实现朝鲜独立的同时，实现与清政府的"妥协"，而若想与清政府妥协，又必须承认清政府与朝鲜之间的新"宗藩"关系。这一策略本身的矛盾，使得日本在处理朝鲜问题上摇摆不定，甚至日本政府内部对于这一策略也无法达成一致。而东北亚局势的变化也使日本的这一策略更加难以保持一贯与统一。

早在"中法战争"开战之前，井上馨外务卿就已经收到1883年5月抵任的驻清政府公使榎本武扬的报告，称法国驻清公使宝海（F. A. Bourée）曾向其试探日法结盟的可能④。《顺化条约》签订之后，驻上海总领事品川忠道提议趁中法关系恶化的机会，解决中日间琉球问题的悬案，井上馨又于8月29日训令"为使东洋之和平得保，务必解除清政府于我之嫌疑，而启衅之机未至"⑤。与井上馨避免日中冲突的想法不同，一直对清政府强硬的伊藤博文则认为中法开战是解决朝鲜问题的极好契机。他一方面令在汉城亲信与朝鲜的亲日派金玉均、朴孝泳等人接洽，一方面授意正在日本国内休假的竹添进一郎返回汉城监视事态发展。在得知金玉均等人试图发动政变之后，竹添进一郎拟定了一为"直接介入独立党的暴动"，二为"和则静观其变"的甲乙两策。消息传回国内，日本政府出于避免清政府因朝鲜发生政变而陷入南北同时作战的境地，进而可能将台湾割让给法国的考虑出发。认

---

①　［日］信夫清三郎：《日本外交史》上卷，天津社科院日本问题研究所译，第199页。
②　井上馨候传记编纂会：《世外井上公传》第4卷，第495页。
③　［美］马士：《中华帝国对外关系史》第3卷，张汇文等译，第10页。
④　［日］安冈昭男：《明治前期大陆政策史的研究》，第161页。
⑤　同上书，第162页。

为竹添进一郎的甲乙两策"甲案之趣旨未见稳妥，乙案可行"①。但由于日朝之间通信时间的问题，日本外务省的指令未到之时，"甲申政变"已经爆发。竹添进一郎等人的介入，直接导致了驻在朝鲜的清军与日军发生冲突。

（四）日本对朝外交策略上的对中"妥协"论

"甲申政变"在清军强力而有效的干涉下失败，朝鲜的亲日派势力被扫清。朝鲜方面，将"叛乱"的责任归咎于竹添进一郎，总理交涉通商事务衙门命督办赵秉镐以公文的形式诘问日本方面，竹添进一郎对此不予承认，双方公文往来理论辩难达 26 次之多。虽然"日本国内对于竹添办理公使的轻率举动的非难之声高涨，政府内部对此也有同样的认识"②，但日朝双方并未就叛乱责任问题达成具体的一致意见。1884 年 12 月 21 日，井上馨以参议兼外务卿的身份被任命为特命全权大使赴朝鲜交涉，井上以"与朝鲜缔结媾和条约为要，未敢期望偿金之多寡。虽不欲文辞卑肯，然今回之变乱，惟使之勿云曲在我国即可也"③ 作为赴朝交涉的方针。以此为基础，在回避"甲申政变"责任的前提下，日朝双方签订了《汉城条约》，朝方以"致谢"、"抚恤"的名义赔偿日本的损失。

在对朝交涉告一段落之后，日本又面对更为棘手的对清政府交涉问题。对此，"公（井上馨）及伊藤皆担心，倘若对清态度过于强硬的话，谈判可能破裂"④。1885 年 1 月 28 日，井上馨与伊藤博文为协调日本政府内部的对清政府态度，在井上馨的官邸召集诸参议举行会议，会上，以西乡从道为首的军部中萨摩派主张对清政府采取强硬态度，而伊藤博文则"阐述了自己的意见，认为朝鲜问题即已告和平解决，在此基础之上，对清谈判也应当采取追求和平的方针"⑤。为取得萨摩派元老黑田清隆的"谅解"，伊藤又在第二天于松方正义的府邸会见黑田，向其阐述阁议大要，并对西乡和松方等人百般安抚，他在给松方的信中说，"今日亦与西乡君相约面会以受教其高论。对于支那之手段，取战取和皆非易事。数度详谈，愚深感此事宁可失之迟缓亦不可误于轻举"⑥。在井上和伊藤的努力下，日本政府内在对清政府

---

① ［日］安冈昭男：《明治前期大陆政策史的研究》，第 160 页。

② ［日］田保桥洁：《近代中日朝关系研究：从天津条约到中日开战》，原书房，昭和五十四年，第 4 页。

③ 井上馨候传记编纂会：《世外井上公传》第 4 卷，第 506—507 页。

④ 同上书，第 532 页。

⑤ 春畝公追颂会：《伊藤博文传》中卷，原书房，昭和十五年，第 400 页。

⑥ 同上书，第 401 页。

方针上取得协调，务使对清谈判不至破裂，避免在日中关系上"致生葛藤"。在伊藤博文出发之前，井上馨以外务卿身份发出训令，"我政府向以日清两国和好为重……为将来计，善后之事宜当倾向于商弁解决"①。强调"应避免无用的强硬以致摩擦，期望事件可以和平解决"②。在伊藤博文出发之际，三条实美太政大臣将天皇内谕"奉旨晓谕"各地方长官，"与外国交涉之事，兹事体大，各国现在之情势及将来事态之发展仍需观察，为不误国家永远之大计，交涉一事，当取妥善之方向以全邻好之谊"③，要其镇抚人心，以防"轻举"之事发生。1885 年 2 月 28 日，伊藤博文赶赴中国。4 月18 日，中日双方签订了"天津会议专条"。"天津会议专条"是在中日双方都做出一定让步的前提下得以签订的。中日双方未在该"专条"内讨论"甲申政变"中，中日冲突的责任问题④，也未讨论朝鲜地位的问题。条约签订之后，"日本政府罢免了竹添进一郎公使，这是变相的承认了对政变的责任"⑤。"专条"在约定中日双方于 4 个月内互撤双方驻扎于朝鲜军队的同时，也规定"将来朝鲜国若有变乱重大事件，中日两国或一国要派兵，应先互相行文知照，及其事定，仍即撤回，不再留防"⑥。日本方面就此获得了所谓"共同保护朝鲜"的权利。但是，"当时亲日的开化派被一扫之后，对于清国来说，以维持宗主权的行使为目的，在韩国驻扎本国军队已无必要……两军同时撤兵实际上也就意味着日本势力的相对减弱"⑦。

值得指出的是，中日双方对于朝鲜控制权的争夺，恰好给了一直虎视朝鲜的俄国以机会。当年曾奉清政府派遣前往朝鲜"襄理商务"的穆麟德在此扮演了重要角色。在他的促成下，朝鲜和俄国于 1885 年 2 月 4 日签订了第一次《朝俄秘密协定》⑧。协定中强调，为换取俄国的保护，朝鲜需在中日之间保持中立。由于风传俄国利用《朝俄秘密协定》占据了永兴湾，同

---

①　日本外务省编：《日本外交文书》第 18 卷，第 338 页。

②　［日］古川万太郎：《近代日本的大陆政策》，第 156 页。

③　［日］田保桥洁：《近代日支鲜关系研究：从天津条约到日支开战》，第 6 页。

④　在签订该"专条"之后，清政府又以照会的形式强调"中国官兵等虽一时情急不得已而争斗，究未能小心将事，应由本大臣行文戒饬。至贵大臣送阅日本人民多奴之辅妻等供状，谓汉城内有华兵入屋掠夺、戕毙人命情事，但中国并无的确证据，自应由本大臣派员访查明确，取具供证，如果当日实有某营某兵上街滋事，杀掠日民确有见证，定照中国军法从严拿办"。参见王铁崖编《中外旧约章汇编》第一册，生活·读书·新知三联书店 1957 年版，第 466 页。.

⑤　［日］信夫清三郎：《日本外交史》上卷，天津社科院日本问题研究所译，第 206 页。

⑥　王铁崖编：《中外旧约章汇编》第一册，生活·读书·新知三联书店 1957 年版，第 465 页。

⑦　［韩］崔文衡：《列强围绕韩国的角逐》，［日］斋藤勇夫译，彩流社，2008 年，第 61 — 62 页。

⑧　对于该《协定》的具体内容以及签订时间，学界尚有争议。

时作为对俄国占领阿富汗的回应,英国舰队于 4 月占领了朝鲜巨文岛,试图将其作为封锁俄国太平洋舰队的前进基地。朝鲜局势的骤然紧张,使对朝影响力不断下降的日本政府不得不再次调整外交策略,试图与清政府求得外交上的协调。在朝俄签署协定之后,井上馨向徐承祖出示了日本驻朝官员获得的"朝俄密约"的详细内容①。在巨文岛被英国占领之后,井上馨深感此事是"予俄国插手朝鲜以最大良机",认为"日本近海就此成为争夺之焦点,东亚和平难保"②。1885 年 7 月,井上命令驻清公使榎本武扬向李鸿章转递了一封信,信中以个人名义提出了"朝鲜办法八法",在其给榎本的训令中井上强调"上述(八法)是以防虎狼之侵袭而保全亚细亚静谧安宁为要点提出,与清政府之治略全无干涉之意"③。在此前提之下,井上馨希望日中两国能就朝鲜问题达成"协调",由"李中堂与井上伯爵密议朝鲜外务主意办法既定之后,由李中国④饬令朝鲜照办,务使其办到"⑤。在此封信中,井上馨实际上承认了清政府向朝鲜委派官员监视朝鲜政务外交的事实,也默许了朝鲜国王的"外籍顾问"由清政府遴选的事实,只是要求"中国委派之坐探国政大员并荐与朝鲜替代穆麟德之美国人必奉有中堂详细训条,俾晓日后办事主意,其赴朝鲜时,可令其顺途过日往见井上伯爵……中国坐探国政之大员必与日本署理公使情谊敦笃,遇有要事互相商酌办理"⑥。日本学者认为这封信是在事实上"默认清帝国对朝鲜的宗主权"⑦。而已经取得了在朝优势的清政府并不认为有必要在朝鲜问题上与日本"商酌办理"。井上馨的"朝鲜办法八法"虽然"顾其立意,似意护持朝鲜勿被俄人吞并,洵与中日两国大局有裨",但"未免越界揽事多有窒碍"⑧,故实际上并不以日本要求为意。

　　日本对于朝鲜地位的认识,由森有礼赴清交涉时强调"朝鲜是一独立之国,而贵国谓之属国者徒空名耳",直至井上馨在面对俄国势力南下才不得不承认清政府在朝鲜的特殊地位,寻求与清妥协,"默认清帝国对朝鲜的宗主权",这十年之间,日本对朝外交策略经历一个以"壬午军变"的解决

① 故宫博物院编:《清光绪朝中日交涉史料》第 8 卷,第 21 —22 页。
② 日本外务省编:《日本外交文书》第 18 卷,第 601 页。
③ [日]安冈昭男:《明治前期大陆政策史的研究》,第 164 页。
④ 原文如此,似为"李中堂"之误。
⑤ 故宫博物院编:《清光绪朝中日交涉史料》第 8 卷,第 25 页。
⑥ 同上书,第 26 页。
⑦ [日]信夫清三郎:《日本外交史》上卷,天津社科院日本问题研究所译,第 207 页。
⑧ 故宫博物院编:《清光绪朝中日交涉史料》第 8 卷,第 24 页。

为转折点的，曲折变化的过程。《日朝修好条规》的签订，在完成了日本重建日朝"国交"这一外交课题的同时，又向日本提出了一个更难解决的课题，即如何将朝鲜"独立之邦"的虚像实化。"朝鲜独立"即是日本在此十年间在近代化方向上调整日朝关系的首要前提，同时也是日本不断调整对朝外交策略所孜孜以求的"成果"。围绕着《日朝修好条规》的实现与展开，日本在一度达到了在朝影响力的波峰之后，而以"壬午军变"为转折点，日本在朝的影响力开始滑落，不得不选择了"既要同清政府保持妥协，又企图实现朝鲜独立"的外交策略，直至跌落到与清协调的谷底。与此变化紧密关联的，一方面是清政府国力的增强以及对与朝鲜关系调整的逐渐推进，另一方面是东北亚国际局势的近代化走向及中朝等国对时局变化不断因应。

重新梳理和检视 19 世纪 70—80 年代的中日朝关系史不仅具有学术价值，在时局纷繁复杂的今日，对维护东北亚地区和平与稳定，协调各国关系的良性发展亦不乏借鉴意义。首先，在朝鲜开港问题上，日本借挑起"江华岛事件"主动出击，逼迫朝鲜签署《日朝修好条规》，某种程度上暂时取得了对朝外交的主动权，这不仅违背了朝鲜的意愿，也损害了清政府的利益；其次，清政府在处理"壬午军变"问题上的积极态度与做法在中国近代外交史上有着可圈可点之处，至少保证了朝鲜半岛局势在一段时期内的稳定，从而对国内正在开展的"洋务运动"暨早期现代化建设创造了一定的和平氛围；再次，日本在"甲申政变"后对清政府采取了妥协政策乃是源于中国自身军事实力的提高与外交上的有所作为，换言之，即便 19 世纪 70 至 80 年代短暂的和平也不是外界赐予的，而是靠自身不断发展进步的同时，不失时机地通过各种途径努力争取的。至于 90 年代中日甲午战争时期时局为何逐渐向着有利于日本的方向发展则是另外的课题。

第二章　经济发展篇

一　锁国时期中、日两国对外贸易输出品结构

　　17、18 世纪之交的东亚世界，"锁国"构成了历史发展的基本脉络。处于"明清鼎革"政治变局下的中国并没有因为政权交替而使国家政策有革命性的变更，"闭关锁国"一以贯之于明、清两朝。同时期的日本，德川幕府为维护封建统治，亦颁布"锁国令"，实行"闭关锁国"的发展模式。因此，与同时期世界其他地区相比，东亚国家的历史发展在表面上呈现出某种固化趋势。然而，来自于政治层面的内部压力并非完全作用于经济的外向发展。此一时期，中、日两国在对外贸易方面并非无所作为。明末清初的广州虽历经重大政治波动而仍能保持完全或有限的对外开放，并形成"一口通商"之贸易格局。德川时代的长崎，幕府颁布宽永"锁国令"，唯存长崎一港维系日本与外界的通商联系。因此，对广州、长崎港口贸易商品结构进行考察无疑对分析锁国时期中、日两国对外贸易状况有极大地借鉴价值。鉴于此，笔者拟对两港口对外贸易输出品进行梳理，并在此基础之上加以比较分析，以期对该课题的深入开展作有益探讨。

（一）广州港口对外贸易输出品结构

　　广州为中国古代对外贸易发展的重要港口城市，自早期秦汉时的"岭南贸易"至中古唐宋期的"南洋贸易"，基本上是以广州地区为主要历史舞台的。至明末清初，广州虽历经重大政治波动，然仍能保持较强连续性的对外交流，且伴随着世界范围内的新航路开辟，其贸易对象不断增加、贸易量及额度不断增长、贸易商品种类亦不断丰富。总体上看，此一时期广州对外贸易的大宗输出品为生丝及丝织品、瓷器、茶叶，主要输出品为棉布及糖，一般输出品包括药材、皮革、铜钱、书籍等。从具体输出品结构上看，则可对主要外销商品考察如下。

1．生丝及丝织品

生丝及丝织品为此一时期广州港口输出的最大宗商品，不仅因为其输出量大，而且流通范围相当广泛且种类繁多。明末顾炎武曾写到："盖海外之夷，有大西洋，有东洋……是两夷者，皆好中国绫缎杂绘，其土不蚕，惟藉中国之丝到彼，能织精好缎匹，服之以为华好。"① 顾氏此言甚为恰当，但当时生丝流通除"大西洋"② 及"东洋"外，欧洲国家亦多至广州从事生丝贸易。此外，生丝出口中不仅有白丝、黄丝、粉丝，亦有丝织品如绸缎、纱绫、罗纱等，种类十分丰富。

生丝之出口"东洋"，系指日本。日本对中国生丝充满无限渴求，徐光启在《海防迂说》中谈道："彼中百货取资于我，最多者无若丝。"③ 17 世纪中后期，中国出口日本的生丝量大为增加，庆安三年（1650）输出量为108120 斤、明历元年（1655）至 140137 斤、万治元年（1660）达 198780斤，平均每 5 年约 50000 斤的增长量④。其中自广州输出的生丝及丝织品包括：白丝、黄丝、金缎、绫子等。至清乾隆二十二年（1757），广州"一口通商"之局面形成，福建、浙江、南京所产生丝及丝织品亦运至广州输出海外。与此同时，荷兰商船在东亚海域从事中转贸易，亦自广州输出大量生丝销往日本。据 1644 年 4 月夫雷德船勒·美尔曼号报告，在广州"蚕丝及其它畅销产品，如非增添买价将不能购得充分应付日本所需要数量"⑤，可见经广州销往日本生丝贸易之繁盛。东南亚地区亦是生丝出口的主要地区，生丝流通主要在"朝贡贸易"的形式下进行，每年约有"至婆罗洲船 13艘、马来各口岸 6 艘、马尼拉等地 13 艘、苏门答腊 10 艘、安南 20 艘、苏禄群岛 4 艘、爪哇 7 艘、暹罗 89 艘"⑥，这些船只带去大量生丝及丝织品，甚至改变了当地人们的衣着装饰，如马来西亚人"衣服装饰亦受中国之影响，摩罗妇女所服之有袖短衫、宽大衣裤、玻璃珠、各式礼帽、雨衣、履底

① 顾炎武：《天下郡国利病书》第 26 册"福建"，《续修四库全书》第 597 册，上海古籍出版社 2002 年影印版，第 259 页。

② 此处"大西洋"系指东南亚地区，顾氏原文为"大西洋则暹罗、柬埔寨、顺化、哩摩诸国"。

③ 徐光启：《海防迂说》，载《徐光启集》（上册）卷 1，中华书局 1963 年版，第 47 页。

④ 依据［日］岩生成一《近世日支贸易相关数与量的考察》一文统计。

⑤ 《巴达维亚城日记》（二），台湾省文献委员会印行，1989 年，第 389 页。

⑥ R.M Martin：China, Political, Commerical and Social. Vol. Ⅱ. p.137. 载姚贤镐编《中国近代对外贸易史资料》，中华书局 1962 年版。

等皆由中国传入"①。此外，欧洲是生丝出口的又一重要地区，最早至广州从事生丝贸易的为葡萄牙商人。据《亚细亚葡萄牙》记载，在17世纪初"每年计有丝货5300箱，每箱装有一百匹丝绒或绸缎，或一百五十匹绢纱"②输往欧洲。继葡萄牙之后，荷兰商人于1656年获准至广州从事生丝贸易，其生丝出口除一部分销往日本外，其余全部运往欧洲。英国商人亦于此一时期自广州输出大量生丝，"1698年9月，麦士里菲尔德号至广州购入5800600两货值之商品，其中生丝及丝织品价值4652400两，占总货值的80%"③；"1700年7月，麦士里菲尔德号再至广州购入208951465两货值之商品，其中生丝及丝织品价值157158265两，占总货值的75%"④，同年又有英国商船"孟买商人号抵达广州获得所希望购取生丝的数量"⑤。由此观之，生丝及丝织品作为此一时期广州输出品中的最大宗，不仅输出量大，流通范围广范且种类丰富。

2. 瓷器

瓷器为此一时期广州对外输出的又一大宗商品，其贸易特点亦如生丝：输出量大，流通范围广泛且种类丰富。至明、清时期我国瓷器发展进入一个新的阶段，瓷器制作技术日趋成熟，制瓷工艺水平不断提高，制作周期缩短而分工更加细密，大批量瓷器的生产成为可能。此外，青花瓷制作技术登峰造极成为此一时期输出的主要瓷器品种，而珐琅彩、粉彩等新的上釉彩瓷的出现更丰富了瓷器制作的种类。与此同时，自15世纪以来，世界进入大航海时代，新航路的开辟与海运能力的急速加强更支撑了瓷器贸易的发展，经广州出口之瓷器遍及东洋、南洋、西洋诸地区。

前引徐光启《海防迂说》中谈到日本"彼中百货取资于我，最多无若丝"，而"次则瓷"。⑥此一时期日本对中国瓷器亦有很大的需求量，明崇祯

---

① ［美］爱尔恩、张立志：《远东史》（上），商务印书馆1932年版，第149页。

② Andrew Liungstedt: An Historical Sketch of the Portuguese Settelements in China; and of the Roman Catholic Chunch and Mission in China, pp. 82—84. 载姚贤镐编《中国近代对外贸易史资料》。另据王之春《国朝通商始末记》记载："葡人在澳门、广州之贸易输出品以绢为大宗，每年由葡人输出之绢约计五千三百箱，每箱装蠕缎卷，薄织物一百五十卷。"

③ 依据［美］马士《东印度公司对华贸易编年史1635—1834年》（一），区宗华译，货品单价及数量所统计，中山大学出版社1991年版，第89页。

④ 同上。

⑤ 同上书，第97页。

⑥ 徐光启：《海防迂说》，载《徐光启集》（上册）卷1，第47页。

八年（1635），荷兰商船经广州中转台湾运往日本的中国瓷器达 135005 件，"其中有青花瓷 38863 件、红绿彩瓷 540 件、青花盘 2050 件、饭盅和茶盅 94350 件"，崇祯十年（1637）"中国商人又运去 25 万件粗细瓷器"①。至清初实行"海禁"，沿海粤、闽等省商人亦以走私贸易的形式输出瓷器，雍正六年（1728）"海禁既弛，诸国咸来互市，粤、闽、浙商亦以茶叶、瓷器、色纸往市"②，这其中就包括与日本的贸易。东南亚亦是广州瓷器出口的重要地区，据马欢《瀛涯胜览》记载，占城国对"中国青磁瓷盘碗等品……甚爱之"③，爪哇亦"国人最爱中国青花瓷器"。④ 瓷器输出量在此一时期也迅速增加，以暹罗为例，"1698 年 6 月 28 日，一个在北大年（泰国南部港口）的中国商人竟携带达 108200 件瓷器至泰国，其中包括奶油深盘、细盘、大细碗、小碗、酒壶、有把壶、盐碟等等"⑤。大量瓷器输入东南亚地区，影响甚至改变了当地人们的社会生活，明人张燮在记录加里曼丹岛"文郎马神人"习俗的改变时称"初盛食以蕉叶为盘，及通中国，乃渐用瓷器"⑥。甚至其人死后，将华瓷作为丧葬品"画龙其外……贮瓮中以藏"⑦。欧洲是瓷器出口的另一重要地区，西班牙、葡萄牙商人最早至广州从事瓷器贸易，在"16 世纪中国经这两个欧洲国家出口了超过 200 万件瓷器"⑧。至 17 世纪荷兰成为最主要的瓷器输出国，从 17 世纪初至 80 年代，约有 1600 万件中国瓷器被荷兰商船运往本国及欧洲其他地区，且在 18 世纪中期以前"大多数到达欧洲的荷兰东印度公司商船都会至少带来 10 万件的茶具"⑨。17 世纪末英、法也加入到瓷器贸易的行列，至 18 世纪初，瑞典、挪威、丹麦、美国也成为主要瓷器贸易国家，至此一时期瓷器的输出样式繁多，且多依据西洋风格烧制，像景德镇所烧制的白瓷"运至粤垣，另雇工匠，依照西洋画

①　陈万里：《宋末—清初中国对外贸易中的瓷器》，载《文物》1963 年第 1 期。
②　王之春：《清朝柔远记》（中外交通史籍丛刊）卷四，"雍正七年己酉"条。中华书局 1989 年版，第 79 页。
③　马欢：《瀛涯胜览》，"占城国"条，中华书局 1985 年版，第 13 页。
④　同上书，第 24 页。
⑤　方小金：《中国瓷器在泰国的传播及其影响研究》，厦门大学硕士学位论文，2009 年。
⑥　张燮：《东西洋考》卷 4，《西洋列国考·文郎马神》，中华书局 1985 年版，第 85—86 页。
⑦　同上书，第 86 页。
⑧　何芳川：《澳门与葡萄牙大商帆》，北京大学出版社 1966 年版，第 63 页。
⑨　Michael Hatcher, Antony Thorncroft, Max De Rham, "The Nanking cargo", Hamish Hamilton, 1987, p. 102.

法，加以彩绘，于珠江南岸之河南，开炉烧染，制成彩器，然后售之西
商"①。由此观之，瓷器以其大输出量、宽流通范围及多样品种成为此一时
期广州港口输出品中又一大宗货物。

3. 茶叶

至 18 世纪前期，广州对外贸易输出品中茶叶的输出量大为增加，并逐
渐成为中西贸易中的核心商品。欧洲各国东印度公司受利益驱使纷纷来到广
州，他们认为"茶叶是上帝，在他面前其它东西都可以牺牲"，当时在广州
的法国商人 Robert Constant 甚至说："茶叶是驱使他们前往中国的主要动力，
其它商品只是为了点缀商品种类"。②

最早至广州从事茶叶贸易的为荷兰东印度公司商人，早期的欧洲茶叶市
场几乎完全被其垄断。自 18 世纪 20 年代开始，荷兰商船从广州运出茶叶的
价值占到输出品总价值的绝大部分。③ 1729 年荷兰商船自广州输出总货值
284902 荷盾，其中茶叶货值 242420 荷盾，占比重的 85.1%；1730 年输出总
货值 234932 荷盾，茶叶货值 203603 荷盾，占比重的 86.7%；1731 年输出
总货值 524933 荷盾，茶叶货值 330996 荷盾，占比重的 63.1%；1732 年输
出总货值 562622 荷盾，茶叶货值 397466 荷盾，占比重的 70.7%。④ 可以看
出，此一时期荷兰商船自广州输出大量茶叶销往欧洲。与此同时，英国东印
度公司亦着手在广州的茶叶贸易，并在随后的半个世纪内超过荷兰成为最大
的茶叶输出国。1704 年"英国商船 Kent 号自广州购买 420 担茶叶，价值
14000 两白银，占其船货价值的 11%"⑤，1715 年"英船 Dartmonth 号前往广
州，所带资本 52069 镑，仅用 5000 镑购买茶叶"⑥，然而到 1716 年，茶叶成

---

① 刘子芬：《竹园陶说》，"广窑"条，载《生活与博物丛书：器物珍玩编》，上海古籍出版社
1993 年版，第 104 页。

② Earl H. Pritchard. "The Crucial Years of Early Anglo—Chinese Relations. 1750—1800".
p. 163，Washington，1963；Louis Dermigny，"La Chine et I' Occident. Le Commerce a Canton au XVIIIe
Siecle，1732—1833"，3 vols，vol 2，p. 545，Paris，S. E. V. P. E. N，1964. 转自庄国土《茶叶、白银和
鸦片：1750—1840 年中西贸易结构》，载《中国经济史研究》1995 年 3 期。

③ 18 世纪 20 年代，荷兰东印度公司自巴达维亚城购买中国帆船从广州输出商品。（参见
[荷]包乐史著、庄国土等译《巴达维亚城华人与中荷贸易》，广西人民出版社 1997 版，第 144—
151 页）但随着茶叶需求量的增大及英国东印度公司竞争的压力，此种贸易方式缺陷愈加明显，荷
属东印度公司遂于 1729 年正式开通对华直航商贸。

④ 依据 C. J. A. Jry，Procelain and Dutch China Trade，Martinus Nijhoff，1982，pp. 217—220 所统计。

⑤ H. B. Morse，"The Chronicles of the East India Company Trading to China 1635—1834"，vol. I，
Oxford，1926，p. 144.

⑥ H. B. Morse，"The Chronicles of the East India Company Trading to China 1635—1834"，vol. I，
Oxford，1926，p. 148.

为英国在广州的最主要输出品，这一年"两艘英国商船从广州带回 3000 担茶叶，价值 35085 镑，占总货值的 80%"[1]。此后，英国商船的茶叶输出量迅速增加，"1722 年输出茶叶 4500 担、1723 年输出 6900 担、1730 年至13583 担"[2]，茶叶成为英国对华贸易中输出的最大宗货物。此外，"在 18 世纪，其他欧洲国家如法国、瑞典、丹麦、美国的对华贸易中，茶叶所占的中国货值比率也高达 65—75% 不等"[3]。茶叶已俨然成为欧洲各国竞相追逐的大宗贸易货物。

4. 棉布及糖

如果说生丝、瓷器、茶叶构成了此一时期广州对外贸易输出品中的大宗货物，那么棉布、糖则是主要的贸易输出品，并在随后的一个世纪内占据重要的贸易地位。叶显恩在研究 18 世纪中叶至 19 世纪的广州贸易时写道："值得注意的是土布和食糖在 18、19 世纪之交以后，日显重要。"[4] 然而其作为广州港口主要贸易商品则可追溯到 17 世纪末至 18 世纪初。

伴随着棉花种植及棉纺织技术的发展，明代棉纺织业高度发达，棉布一度超过丝、麻、毛织品成为当时的主要衣料。明万历年间"棉布寸土皆有"、"织机十室必有"[5]，且形成了若干棉纺织中心，尤其松江地区更是成为当时全国最大的棉布生产中心，据统计明晚期仅松江府的棉布产量就达 2000 万匹，而至清中叶则达 3000 万匹。[6] 大批量棉布的生产使海外输出成为可能，日本、东南亚、欧洲成为当时棉布输出的主要地区。明万历年间姚士麟曾说到："大抵日本所须，皆产自中国……松之棉布，尤为彼国所重"[7]，此一时期日本对中国棉布有大量的需求，西川如见在其《华夷通商考》中考察长崎输入品时也提到南京、浙江、福建、广东诸省之棉布、丝绵布、缫棉布经广州大量输

---

① H. B. Morse, "The Chronicles of the East India Company Trading to China 1635—1834", vol. I, Oxford, 1926, p. 157.

② 依据上引 H. B. Morse, vol. II—IV 所统计。

③ Zhuang Guotu, "International Trade in Chinese Tea in18th Century", pp. 30—33. A Paper Presented to the 34th International Congress on the Asian and North Africa Studies, HongKong, 1993.

④ 叶显恩：《世界商业扩张时代的广州贸易（1750—1840 年）》，载《广东社会科学》2005 年第 2 期。

⑤ 宋应星：《天工开物》（一）上卷，"乃服"第 2 卷，商务印书馆 1933 年版，第 38—39 页。

⑥ 依据吴承明、徐新吾的统计，详见吴承明《论明代国内市场和商人资本》，《中国社会科学院经济研究所集刊》（第五集），1983 年；吴承明《中国的现代化：市场与社会》，生活·读书·新知三联书店 2001 年版，第 111—143 页；徐新吾《鸦片战争前中国棉纺织手工业的商品生产与资本主义萌芽问题》，江苏人民出版社 1981 年版。

⑦ 姚士麟：《见只编》（上卷）（丛书集成初编本），商务印书馆 1936 年版，第 50—51 页。

入日本。① 东南亚地区的棉布输入由来已久，并与丝织品构成了当地人民日常生活的主要衣料。至 17 世纪西班牙人经营菲律宾时，发现"岛上土著因为服用中国衣料，不再种棉织布"，遂下令"禁止土著居民服用中国的丝绸和其他中国衣着原料"，但效果并不理想，"中国商人收购菲律宾的棉花，转眼就从中国运来棉布"。② 由此可见，棉布已俨然成为东南亚地区的主要输出品。欧洲是棉布输出的又一重要地区，并在中英贸易的开展下迅速扩大。在 18 世纪 30 年代，英国东印度公司董事部就命令航行至广州的商船"购买南京手工织制品，特别指定幅宽一英码的南京棉布"③。至 19 世纪初，棉布已成为仅次于生丝、茶叶的重要输出品，甚至连英国人也承认"中国土产的'紫花布'，无论在质地和成本上，都优于曼彻斯特的棉布"④。

至明末清初，广州港口糖的输出量已相当大，并成为主要的出口贸易品。据日本学者岩生成一统计：自 1637—1683 年，中国商船输往日本的各种糖的数量，平均每年达 169 万斤，这其中虽包括中国商船自暹罗、柬埔寨、广南等地输入的砂糖量，但由广州直接输入日本的砂糖量仍占据大部分。⑤ 欧洲亦是糖出口的重要地区，17 世纪广州向欧洲输出的糖主要由荷兰商人贩运。至 18 世纪初，英国逐渐取代荷兰成为糖及糖制品的主要进口国。此外，南亚、东南亚亦为糖出口的主要地区。

（二）长崎港口对外贸易输出品结构

长崎为近世日本对外贸易的重要港口城市，自战国时代西南诸大名与欧洲国家的西洋贸易至德川幕府建立伊始的对外通商交流，基本上是以长崎港口为主要历史舞台的。至宽永十八年（1641），幕府将平户荷兰商馆迁至出岛，锁国体制随即完成，长崎也形成"一口通商"之贸易格局。总体来看，锁国后长崎对外贸易仅限中、荷两国，其大宗输出品为贵重金属，包括金、银、铜；主要输出品为俵物、诸色物、粮食等。从具体输出品结构上看，则可对主要品目考察如下。

1. 贵重金属

这里所指的贵重金属为金、银、铜，而其中以银、铜最为重要。伴随着

---

① 参见［日］西川如见《华夷通商考》（上），"南京、浙江、福建、广东省土产"。
② 樊树志：《晚明史》，复旦大学出版社 2003 年版，第 128 页。
③ ［美］马士：《东印度公司对华贸易编年史 1635—1834 年》（一），第 223 页。
④ ［英］格林堡：《鸦片战争前的中英通商史》，康成译，商务印书馆 1961 年版，第 1 页。另据作者注："1834 年 2 月《中国丛报》的商情报告中有同样意见，也可参考。"
⑤ ［日］岩生成一：《近世日中贸易相关数量的考察》，载《史学杂志》62（11），1953—11。

"17 世纪日本全国性的金、银矿山的开发，金、银的产量大为增加。"① 而自 17 世纪以来，一直持续到 18 世纪长崎对外贸易的展开，又与"金、银产量的激增有极为密切的联系"。② 据德川家宣时期幕臣新井白石统计，"自德川氏执政，开始海舶互市以来，百余年间（1601—1708），我国宝货（指铜钱）流入外国已及大半。金货失四分之一，银货四分之三，此尤指公开所知可以推算者"③。可见此一时期，贵重金属输出量巨大。

长崎贸易时期，最早从事金贸易的为荷兰东印度公司商人，宽永十七年（1640）荷商始自日本运出大判 300 枚、小判 21000 枚。翌年，又"采购黄金 20 吨以应付哥罗曼勒鲁及士拉德所订购之货物"④。此后，东印度公司为维持其中转贸易的良好发展，以支付自印度哥罗曼勒鲁及士拉德等地所订购之货物，开始从日本持续而稳定的采购黄金。中国最早自日本输出黄金为宽文四年（1664），其输出船只为郑氏控制下的台湾船及奥船，自宽文四年起至十二年的九年间，"唐船"金的输出总额为 59 万 7102 两 4 步⑤，这其中"大部分黄金被输送到南洋地区，获得比黄金价格高出 20% 的利益"⑥。然而，"自十七世纪后半期开始，日本金的产出量减少，银一跃占到输出品中的第一位"⑦。长崎金贸易遂逐渐断绝。

银作为输出品中的大宗货物，不仅在长崎贸易，而且在整个东亚区域贸易中占有极为重要的地位。作为支付货币的银在长崎贸易中不仅成为衡量货物价值的重要标准，而且成为贸易商品交易的主要支付手段。同样，在流通领域中，日本白银大量输送至台湾、巴达维亚及印度湾沿岸，成为东南亚、南亚贸易中重要的流通货物和支付货币。在郑氏商船独占贸易的时代，日本白银成为其主要输出品，庆安元年至宽文七年的 20 年间，长崎贸易中唐船货物的总输出额为 30 万 8895 贯，而其中银的输出额为 18 万 0340 贯，占到输出商品总额的 60%。⑧ 同样，荷兰东印度公司为支付其在巴达维亚、锡兰、波斯、士回德等地商馆所采购之货物，亦自日本输出大量白银，"1644

---

① ［日］小叶田淳：《日本矿山史研究》，岩波书店，1969 年，第 3 页。
② 同上书，第 4 页。
③ ［日］新井白石：《折焚柴记》，周一良译，北京大学出版社 1998 年版，第 134 页。
④ 《巴达维亚城日记》（二），第 243 页。
⑤ 依据《长崎记》、《通航一览》统计，详见［日］山胁悌二郎《长崎的"唐人"贸易》，吉川弘文馆，1996 年，第 212 页。
⑥ ［日］山胁悌二郎：《长崎的"唐人"贸易》，第 221 页。
⑦ 任鸿章：《近世日本与日中贸易》，六兴出版株式会社，1988 年，第 305 页。
⑧ 依据《长崎记》统计。

年 12 月 12 日，夫雷德船田·采爱尔号于日本采购'士回德'银25000两运至巴达维亚"①，"1645 年 12 月 15 日，长崎商馆长爱鲁舍拉克于日本运送'士回德'银81箱作为订货之补足银款转载于勒·诺尔多士达号开往哥罗曼勒鲁"②。因此，大量日本白银于此一时期输出海外，成为长崎贸易输出品中的大宗货物。而德川幕府见于此，为控制白银外流，不得不颁布"贞享贸易令"，限制唐船及荷兰船的贸易额，然"幕府针对白银流失海外所采取的一系列控制措施又促进了铜贸易的发展"③。

江户初期的铜贸易伴随着银的禁输而逐渐发展起来，贞享至元禄年间长崎铜的输出量大为增加。清朝建国之初对日本铜有极大地渴求，当时中国国内产铜甚少，而铜作为铸币金属的需求量则日益增加。康熙二十三年，铜价腾贵，按法定比价"每钱一千值银一两"，而"今每一两仅得钱八九百文"④。时任布政使王士祯言："近自洋铜（日本铜）不至，各布政司皆停鼓铸，钱日益贵、银日益贱，今岁屡经条奏，九卿杂议，究无良策，即每银一两抵钱一千之令，户部再三申饬，亦不能行，官民皆病。"⑤ 可见日本铜对清初钱价稳定起到了极为重要的作用，于是清廷以"生丝—铜贸易"大量自日本输出铜。与此同时，鉴于"欧洲及亚洲各地铜贸易的景气"⑥，荷兰商船亦自日本大量进口铜。1655 年荷兰本国铜价由每斤 36 Florin 涨至 56 Florin，东印度公司"十七人会议"遂命商船至日本大量订购铜。1669 年，日本铜量占到阿姆斯特丹铜市场的一半以上。由此可见，铜对于中、荷两国有极大地吸引力，亦成为长崎港口的大宗贸易输出品。

2. 俵物

俵物是指对煎海鼠（干海参）、干鲍、鳍鳍（鱼翅）三种海产品的统称，是输出的高级别的海产物。长崎俵物输出主要在日、清贸易下展开，荷兰商人虽亦出口俵物，但不仅数量小且次数有限。清初上海、宁波、南京等地对煎海鼠的需求量很高⑦，因其对治疗小孩虚弱症有特殊功效而成为人参

① 《巴达维亚城日记》（二），第 439 页。
② 同上书，第 444 页。
③ 任鸿章：《近世日本与日中贸易》，第 305 页。
④ 《清朝文献统考》卷 14，"钱币考二"，浙江古籍出版社 2000 年版，第 4974 页。
⑤ 王世贞：《居易录》卷九，（文渊阁四库全书本），第 869 册，上海古籍出版社 1987 年影印版，第 869 页。
⑥ ［日］山胁悌二郎：《长崎的"唐人"贸易》，第 216 页。
⑦ 参见《华夷变态》（下册）刊本，第 2032—2033、2061—2113 页。

的代用药被广泛使用。此外，昆布（海带）、鳎（乌贼类干制品的总称）、鸡冠草（草药的一种）、鲣节（鲣鱼）、下煎海鼠、千切干鲍（切片干鲍）、藤海鼠（藤海参）、干海老（干虾）等海产品构成了广义上的俵物。唐船最初至长崎输出俵物为天和三年（1683），由广南船一艘输出俵物 290 余丸[①]；此外，宽文六年（1666）暹罗船一艘亦自长崎输出鲣节及鳎。[②] 元禄九年（1696），长崎俵物输出银额为 240—250 贯，幕府由此对俵物输出大为关心。至正德元年（1711）幕府下令控制长崎银、铜输出量，同年俵物及诸色物的输出额达 2388 贯。享保年间，俵物输出量进一步扩大，享保十五年（1734）幕府为专管俵物贸易设立杂物替会所，翌年俵物输出额为 750 贯，至享保二十年（1739）俵物输出额达 1412 贯，俵物贸易获得了飞速发展[③]，也成为长崎港口主要贸易输出品。

3. 诸色物

诸色物原本泛指各种各样的货物，即种类繁多的杂货。元禄年代以后，诸色物中的海产品受到关注，昆布、鸡冠草、天草、鳎等输出量大增，因而被划分为广义上的俵物。而实际上的诸色物则多指小件物等道具类物品，而其中多以莳绘品、铜制品及真鍮制品等道具类物品居多。据《唐蛮货物帐》记载，正德元年（1711）长崎输出诸色物品目最为丰富（详见表 2 - 1），其中莳绘类制品 49 件；铜制品 17 件，含赤铜制品 6 件；真鍮制品 16 件；涂制品 18 件，含黑涂制品 5 件、赤涂制品 2 件、朱涂制品 2 件；烧物 9 件；此五类占输出诸色物的大多数，另包括其他物品 30 件，共 130 件。长崎港口诸色物的输出，从数量上来说，远不及贵重金属、俵物及粮食，但诸色物以其多样的输出种类成为长崎贸易中又一主要输出品。

---

① 参见《华夷变态》（上册）刊本，第 389—390 页。
② 参见《唐通事会所日录》（一）刊本，第 53 页。
③ 关于长崎俵物贸易具体研究请参考［日］宫本又次《长崎贸易中俵物役所的兴衰》，载《九州经济史论集》。

表 2 – 1 正德元年（1711）长崎输出诸色物类别、品目

类别	品目
蒔絵类制品	蒔絵火鉢、蒔絵香台、蒔絵ぼん（盆）、蒔絵香盆、蒔絵丸盆、蒔絵はさみ箱（蒔絵鋏箱）、蒔絵櫛箱、蒔絵文庫、蒔絵書棚、蒔絵香箱、蒔絵重箱、蒔絵重香箱、蒔絵文箱、蒔絵脇息、蒔絵文台、蒔絵花台、蒔絵掛硯、蒔絵硯箱、蒔絵肴台、蒔絵小香台、蒔絵枕箱、蒔絵伽羅箱、蒔絵火鉢台、蒔絵菓子盆、蒔絵菓子台、蒔絵碁筒、蒔絵碁笥（物碗）、蒔絵香炉台、蒔絵香炉盆、蒔絵盆、蒔絵こぼし、蒔絵帽子箱、蒔絵折敷、蒔絵吸物椀、蒔絵筆立、蒔絵卓、蒔絵しつほく（桌子）、蒔絵吹筒、蒔絵まくら、蒔絵印籠、蒔絵たばこぼん（煙草盆?）、蒔絵はりはこ、蒔絵鏡ノ笥、蒔絵水さし（水罐?）、蒔絵根付、蒔絵塗薬箱、蒔絵かみ立、蒔絵辨当（便当）、蒔絵鏡
銅制品（含赤銅）	銅風呂、銅食鉢、銅なべ（鍋）、銅薬缶、銅火鉢、銅いもおろし、銅網、銅ゆせん（湯銭）、銅食次、銅油次、銅飯次、赤銅きせる（煙管）、赤銅香炉、赤銅瓶、赤銅帯留（帯扣）、赤銅絵香、赤銅香箱
真鍮制品	真鍮文庫、真鍮金具木地掛硯、真鍮帯留、真鍮香炉、真鍮香箱、真鍮瓶、真鍮衣装櫃、真鍮さじ（匙）、真鍮根付、真鍮かやの釣手（蚊帐挂钩）、真鍮耳かね（鐘）、真鍮きせる（煙管）、真鍮かみさし（发卡）、真鍮うでかね（腕鐶）、真鍮香はし（香料包）、真鍮金具蒔絵枕箱
塗制品（含黑、赤、朱色塗制品）	塗重箱、塗折敷、塗茶台、塗枕箱、塗碁笥、塗香盆、塗まくら（枕）、塗菓子盆、塗丸盆、黑塗たばこぼん（煙草盆?）、黑塗丸盆、黑塗重箱、黑塗食次、黑塗湯次、赤塗重箱、赤塗丸盆、朱塗丸盆、朱塗□重箱
焼物	伊万焼花生、伊万里焼香炉、伊万里焼筆立、伊万里焼茶碗、伊万里焼火入、伊万里焼なべ（鍋）、焼物水入、焼物茶碗、焼物花立
其他	厨子入観音（观音像）、厨子入仏（佛像）、舍利塔、人形（人偶）、針台、針箱、百粉、帯留、扇子、吸物碗、さかずき（杯）、引飯、盛台、箱入鏡、木地火鉢、铁火鉢、花立、白木掛硯、硯箱、笛、印籠、百田紙、造り物犬、狐皮、樟腦、植木、香台、香炉盆、釜（斧）、薬酒

资料来源：本表依据山胁悌二郎著《长崎的唐人贸易》中正德元年（1711）唐船输出品目所制。表中"蒔絵"系指日本的一种彩绘技法，多用金粉等金属矿物颜料。"鍮"为一种黄色有光泽的矿石，即黄铜矿或自然铜。

4. 粮食

江户初期长崎对外贸易中粮食输出主要针对荷兰商船，这与荷属东印度公司从事"中转贸易"的商贸方式有极为密切的联系。"中转贸易"形式下的商业往来无法像立足于本国市场的港口贸易一样正常展开，此种贸易形式需要能够构成贸易网链的多重商业据点，以维持其商品货物的中转流通。17世纪的荷兰能够成为"海上马车夫"，就依赖于其在日本、中国台湾、巴达维亚、锡兰、波斯等东亚、东南亚、南亚地区建立的商馆（即商业据点）。然而，各地荷兰商馆毕竟悬于海外，无法直接得到本国的有力补给。因此，为维持商馆的正常运行，必然需要进口大量食品，而日本则成为其重要购

粮区。

1661 年 5 月，荷兰印度参事会在答复 1660 年自日本所得之报告时提出，为维持其在巴达维亚及印度等地商馆的贸易运转，日本之"米及小麦，可无限采购"①。同年 7 月，夫罗伊特船 Nieupoort 号在"输往巴达维亚之订购商品外，尽可量的购入了米及小麦，其中白米 200—300 包"②。12 月，亚哈特船 Hoogelande 号及夫罗伊特船 Loosbuynen 号、de vink 号自长崎出发开往台湾，载有"米 1000 袋、小麦 1600 袋、硬面包 30000 斤、蚕豆 1000 袋、Cadian 豆 150 袋、稻谷 50 袋、盐 800 袋"③。同月 6 日，又有亚哈特船 Hovelande 号及夫罗伊特船 Loosduynen 号、Vink 号满载运往台湾的粮食，包括"食米 200 袋、蚕豆 100 袋、Cadian 豆 150 袋、稻谷 50 袋、大麦 50 袋、盐 800 袋、咸鱼 100 袋、ham（火腿）270 袋、酱油 20 桶、活猪 77 头、活鸡 200 只、鸭子 100 只、山羊 9 头"④。同日，又有荷兰商船运载粮食开往 Malacca（马六甲），其中"夫罗伊特船 Buyenskerke 号载有食米 300 袋；Goeree 号载有小麦 1220 袋；Hert 号载有小麦 1400 袋；Nieupoort 载有食米 200 袋、小麦 1430 袋"⑤。此后，每年均有大量荷兰商船自长崎搭载所采购之日本食品驶向台湾、巴达维亚及东南亚、南亚诸商馆。由此，粮食也成为此一时期长崎对外贸易中的稳定输出品。

（三）比较研究视角下的两港口输出品结构分析

17、18 世纪之交的广州、长崎，在对外贸易方面有极强的可比性。且不论其共同的"锁国"政治背景及"一口通商"之贸易格局，单就输出品结构来看，两者既有相似方面又存在不同之处。笔者在对广州、长崎对外贸易输出品结构梳理后认为，有以下三个方面值得关注。

1. 两港口对外贸易输出品等级存在较大差异

这里所指的输出品等级的差异系指输出品价值大小的区别，即加工产品与初级产品的差异。加工产品在生产过程中因为有效劳动所创造出的附加值而在贸易出口时价值较高，初级产品则在生产过程中未经或仅经粗加工导致价值较低。通过上文对两港口输出品结构的考察可以看出，广州港口主要贸易输出品为生丝及丝织品、瓷器、茶叶、棉布等，均为手工精加

---

① 《巴达维亚城日记》（三），第 215 页。
② 同上书，第 236 页。
③ 同上书，第 257 页。
④ 同上书，第 265—266 页。
⑤ 同上书，第 267—269 页。

工产品，故而出口价值较大、产品等级较高。而长崎主要贸易输出品中，金、银、铜乃是为支付高价值贸易输入品而不得不大量输出的贵重金属，除此之外，俵物、诸色物、粮食均为未经加工或经粗加工的初级海产品及农产品，故出口价值较小、产品等级较低。因此，两港口在输出品等级方面存在较大差异。

　　上述输出品等级方面的差异，其形成原因十分繁杂。既有传统影响的因素，也有当时社会环境影响的因素；既有政治因素，也有经济因素。而择其要者，则不外乎社会经济发展的影响。明清时期我国江南及东南沿海地区社会经济发展迅速，农业与手工业相结合下的多种经营促进了商品生产的发达，"并从其中引出了新的生产因素的端绪"①。以纺织业为例，苏州"东半城贫民以织机为业，日往富家佣工，抵暮方回"②，可见此一时期"机户出资、织工出力"③形式的商品经济雇佣关系已经形成。此外，手工业生产细密化、产品多样化构成了商品生产的一大趋势，以制瓷业为例，景德镇所制瓷器，"器则美备，工则良巧，色则精全，仿古法先，花样品式，咸月异岁不同矣"④。由此可见，明清时期我国商品经济及手工业生产高度发达，这就为对外贸易的发展提供了重要的商品保障，经广州港口输出的精加工产品就必然构成了高级别的贸易输出品。而同时期的日本，国内社会经济发展则相对滞后。以纺织业为例，17世纪中后期至18世纪初的日本国内纺织业发展缓慢，衣料等纺织品的使用主要依赖于中国的进口，宽永十八年（1641），"97艘唐船共输出37万3479反的纺织品"⑤，并在随后的半个世纪内逐年增加。而幕府为支付如此大量的高级加工品不得不输出巨额贵重金属，至18世纪中后期，幕府财政出现危机，大量白银流失海外，这才以此为契机推动国内纺织业发展。宝历五年（1755），"京都32间问屋的和产纺织品达88万2055反"⑥；至"文化元年（1804），唐船输入的纺织品仅为1万4366反"⑦，"这与此一时期日本国内纺织业发展有极为密切的联系"⑧。此外，山胁悌二郎先生在分析正德四年（1714）唐船输入品及日本商品在大阪市场的数量及银额时也注意到，"日本

① 傅衣凌：《明清社会经济史论文集》，中华书局2008年版，第122页。
② 姜良栋：《镇吴录》第4卷，内阁文库藏明代稀书。
③ 《明神宗实录》卷三百六十一，"万历二十九年七月丁未"条。
④ 付振伦：《景德镇陶录》详注，书目文献出版社1993年版，第67页。
⑤ ［日］山胁悌二郎：《长崎的"唐人"贸易》，第231页。
⑥ 同上书，第235页。
⑦ 同上书，第234页。
⑧ 同上书，第235页。

国内生产多属粗放类商品"①，而中国输入品多属精加工产品，"日、中两国产业发达程度存在本质的差异"②。因此，从对外贸易输出品结构上看，两港口输出品等级存在较大差异；而从其根本原因上分析，则是此一时期中、日两国社会经济发展水平的巨大差异。

2. 两港口对外贸易输出品流通范围存在较大差异

这里指的输出品流通范围的差异是指输出品流通地区大小的区别，而在考察广州、长崎对外贸易输出品流通地区的同时，两港口商品直接输出对象亦值得关注。在对外贸易中，商品直接输出对象与商品实际流通地区存在明显差异，商品直接输出对象的多与寡构成了商品实际流通地区大与小的基础。17、18 世纪之交的广州，虽历经"闭关锁国"及"明清鼎革"的政治变局，但其商品直接输出对象较前一时期有所增加，输出品流通范围亦伴随着直接贸易国的转销而进一步扩大。而同时期的长崎，在幕府"锁国令"的作用下，其直接贸易对象仅限中、荷两国，输出品流通范围非但没有扩大，反较前一时期有所缩小。通过表 2 - 2 可以看出，广州港口主要贸易输出品流通地区，在东亚、东南亚、南亚等传统贸易市场的基础上又增加了欧洲、美洲新兴贸易市场，输出品流通范围较大；而长崎主要输出品流通地区，除贵重金属外，均局限于亚洲地区，输出品流通范围较小。因此，两港口对外贸易输出品流通范围存在较大差异。

表 2 - 2　　17 世纪中后期至 18 世纪初广州、长崎主要输出品流通范围表

港口	主要输出品	直接输出对象	主要流通地区
广州	生丝及丝织品	泰国、柬埔寨、马来西亚、葡萄牙、西班牙、荷兰、英国等	东亚（日本）、东南亚、南亚、欧洲、美洲①
	瓷器	泰国、柬埔寨、马来西亚、葡萄牙、西班牙、荷兰、英国等	东亚（日本）、东南亚、南亚、欧洲、美洲②
	茶叶	葡萄牙、西班牙、荷兰、英国等	东亚（日本）、欧洲
	棉布、糖	泰国、柬埔寨、马来西亚、葡萄牙、西班牙、荷兰、英国等	东亚（日本）、东南亚、南亚、欧洲

---

① ［日］山胁悌二郎：《长崎的"唐人"贸易》，第 142 页。

② 同上书，第 142 页。

续表

港口	主要输出品	直接输出对象	主要流通地区
长崎	贵重金属（金、银、铜）	中国、荷兰	东亚（中国）、东南亚、南亚、欧洲
	俵物	中国、荷兰	东亚（中国）
	诸色物	中国、荷兰	东亚（中国）
	粮食	荷兰	东亚、东南亚、南亚③

资料来源：本表主要依据上文广州、长崎对外贸易输出品结构所制。①、②美洲地区的生丝及丝织品、瓷器系由葡萄牙、西班牙等早期殖民国家所输入；③以上诸地区均为荷兰东印度公司商馆所在地。

上述输出品流通范围的差异，其形成原因亦十分复杂。但"闭关锁国"体制下的政治影响是其主要的形成因素。17、18世纪之交的广州、长崎，"锁国"构成了两港口对外贸易发展的共同政治背景，而此背景影响下的两港口具体贸易状况却有明显差异。明中晚期的广州，政府虽厉行"海禁"，但仍允许朝贡国按规定"贡道"来贡贸易，并规定广州为东南亚、南亚诸国贡使的入境口岸。至清初，藩王尚氏控制下的广州贸易进一步发展，并以走私贸易的形式保持着与东南亚、南亚地区的贸易往来。至17世纪初，在"西力东渐"的大背景下，广州亦成为西方国家来华贸易的重要商业据点。因此，此一时期广州港口对外贸易地区广大，其输出品流通地区亦十分广阔。而同时期的长崎，幕府颁布宽永"锁国令"，禁止葡萄牙、西班牙、英国来日贸易，将长崎港口贸易对象仅限中、荷两国，以致其贸易对象较前期明显减少，输出品流通范围亦有所缩小。由此可见，"锁国体制"对广州、长崎产生的不同政治影响构成了此一时期两港口输出品流通范围的差异。

3. 生丝及白银作为两港口最主要的贸易输出品在亚洲贸易中占有极为重要的地位

通过上文对两港口输出品结构的考察可以看出，生丝及丝织品以其大输出量、宽流通范围、丰富的种类成为广州港口重要的贸易商品。而日本的白银，也以其支付货币的属性成为长崎港口最主要的贸易输出品。而此两者在作为各自港口最主要输出品的同时，又在亚洲贸易中占有极为重要的地位。可以说，生丝及白银的流通为此一时期亚洲贸易的良好运转提供了重要保障。

经广州港口输出之生丝及丝织品构成了亚洲贸易中的核心商品，亚洲各地区间的贸易往来在很大程度上也围绕其展开。在东亚地区，中国的生丝大量输出日本，以换取银和铜的进口。在东南亚、南亚地区，贸易往来的主要形式亦是以生丝交易胡椒、香料、染料、苏木、砂糖、象牙等商品，再经中国转销东亚（日本）地区。此外，欧洲国家为介入生丝贸易将大量美洲白银输入中国，再将所购得之生丝销往东亚、东南亚、欧洲及美洲地区。由此可见，以生丝为主要商品的贸易往来保证了亚洲贸易圈内商品的稳定流通，并使亚洲贸易在全球贸易的发展中占有举足轻重的地位。同样，经长崎输出之日本白银，亦在亚洲贸易中扮有重要角色。在东亚地区，日本以白银为主要支付货币自中国大量进口生丝等高级产品。在东南亚、南亚，甚至西亚地区，荷兰商人为支付其在当地商馆所订购之货物，亦自日本大量输出白银，并将订购货物销往东亚及欧洲地区。由此可见，日本白银作为亚洲贸易圈中的重要支付货币，保证了贸易往来的顺利运行，并使欧洲商人将亚洲贸易与全球贸易连为一体。由此观之，作为核心贸易商品的生丝及重要支付货币的白银在此一时期的亚洲贸易中占有极为重要的地位。

（四）结语

综上所述，虽然同采"锁国体制"，中、日两国的贸易状况却因不同的社会环境及历史条件而有所差异，东北亚地区的国际贸易仍持续进行。广州，作为亚洲乃至世界重要的贸易集散地，无论是港口贸易量、贸易额度还是贸易商品流通范围均非长崎所能比拟。然而，在近代东亚转型期来临的前夜，两港口对各自国家发展所起到的作用却又如此不同，其中原因，亦值得深入探讨。另外，综观东北亚国家的早期现代化进程，沿海城市，尤其是首批开港城市均扮演了走向现代化的第一批尝试者的重要角色。在中国，有广州、上海，在日本以横滨、神户为代表，在韩国则以釜山、仁川的发展令世人瞩目。因此，研究东北亚早期现代化及政治、经济、社会转型问题，某种意义上需要重点研究沿海城市发展史。我们认为，今后的研究中至少应该从以下一些视角探析中日沿海城市及对外贸易问题：（1）探讨地理大发现以来的东北亚地区的国际政治背景、对外贸易状况、西葡荷英法美俄等国对该地区的冲击以及中日两国面临被纳入资本主义世界市场的挑战与机遇；（2）考察在外来压力下中日所采取的应对措施、对外交涉过程与方式；（3）比较中日通商口岸制度的异同，侧重探析这种异同产生的原因及历史影响；（4）考察沿海城市及对外贸易给中日经济、文化生活带来的变化，研究港口城市早期现代化建设状况；（5）探讨中日两国在对外交涉过程中的得失成败，分析沿海城市的开放产生的不同结果和对各国前途命运的影响。当然，还有其他一些相关问题也值得我们深入关注和进一步考察研究。

二　日本幕末与明治初期横滨开港与对外贸易

1854 年 2 月，幕府当局与美国东印度舰队司令培理签署了《日美和亲条约》，也称《神奈川条约》。值得指出，该条约并没有承认通商行为。1858 年 7 月 29 日，幕府全权委员井上清直和岩濑忠震与美国首任驻日总领事哈里斯在神奈川海面的美国军舰波哈坦号上签署了《日美友好通商条约》①，英、法、俄、荷等国也接踵而至，与幕府签署了类似的商约。横滨借此得以开港。横滨开港后，侨居于中国上海等地的外国贸易商中，有许多人为了追逐商业利润而移居到横滨这一新的开港地，一些中国人也随同而至。由于幕府当局实行奖励政策，日本国内人口也开始向横滨迁徙。这样，以横滨外国人居留地为中心，以生丝出口为主的进出口贸易逐渐开展起来。对幕末及明治初期横滨开港初期的对外贸易问题作一初步探讨，可以管窥到日本早期现代化起步阶段的经济发展状况。

（一）开港地建设及商家店铺的进入

横滨今天已然成为日本最大的港口城市，然而，作为都市其发展的历史却比较晚。可以说《日美友好通商条约》的缔结与 1859 年的开港才使默默无闻的横滨走上世界历史舞台，亦可以认为开港是横滨"近世的终止符与近代的始发站"②。直到开港前，横滨还仅是几个几十户人家的渔农村庄，它"似乎要隔断江户湾与吉田新田之间一样，坐落在横向突出的细长的沙洲上。村名亦是根据那种地形上的原因所命名的"③。

当时，通商条约中规定的开港地是神奈川而非横滨，但是幕府将这一款项作了扩大性的解释，称横滨在神奈川辖区之内，理应在开港之列。并且决定将外国人居留地设在"由神奈川直行四公里（如果加上翻山越岭大约有 7 公里）的横滨"。④ 美国总领事哈里斯和新上任的英国公使阿礼国虽然竭力反对，但幕府却鼓励日本商人在横滨居住和开店，外国商人也开始建设商

---

① ［日］石井孝：《日本开国史》，第 339 页。
② ［日］神崎彰利等著：《神奈川县的历史》，山川出版社 1996 年版，第 5 页。
③ 横滨市立大学编：《横滨今与昔》，第 18 页。
④ ［日］加藤祐三：《东亚近代史》，第 49 页。

馆，造成既成事实。① 因此，"日本几乎是在违反条约的情况下建设起横滨租借地的"②。然而，横滨有着优越的地理条件，它位于日本东部海岸线的中部，背后依托江户，附近有盛产蚕丝和茶叶的地区。外国人也看到横滨是比神奈川更有利于大型船只进入的优良港口，便于进行贸易，于是承认了幕府的主张，但是，"唯有当时的条约签署者美国总领事哈里斯反对此举，一直到他归国时都不曾踏足横滨之地"③。

1859 年春，幕府投资近十万两白银，开始进行横滨开港地的初期建设。"说起来横滨本是个半农半渔的村庄，原来并没有市区。因此，幕府为了赶上条约所规定的开港日期而加紧了市区的建设"④。于是，夷平田地，填埋沼泽，新划出市街地，为外国人建设房屋、仓库，同时也建起"运上所"和官邸。妓院的设立也得到许可。到同年六月，已经建成两座码头，还有海关、外国人居留区、横滨町一丁目到五丁目的地段。这一期间，各项工程建设以惊人的速度进行着。在 1859 年 7 月 1 日开港之前，横滨作为一个开港地已经初具规模。翌年，又建成港崎町。开港伊始，在海岸通、南仲通、北仲通、弁天通、本町的五条街道上，也建好了短栅式的木造房屋，初步形成江户风格的市镇。⑤ 另外，关东各地的农民、町人参加了开港地的建设，神奈川辖下的村镇也有许多人从事于工程建设有关的工作。而且这种工程在开港后因市区的扩大和房屋的建设仍然继续进行着，对这一地区的居民来说，开港地成为他们每天赚取现金收入的地方。⑥

横滨在开港前仅是个有几十户人家的小村庄，之所以发展迅速，主要得益于其活跃的居留地贸易。在初期的对外贸易中，"除 1859 年以外，横滨通常均占全国贸易额的 2/3 以上。特别是出口比率比进口比率大得多，占80% 以上的年份居多"⑦。横滨所占比率如此之高，是因为当时日本对外贸易以生丝出口为主，而长崎、箱馆为"地处边境之地的港口"⑧，并且原为日本重要的蚕丝业地区。那时兵库、大阪尚未开港与开市，然而开港后的横滨"是背靠重要地带（江户）唯一的港口，并事实上独占了最重要的的输

① ［日］安冈昭男：《日本近代史》，中国社会科学出版社 1996 年版，第 23 页。
② ［日］加藤祐三：《东亚近代史》，第 49 页。
③ 同上书，第 49—50 页。
④ ［日］神崎彰利等著：《神奈川县的历史》，第 260 页。
⑤ ［日］岩壁义光编：《横滨绘地图"开港场的振兴"》，有邻堂，1989 年，第 10 页。
⑥ ［日］神崎彰利等著：《神奈川县的历史》，第 260 页。
⑦ 横滨市役所：《横滨市史》卷 2，有邻堂，1961 年，第 557 页。
⑧ 同上书，第 559 页。

出品——生丝的贸易"①。这种贸易尽管存在诸多问题，但是毕竟给横滨的发展奠定了物质基础。1868 年元月，幕府军在伏见鸟羽之战中失败。然而在新旧政权交替时，横滨易手却是以和平方式进行的。这是因为在横滨山手区驻有英法军队，所以与其他地区不同，横滨在外国军队的"保护"下平安无事。当然，这也是英法等国所期望的。②

　　在幕府的劝说和奖励下，商人们纷纷涌入横滨，当然，自己自愿移住横滨的亦不在少数。"当时在横滨的日本商人，被分为在其他城市也能见到的做食品等小买卖的商人，和进行贸易品交易的横滨特有的商人。后者进一步划分为经营输出品的批发商和经营输入品的批发商。众所周知的横滨生丝商人严格地说是受产地的货主的委托将生丝卖给居留地外国人的生丝经销商"③。然而，当时市内居民的半数左右是临时居住者，朝来夕去，很少有定居的，因而尚未达到"商户连栈"的程度。幕府一方面对于三井八郎右卫门等住在江户的豪商，几乎强制性地让他们在"新互市场"横滨开设店铺，另一方面对移居的商民增加了免除该年地租等特别的保护奖励措施。这样，"从文久元年起，迁往横滨的商人和居民猛然增加，乃至中心枢要地区难以见到空地。于是，新的街市呈现一派繁荣景象。各国商人也都梦想一掷千金，直奔横滨而来"④。这样一来，"受到利益驱动，国内外商人竞相移居到开港地，将店铺设于此地者不可胜数，其繁荣程度远远凌驾于神奈川之上"⑤。以江户商人为首，郡府（静冈）商人，近乡的商贾，甲州、上州、信州的蚕丝商人都开始整理店铺，从现在的本町街一丁目到四丁目，商业店铺鳞次栉比，店头陈列着生丝、屑丝和玉丝。此外，还有绿茶、海产品、漆器、绢织物、陶瓷器等商品。而当时的进口商品则以粗毛织品、印花布、细条纹布、中药材等为主。

　　从幕末到明治中期的横滨，可以说是贸易商人们活跃的舞台。他们的活动以贸易品交易等经济活动为中心，涉及政治、文化等横滨社会的各个方面。⑥ 横滨开港后的第一个年头，即万延元年 5 月（1860 年），根据"物年寄名主"的调查：主要移住的商人以三井八郎右卫门为首，其他有代表性

---

① 横滨市役所：《横滨市史》卷 2，有邻堂，1961 年，第 60 页。
② 张晓刚：《英法两国的横滨驻军与撤军初探》，载《日本研究》2001 年第 3 期。
③ 横滨开港资料馆编：《横滨商人与那个时代》，有邻堂，1995 年，第 3 页。
④ 横滨市役所编：《横滨市史稿（产业篇）》，临川书店，1985 年，第 1 页。
⑤ 同上书，第 4 页。
⑥ 横滨开港资料馆编：《横滨商人与那个时代》，第 3 页。

的生丝销售商人还有芝屋清五郎、中居屋重兵卫、夏并屋庄兵卫、高须屋清兵卫、小桥屋传右卫门、永喜屋富之助、伊豆屋金次郎、吉村屋忠兵卫、肥前屋小助、古屋清左卫门、桥本屋忠兵卫等93家，以及经营丝织品、绿茶、漆器、陶瓷器、海产品、铜等商品的销售商90余家。另外，还有各种货物运送业十家，邮递业2家，旅馆3家。[①]但是，此一时期日本销售行业分工并不是很明确和细化，既有兼营生丝和绿茶的，也有同时经营数种商品的，还有身兼批发商与收购商的商人。直到横滨开港四五年以后，才实现商品经营的专门化。

　　如上所述，横滨基础建设不断得以改善和加强，外国人对开港地的看法也逐渐发生变化。到了安政六年（1859），来横滨租地的外国人已达30人，而且以后仍在逐年增多。幕府以西南太田屋新田及沼地为界，将东部从横滨本村的北端，西部到"运上所"东端的田地及农民的居住地借让给外国人，此租借地面积为33277坪[②]，为此，民家迁徙费为7210余两。各项迁徙费用皆由租借土地的外国人支付。[③]在日本内地数百商人争相聚集此地开设商馆的同时，来自中国的外国商人也迫不及待地赶来横滨，建起宏伟的商馆。商业交易随之繁荣起来。于是，不久以前还颇为沉寂的一个村落，忽然变成了繁盛的街市。甚至连居住在神奈川的外国人也乘渡船来横滨购买日用品，乃至对神奈川产生厌弃之心，只管希望横滨开港了。

（二）进出口贸易发展状况

　　"19世纪中期，中国和日本开港，意味着东亚贸易进入了新的阶段。这一时代是运输和通讯革命的时代"[④]。随着蒸汽船的出现，东亚航线的开通也在进行，加上海底电信的普及，世界市场网络化迅速发展。1853年英国的"半岛与东方"汽船公司开设了隔周开往中国的航线。1859年，由于日本开港，又开通了到上海、长崎的定期航线，1864年又进一步延长到横滨。1865年法国帝国邮船公司作为马赛至上海航线的延伸，开通了上海至横滨每月一次的定期航线。另外，1867年，美国太平洋邮船公司也开通了经由横滨和长崎连接旧金山和香港的定期航线。[⑤]到了明治初期，"日本海域的

---

①　横滨开港资料馆编：《横滨商人与那个时代》，第7页。

②　坪：土地面积单位，1坪约等于3.3平方米。

③　横滨市役所编：《横滨市史稿（产业篇）》，第10—13页。

④　［日］梅村右次、山本有造编：《开港与维新》，《日本经济史》（3），生活·读书·新知三联书店1997年版，第189页。

⑤　同上书，第190页。

对外航线与沿岸航线都被欧美海运资本所控制了"①。

在日本开港的同时，欧美外商纷纷进入开放港口。他们大致分为两类：即已经在中国贸易中确立了一定地位的怡和洋行（英）、琼记洋行（美）等规模较大的商会和古拉巴洋行及沃罗特洋行等没有东亚贸易传统而被称作"冒险商人"的中小规模的外商。② 当时来到横滨的具有代表性的外国商人有英国人查顿-马地臣、颠地，美国人华莱士-哈尔等，他们的共同目的就是想趁日本长期锁国、不熟悉国际市场行情的时机，攫取暴利。③ 开港之初发生的黄金外流就是典型的例子。当时国际市场的金银比价为 1∶15，而日本国内的比价则为 1∶5，外国商人就用洋银大量兑换日本金币，再用日本金币购置金货，这样一次即可获取 100%—200% 的巨额利润。西方商人说这是他们"新发现的金矿"，一时形成了以洋银兑换金币的狂热浪潮。这样，在短期内就有 50 万两黄金流出日本。④ 幕府遂采取改铸金币以降低含金量的措施来制止黄金外流，然而又引起国内币值下降、物价上涨的局面。

横滨开港之初，日本商人不了解海外情况，不知道什么商品能迎合外国人的需要。于是，他们将各种商品陈列于店头，等待外国人来求购。并根据货物的样品来讨价还价，签订买卖合同，然后清点数量，进行交易。这样，逐渐摸清了外国人对日本商品的嗜好与兴趣之所在。各地的制造业者受商人委托而有目的地进行生产的人越来越多，最后，出现了专门以收取手续费而营业的批发商。而且如其经营商品那样，逐渐成为一种专门的职业。另外，还出现了被称为"取引商"的进口商，与批发商一样，是以赚取手续费而营业的一种商人。他们主要是处于江户的各种批发商与外国商人之间的中介人，承担经纪双方买卖合同签订的工作。

当时，日本商品对于风俗习惯迥异的外国人来说，都是稀奇而珍贵的。由于外国商人对所见之物都很喜欢，加之日本商人不精通海外事物，商品卖价比照国内物价而定，比欧美的市价低很多，因此，生丝、绿茶、海产品、漆器等物品的销售行情最为看好。而日本输出贸易品当中份额最多的是生丝。说到其原因，那是由于"从西历 1850 年左右，南欧各国蚕病流行，甚为猖獗，而且于 1868 年达到顶点。因此在欧洲市场，蚕卵纸、生茧、生丝

① 横滨开港资料馆、横滨近世史研究会编：《19 世纪的世界与横滨》，第 121 页。

② 梅村右次、山本有造编：《开港与维新》，《日本经济史》（3），第 191 页。

③ 《上海和横滨》联合编辑委员会、上海市档案馆编：《上海和横滨——近代亚洲两个开放城市》，华东师范大学出版社 1997 年版，第 184 页。

④ 横滨市役所编：《横滨市史》第 2 卷，第 303—304 页。

等极为缺乏，市价连年上涨。于是居住在横滨的外国商人争相购买日本生
丝，将其大量运往欧洲"①。从安政 6 年到庆应 3 年这九年中，输出总额达
到了 6964238 斤，以当时平均市价 328 两进行换算，可推算出总金额为
22842700 两。② 如前所述，因法国、意大利等国蚕病流行，蚕卵纸与生丝一
样都成了欧洲市场的紧俏商品。万延元年（1860）蚕卵纸仅出口海外 50 张
左右，而后逐年增加。文久二年（1862）达 5000 张以上，翌年一跃而达 3
万张。而庆应元年（1865）很快达到 300 万张之多，从而达到了极限，随
后开始回落。③ 由于它比生丝容易制造且有利可图，日本到处都在为制作蚕
卵纸而养蚕。这样终于导致生产过剩，遂招致市场价格跌落，乃至以一个天
保钱出售仍无人问津。

　　横滨开港的第二年，入港的外国船只达到 103 艘，总载重量为 64420
吨，其中英国船 100 艘，美国船 40 艘，其他为法国和荷兰船只。④ 可以看
出英国占绝大多数，已经掌握了对日贸易的主导权。当时外国输入横滨的商
品主要为棉、毛织品，约占总输入额的 80%，其余为金属、药品、砂糖、
酒类、枪支、军舰等。横滨港出口的商品主要是生丝和茶叶，这一点类似于
当时中国的对外输出情况。此外，海产品、漆器类的出口额也很可观。而反
观外国的进口产品，向一般民间的输入额则很少。因为大部分输入品是幕府
购买的武器。当时日本社会处于内忧外患相互交织的状态，上自幕府，下自
诸藩都没有时间和精力顾及财政问题，而是争相购买武器。明治维新以后，
从新政府代偿的金额来看，幕府为 3338750 法郎（幕府主要从法国购买武
器——笔者注），诸藩为 38048 两，由此可见军费支出额多么巨大。横滨开
港的 1859 年下半年，贸易输出额为 40 万美元，翌年的输出额为 395 万美
元。1861 年由于幕府采取限制生丝出口的措施，输出额有所下降，但是输
入额依然上升，各为 268 万美元和 307 万美元。1862 年输出入额均呈上升
趋势，各为 630 万美元和 307 万美元。到了 1863 年，输出额一跃达到 1055
万美元，输入额则为 370 万美元。⑤

---

① 横滨市役所编：《横滨市史稿（产业篇）》，第 86 页。
② 同上书，第 86 页。
③ 同上书，第 87 页。
④ 横滨市役所编：《横滨市史》，第 567 页，表 86。
⑤ 同上书，第 370—375 页，表 29—表 32。

表 2 - 3　　　　　　　　　　　开港后贸易额增长率

年度		横滨	长崎	箱馆	全国
1859	出口	10	67	54	19
	进口	16	63	98	36
	合计	11	65	58	23
1860	出口	100	100	100	100
	进口	100	100	100	100
	合计	100	100	100	100
1861	出口	68	167	65	80
	进口	158	119	304	143
	合计	85	141	84	97
1862	出口	159	240	109	168
	进口	325	161	88	254
	合计	191	198	107	190
1863	出口	264	231	167	259
	进口	291	353	229	374
	合计	391	297	172	289
1864	出口	228	193	260	224
	进口	577	344	275	488
	合计	297	1.050	320	293
1865	出口	442	93	290	392
	进口	1.397	268	1.018	913
	合计	1.625	186	345	528
1866	出口	357	333	326	353
	进口	1.241	572	235	951
	合计	527	462	320	508
1867	出口	246	296	401	257
	进口	1.0576	935	1.661	1.307
	合计	1.502	640	1.497	1.530

资料来源：据《横滨市史》第二卷，第549页表的数据制作而成。

由于生丝出口量增加过猛，引起日本国内供求关系的失调，造成物价暴涨，生丝价格上升了三倍。平时生丝流通均以京都和江户的批发商为中心集中起来，然后送到日本国内的两大机织业中心——西阵和桐生去加工。但是，现在乡村商人都直接将生丝运往横滨卖给外国商人。这就造成以生丝批发业为中心的流通机构的解体，本国的机织业也因缺乏原料而停工，失业的工人遂向幕府请愿。1860 年 5 月，幕府颁发了"五品江户回送令"，规定生丝、绸缎、灯油、蜡烛和杂粮等五种商品必须运交江户的批发商，禁止从货源地直接运往横滨。这个法令颁布后，立即引起江户批发商和横滨贸易商之间的对立，作为地方官的町奉行与负责外交的外国奉行也发生了摩擦，结果法令未能得到贯彻执行。尽管如此，当时的生丝出口量还是受到影响而一度下降。① 1862 年，横滨的出口贸易恢复了平稳增长的状态，但是到了 1864 年，国内物价全面上涨，国力疲惫，攘夷的风潮又趋高涨。攘夷派提出"封闭横滨港，驱走商人"的口号，并利用浪人的恐怖群组织以生命相威胁，迫使横滨的商店关门，商人离去。一时造成横滨港内外贸易停顿。当年 11 月 20 日的《横滨新闻》曾经报道："交易情况甚为衰微。……十四、五个月以来，除了棉花之外连一条绢丝都没送到本港来。""横滨市中鳞次栉比的商店连续关闭，其弊害已经殃及经营日用品乃至兜售鸟类的小贩，顿使繁华的闹市变得沉寂下来，甚或以致没有一人图谋以互市来经营生计"②。这样，从 1864 年开始，横滨港输出的生丝呈逐年减少的趋势，取而代之的是棉花的出口。

表 2 - 4　　　　　　　　　**1859—1867 年各开放港贸易额**　　　　　（单位：元）

年度		横滨	长崎	箱馆	全国
1859	出口	400.00	404.00	86.861	891.416
	进口	150.00	440.328	12.833	603.161
	合计	550.00	844.883	99.694	1494.577
1860	出口	3, 954.299	600.00	159.489	4713.788
	进口	945.714	700.000	13.157	1, 658.871
	合计	4, 900.013	1, 300.000	172.646	6, 372.659
1861	出口	2, 682.952	1, 000.317	103.383	3, 786.652
	进口	1, 494.315	830.261	40.040	2, 364.616
	合计	4, 177.267	1, 830.578	143.423	6, 151.268

---

① 谯枢铭：《上海、横滨开港初期的进出口贸易发展》，载《上海和横滨》，第 186 页。
② 横滨市役所编：《横滨市史》，第 416 页。

续表

年度		横滨	长崎	箱馆	全国
1862	出口	6, 305.128	1, 440.000	173.068	7, 918.196
	进口	3, 074.231	1, 129.000	11.537	4, 214.768
	合计	9, 379.359	2, 569.000	184.605	12, 123.964
1863	出口	10, 554.022	1, 388.071	266.135	12, 208.228
	进口	3, 701.084	2, 467.885	30.132	6, 199.101
	合计	14, 255.106	3, 855.956	296.267	18, 407.329
1864	出口	8, 997.484	1, 159.892	414.847	10, 572.223
	进口	5, 553.594	2, 410.397	138.297	8, 102.288
	合计	14, 551.078	3, 570.289	553.144	18, 674.511
1865	出口	17, 467.728	560.788	461.815	18, 490.331
	进口	13, 153.024	1, 857.271	133.976	15, 144.271
	合计	30, 620.752	2, 418.059	595.791	33, 634.602
1866	出口	14, 100.000	1, 995.299	521.335	16, 616.564
	进口	11, 735.000	4, 005.036	30.913	15, 770.949
	合计	25, 835.000	6, 000.265	552.248	32, 387.513
1867	出口	9, 708.907	1, 775.907	638.861	12, 123.675
	进口	14, 908.785	6, 545.976	218.558	21.673
	合计	24, 617.692	8, 321.883	857.419	33, 796.994

资料来源：本表根据《横滨市史》第二卷，第548页表中的数据制作。

　　横滨开港后的进出口贸易发展并非一帆风顺，西方国家在很长一段时间里没能控制住进口贸易市场，是在与幕府、攘夷派的反控制的尖锐斗争中度过的。尽管如此，横滨港在日本早期开放的三个港口中，仍然是发展最快的一个。从开港的第二年起，进出口总额就超过长崎和箱馆，横滨输出的生丝占输出总额的100%，茶叶占70%；输入的棉、毛织品占输入总额的80%以上，枪支输入增长最快，如以1863年为100，1865年达977，1867年则已达1759。[①]"横滨从开港起不到两三年内就完全超过了历史上与中国、荷兰通商最久的长崎，而成为日本的第一大港"[②]。

①　横滨市役所编：《横滨市史》，第560—561页。
②　谯枢铭：《上海、横滨开港初期的进出口贸易发展》，载《上海和横滨》，第186—187页。

（三） 内外商人的经营活动及港市的隆盛

1858 年第二次鸦片战争后，英、法两国与清政府签订的《天津条约》中有"修改税则"一条，新签订的《通商章程善后条约、海关税则》中明确地承认了鸦片为合法贸易商品。而在日本与美国签订的《日美友好通商条约》中则明确规定："在各开放港口建设外国人居住地，并给予外国居留者土地租借权。贸易形式采用居留地贸易制度，但和 1858 年的《天津条约》不同，禁止商业目的的（日本）国内旅行（内地通商权）"①。同时，商约还禁止鸦片的输入。当时，幕府首席老中崛田正睦在与美国驻日总领事哈里斯的会谈中，反复强调了鸦片在中国的流毒，并指出英国人也有把鸦片输入中国的企图，所以条约必须写入禁止鸦片的条款。②《通商条约》中规定：可以向日本输入武器，但是只能卖给日本政府。横滨开港第二年，输入品中的枪支、舰船就占了输入总额的第二位，1862 年进口舰船五艘，1863年增加到六艘，加上枪支数，已占输入总额的 16%。其后进口枪支逐年增加，1865 年为 56843 支，1867 年为 102333 支。③"可以想像正当从上海港输入的鸦片在中国流毒，使人们日益陷入难以自拔的泥沼时；从横滨进口的西方武器，正武装起日本武士，走上富国强兵的道路"④。

表 2 - 5 　　　　　　　　　幕末维新期各开港地武器输入量

	横滨（1859 年开港）		长崎（1859 年）		箱馆（1859 年）	
	步枪（支）	大炮（门）	步枪（支）	大炮（门）	步枪（支）	大炮（门）
1863 年（文久 3）	5.817	—	—	—	—	—
1864 年（元治元）	10.609	—	—	—	—	—
1865 年（庆应元）	56.843	—	25.850	—	—	—
1866 年（庆应 2）		—	21.620	—	—	（225 元）1

---

① ［日］梅村右次、山本有造编：《开港与维新》，《日本经济史》（3），第 187 页。
② 横滨市役所编：《横滨市史》，第 179 页。
③ 同上书，第 530、537 页。
④ 谯枢铭：《上海、横滨开港初期的进出口贸易发展》，载《上海和横滨》，第 188 页。

续表

	横滨（1859 年开港）		长崎（1859 年）		箱馆（1859 年）	
	步枪（支）	大炮（门）	步枪（支）	大炮（门）	步枪（支）	大炮（门）
1867 年（庆应 3）	102. 333	12	65. 367	—	—	—
1868 年（明治元）	106. 036	9	36. 514	—	（700 元）· 51	—
1869 年（明治 2）	※　43. 988 58. 613 + 4. 238 箱	※　34 35	※　12. 331 19. 163 +1. 290	※　12 9		
1870 年（明治 3）	※　6. 070 4. 742	※　18 18	※　2. 079 3. 420 +101 箱	※　3 7	—	—
1871 年（明治 4）	※　2. 759 2. 488	※　22 10	※　25 · 81 +221 +239 箱	※　—	※　—	※　—
合计（1863—1871） 比率（%）	347. 481 （59. 6）	84	172. 015 （29. 5）	16 （13. 7）	51（0. 0）	1（0. 8）

　　资料来源：本表系根据石冢裕道：《横滨英法驻军十二年间》，载《横滨英法驻屯军与外国人居留地》第 9 页中的数据经调整制成；其中弹药用 "箱" 表示，带 "※" 号的是山口和雄编《明治初年的贸易统计》，带 "·" 号的是洞富雄著《幕末维新期的外压与抵抗》中的数据。

　　在日本的对外贸易中，中国人的作用是不应忽视的。开港后，很多中国人借欧美商社用人之机来到日本。在长崎，中国商人很活跃，与欧美商人竞争激烈。1868 年兵库、大阪开港、开市以后，长崎的中国商人也移居此地，成了欧美外商强有力的对手。横滨有个中华街，至今仍很有名，可以说横滨华侨的历史与横滨开港的历史几乎一样长。横滨外国人居留地甫开设时，一些英、美商人就闻讯而至，他们中的大多数是从设在中国的贸易公司派遣来的。与此同时，中国人也来到横滨，他们大都是买办或佣人。[1] "当时西洋人不懂日语，日本人也不熟悉西洋的语言和商业习惯。因此，熟谙西洋商业习惯，与日本人可以用汉字进行笔谈的中国人作为两者的居中介绍人，在居

————————

[1]　横滨市立大学编：《横滨今与昔》，第 40 页。

留地贸易中起了重要的作用"①。作为翻译和买办，与欧美商人同住横滨的中国人中，广东人居多，在长崎则以福建人居多。值得注意的是，横滨开港后，在与外国商人进行的贸易活动中，日本没有形成和中国一样的买办阶级。开港初期，洋行也雇佣一些日本人充当雇员，但主要是为外商服务的仆人，而且很少参与洋行的内部经营。虽然也有极少数人涉足购销活动，但是只是个别现象，并没有普遍性。然而，在横滨的外国洋行中，却有一些从上海或香港去的华人买办。买办们受外国人的委托，掌管着决定交易能否成功的大权，以及评定商品品质、核定商品等级的权利。买主必须向买办交纳一定数量的佣金，当然，也有些卖主向买办行贿，以求卖个好价钱，这在当时称作"南京进上"。他们在横滨一般是充当外国洋行里的进阶雇员。

《通商条约》中规定："在开港场居留的外国人，原则上只能在开港区十里四方的范围内行走"②。这个规定得到比较严格的执行。因此，外商只能在横滨同日本商人进行交易，超过这个规定范围的商业活动也必须依靠日本人去完成，外商的势力受到很大限制。③ 由此可以看出，尽管横滨也是在西方列强武力威胁下开港的，并且签订了包含领事裁判权、协定关税及单边最惠国待遇等条款的"不平等"条约，但是即使在不平等条约下，日本却比中国保留了较多的主导权。"在这种贸易中形成的出口商贸易体制对于阻止日本经济的进一步殖民地化起了一定作用"④。这样，横滨的情况对日本商人就比较有利。

另外，在横滨为外国人购销活动服务的，主要是"在方商人"（指乡村商人——笔者注），这些乡村商人奔走于商品的产地（农村）与横滨之间，进行农副产品的收集、运输、销售以及进口商品的推销。其中也有些人在横滨设立店铺，成为城市商人，但他们基础仍在商品原产地的农村。乡村商人大多出身于农村中的"豪农"阶层，他们除了从事农副业外，往往还在农村兼营小商品贩卖活动。他们的经济地位比一般农民高，与城市的联系也较为密切，因此比较了解附近城市的商业动态和物价行情。横滨开港实际上给这些乡村商人提供了一个发财的机会，有些人脱离农村，以独资或集资的方式在横滨开店，后来就成为城市商人。日本政府出于扶植本国商人的目的劝

① 横滨开港资料馆编：《（图说）横滨外国人居留地》，有邻堂，1999年，第58页。
② ［日］石井孝：《日本开国史》，第274—275页。
③ 沈祖伟：《上海、横滨近代商业的比较研究》，载《上海和横滨》，第204—205页。
④ 孙承：《日本资本主义国内市场的形成》，东方出版社1991年版，第70页。

说江户的特权商人迁往横滨，开设店铺直接同外国人做生意。著名的江户大富商三井家族也应幕府之命在横滨设立了分店，以便控制那里的商业和金融活动。因此，从横滨开港之初起，日本商人就对外国商人有着相当的抗衡能力。①

横滨开港对周边的地区产生了很大影响，骏府（静冈）商人就是在这一背景下联络上书，最终得到许可而来到横滨开设店铺，进行贸易的。幕府划拨给骏府的漆器商人以横滨本町四丁目东部若干地皮，作为骏府町人拜领地。"骏府店轩"（指经营漆器、绿茶及其他杂货的十余名店主——笔者注）的买卖一开张，就意外地引起外国人的好奇心，受到格外关注。尤其是其特产的漆器，行情看好。其营业额也在逐步增加，乃至于压倒了江户的分店——"木屋"、"黑江屋"等漆器店。② 明治维新以后，开使注重品质的改良，产品主要出口到美、英、法、德等国家。尤其是"寄木涂"这种漆器，因为是静冈的特产所以深受外国人的青睐。这些产品的大部分都经由横滨输出到海外。

外国洋行与日本乡村商人之间不是雇佣关系，没有人身的依附，而是一种纯粹的商业往来。但外国商人与长期共事、相互熟悉的乡村商人之间也有着密切的关系。"在日本横滨由乡村转入城市的商人，依靠外国洋行前贷金的支援，通过乡村商人往来农村根基地的奔波，有些人就逐渐成为城市的新兴资产阶级"③。应当看到，幕末的日本国内市场是畸形发展的，《通商条约》没有将居留外国人的裁判权与关税自主权给予日本，同时又原则上禁止外国人在开港地以外通行，从结果来看，这种在近代化过程中的贸易结构既有对日本经济的对外自立有利的、积极的一面，同时，也有消极的、被动的一面。因为这并不是完全意义上的自由贸易。西方各国提出进入日本内地进行自由贸易和资本投资的申请，但是日本政府予以拒绝。"居留地被废除，外国人内地通行自由化的实现是在日本经济已经确保自立的日清战争后的 1899 年"④。

（四）小结

总之，横滨与"三都、城下町"等城市不同，缺少悠久的历史和传统，

---

① 沈祖伟：《上海、横滨近代商业的比较研究》，第 205 页。
② 横滨市役所编：《横滨市史稿（产业篇）》，第 83—84 页。
③ 谯枢铭：《上海、横滨开港初期的进出口贸易发展》，载《上海和横滨》，第 194 页。
④ 横滨市立大学编：《横滨今与昔》，第 46 页。

是在开港后短时期内靠人为建起来的城市。它通过居留地贸易而不断发展、进步，于明治二十二年（1889），亦即开港30年后日本实施地方自治制度，诞生31个城市的时候，也成为其中的一员。在开港后不断扩大的对外贸易中，由于外商资本的雄厚及受到不平等条约的保护，所谓"居留地贸易"的主动权几乎完全掌握在以各大贸易商社和银行为中心的外国商人手中。但是，随着贸易量的不断增长和日本国内产业的复兴发展，日本商人中逐渐出现一种为确保自己在国内流通领域里的权益地位而与外商进行实际上的抗争的倾向。① 随着日本商人实力的增强，他们提出了居留地贸易的弊端等问题。在机器制丝业勃兴的1880年代，日本国内收回商权的呼声日高。经过将近半个世纪的努力，日本商人在对外贸易方面终于完全取消了外商的垄断。

三　近代沈阳与大连城市建筑的发展与变迁

今天的沈阳和大连均是副省级城市，前者是省会，后者是计划单列市。二者又都面临着振兴东北老工业基地、城市改造及全域城市化等诸多问题。城市化是现代化全过程之中的一个重要征候和组成方面，而建筑则是一个城市最直观的文化体现，特别是那些年代久远且具有文物价值的建筑。近代辽宁建筑与园林艺术大都以城市为依托，以沈阳和大连等为代表。辽宁在踏上近代城市曲折发展道路的同时，也在历史发展的大背景之下，适应"生存需要"、"发展需要"、"社会需要"②，开始了以近代建筑与园林艺术反映城市近代化的过程。甲午战争是导致这些区别形成的分水岭，同时也是辽宁传统建筑文化逐步走向现代建筑文化的开端。以沈阳和大连两座城市为视角，参考相关研究③拟对其近代城市建筑的发展变迁进行粗浅的考察和探析，进而比较两座城市各自的发展特征，可以对辽宁省两个最大的城市近代发展历程略窥端倪，亦可为各自的城市化与现代化提供些微历史的借鉴。

（一）沈阳与大连城市建筑的历史沿革

辽宁地处于我国东北地区，1840年之前，其建筑与园林文化基本继承了我国古代的建筑文化传统，宫为楼阁、廊台、亭榭，家为宅院、庭园，以

---

① 吴廷璆主编：《日本近代化研究》，商务印书馆1997年版，第100—101页。

② 纪晓岚：《论城市本质》，中国社会科学出版社2002年版，第90—94页。

③ 除注释中列举的文献外，文中还主要参考了大连大学阎保平教授等人的有关研究成果。

及结构对称，屋顶宽阔的木架建筑住宅，城为四方，街为方格，四通八达。第二次鸦片战争之后，辽宁南部地区逐渐沦为殖民地和半殖民地，尤其是沿海地区渐次开埠，深受外来文化入侵和影响，建筑文化发生了很大变化；从最初的中西混合交错，很快发展到以西方建筑文化为主的殖民地历史时期。

沈阳是我国东北地区的文明古城之一，位于辽河平原中部，浑河北岸。沈阳之得名缘于浑河（古时浑河又名沈水）。皇太极时定都城曰盛京，满语称"谋克敦"，意为兴盛之城。[①] 清朝入关迁都北京后直至 1911 年清朝灭亡，沈阳（盛京）一直保留着清朝国家政治陪都的地位。其间，城市的布局、规模、功能、结构等诸方面都在发生着缓慢的变化，也经历了战争的洗劫和社会动荡。沈阳在维系王朝政体和走向近代文明的矛盾中苦苦地挣扎着。[②] 随着西方军事文化入侵，在典型的封建老城沈阳，较早出现了模仿西方文化的建筑。1878 年，由天主教满蒙独立教区主教法籍人方若望筹划，在沈阳建成了南关天主教堂，又称法国天主教堂，建筑面积 1100 平方米，有堂宇 120 楹，规模比较宏大。其主体建筑堂高 40 米，南北长 66 米，东西宽 17 米，可容教徒 800 余人。教堂完全采用西方中世纪哥特式建筑的形式，正立面结构分割三位一体，门窗高大，饰以典型的天主教特有浮雕，屋顶上尖塔庄严耸立，顶部以十字架为冠，内部采用哥特式建筑曲肋尖拱式骨架。南关法国天主教堂建成不久，英国基督教传教士苏格兰牧师罗约翰也于 1889 年在沈阳修建了东北最大的、具有中西建筑特点的东关基督教堂。这两座教堂的修建令沈阳人为之耳目一新，将其称为"洋楼"。当时的盛京将军行署，是一个中西文化混合的重要建筑。这一建筑院内立有照壁，是中国传统建筑布局，但是其正门立面的建筑却模仿了哥特式建筑造型和巴洛克风格装饰。这说明甲午战争之前，西方建筑文化已经进驻沈阳，并对沈阳的建筑文化产生了一定的影响。

1898 年，在辽东腹地沈阳，随着东清铁路的修筑，清政府在城西铁路沿线为俄国殖民者划出了一块附属地。这样，辽东地区成了外来建筑文化发展的"天堂"，迎来了中西文化冲突、竞争、共存、融合的近代建筑文化发展时期。1900 年，俄国侵略者在沙俄关东军司令阿列克谢耶夫的指挥下，充当八国联军侵略中国的急先锋，强行侵占沈阳和东三省铁路沿线的主要城镇，并且开始了对沈阳附属地的规划和建设。附属地虽然在沈阳古城的外

---

① 王佩环：《关外三都》，第 48 页。

② 张志强：《盛京古城风貌》，沈阳出版社 2004 年版，第 33 页。

围，但对沈阳的发展布局同样产生了重要的影响，呈现出西方近代城市建筑文化的特征。

辽宁传统的老街旧巷的形成与发展有自己的轨迹和特点，而街、路、巷、胡同是对城市街道不同层次的不同称谓。如老沈阳城内大街呈井字形，命名街道名称十余条；加之边墙内也有大街、小街多条，全城街路有名的达数十条之多。而有正式称谓并叫得开的巷子和胡同，其总数也有数百条。城关内的街道凡予命名的，不分其走向是东西抑或南北，一律统称为街。巷和胡同是街以下那些较短、较窄的街道的命名。不过，巷往往是街的直接分支，而且平直的更多些。其中的十王府胡同位于今天繁华的商业区——中街（昔称四平街）的北部，上属正阳街，在兰亭巷内。该王府最初为清太祖努尔哈赤第十五子豫亲王多铎的府邸，清朝末年因为年久失修，院内有些建筑已经损坏倒塌。1931 年"九·一八"事变后，该府邸被沈阳文化用品富商"天德信"经理曹祖堂购置，改为公馆，虽经改建修缮，但仍保持清初格局与风貌。解放后，府址曾经作为沈阳市消防研究所的招待所。[①] 金王府胡同位于沈河区东部，原抚近门（大东门）内街南，上属东顺城内街至南苇巷。1931 年 9 月，日军侵占沈阳后，该府邸已成了破大院。此外，还有缪翰林胡同、承德县胡同、施牛录胡同、依牛录胡同、恒知府胡同、太清宫胡同、铜行胡同、柴草市胡同、菜市胡同等，林林总总，不一而足。

甲午战争之后，辽东地区很快沦为日、俄等殖民国家的势力范围。"三国干涉还辽"后，俄国强租旅大地区，首先在沦为殖民地的辽东半岛南端，由俄国殖民者按照西方建筑文化模式，建起了一个近代城市——大连。1898 年沙皇俄国政府借第二次鸦片战争之机，胁迫清政府签署《中俄旅大租地条约》，强行占据了以大连、旅顺为基地的辽东半岛南部，并且决定弗拉基米尔·萨哈罗夫任总工程师，负责建设以青泥洼为中心的海港城市"达里尼"，开始修建西方文化模式的港湾、堡垒和街市。俄国人占领大连后，于 1899 年开始营造美丽的"达里尼"。从开始建造城市起，俄国人就没有把大连作为一个单纯的商业城市，一个单纯殖民主义侵略的军事基地，或者一个海滨疗养地，而是把它作为三者的综合体，使它既有欧洲近代城市建筑文化的特征，又有近代殖民文化的特色。当时，俄国殖民者把大连理想化为"东方的巴黎"，对大连市街设计完全模仿近代巴黎市街的建筑模式，把城市总体规划为一个以直径 212 米的广场为中心，十条大街向四周辐射，连通

---

① 齐守成、齐心：《盛京老街巷》，沈阳出版社 2004 年版，第 5 页。

一条条环形道路和几个小型广场布局的小城市。这样的建筑规划把西欧的建筑文化移植到了欧亚大陆的东端，构成了大连早期城市的骨架。①

但是，由于殖民侵略的局限性，俄国人既要把大连建成一个商业发达、环境美丽的海港城市，又要把大连建成一个坚固的远东军事堡垒和实施侵略东北的基地。所以，当时规划建设的行政区，背依大海，面对铁路，不仅只有一座拱桥（现在的胜利桥）与市区相连，利于军事上的进攻与防守，而且还与隔离华人区的公园苗圃——西山共扼通向海港、火车站的要冲。"达里尼"市政厅旧址坐落在今西岗桥北烟台街 1 号，建于 1900 年。"建筑面积 4889 平方米。这是一座 19 世纪中叶以后常见的古典建筑，地上二层，地下一层，砖混结构，造型平稳，比例严谨，中心突出。具有欧洲文艺复兴式建筑特有的魅力"。② 他们把城市分成三部分的布局，即：行政市区，俄国人与欧洲人居住区，公园苗圃和隔离华人区和华人居住区，实际上直接继承了中世纪法兰克王国形成时期加洛林封建庄园文化和"城堡文化"，间接继承了古罗马帝国暴力征服、扩张侵略的殖民文化。当时，大连市内主要街道干线有：莫斯科大街、基辅大街、萨克罗大街、圣彼得堡大街、萨木逊斯基林荫大街等。规模较大的公园有两个：一是欧罗巴街区与中国街区之间，原青泥洼村，园内设规模很大的苗圃；另一个在原东青泥洼村。由于棒槌岛、老虎滩、傅家庄、马兰河河谷距市区不远，林木丛生，风景秀丽，是夏季海水浴的理想去处。萨哈洛夫计划在市郊傅家庄修筑陆军疗养院和有 200 张床位的市疗养院；在马兰河下游盐滩附近修建一赛马场，在老虎滩以及其海滨设计海水浴场及别墅等。③

在大连地区，俄、日两个帝国主义国家先后建立起了他们的殖民统治，完全按照自己的愿望规划建设城市，把大连、旅顺、金州等地变成外来建筑文化的博物馆，使得这里的城市建筑几乎成了清一色的西洋和模仿西洋形式的近代建筑。与沈阳相比，殖民地时期的大连城市建筑文化色彩比较单一。沈阳是当时中国东北地区中心城市，清王朝的古都和陪都，有着悠久的城市建筑文化，保存着古代建筑文化的精华，而大连的前身只是一些军事基地和一些小渔村，尽管殖民地时期大连人民也按照本土建筑文化传统修建了一些

---

① 阎保平：《论"大大连"本土文化理念的形成与发展》，载《大连大学学报》2003 年第 3 期。

② 宋增彬主编：《大连老建筑》，新华出版社 2003 年版，第 44 页。

③ 顾明义等主编：《大连近百年史》，辽宁人民出版社 1999 年版，第 266 页。

建筑，保持发展了本土的建筑文化，但是其城市建筑的主题，从最初的城建规划到城市建筑、基本设施的完成，仍然是外来的，没有像沈阳那样出现较多的中西混合、中西合璧的近代建筑。沈阳和大连近代城市建筑的这种差异是沿海与内地的差异，也是殖民地与半殖民地的差异。大连、沈阳以及辽东地区城市建筑文化的变化与发展，从一个侧面反映了中国近现代半殖民地、殖民地时期城市建筑文化的发展状况，体现了本土文化与外来文化之间冲突、融合的曲折历程。

（二）殖民侵略时期沈阳与大连城市建筑发展概观

就人类的生存生活方式来看，建筑是在人类生产、生活活动中，根据自身需要发展起来的一个专业技艺门类，它和人类的世界观、生活方式具有密切的关系，同时又给人们带来建筑艺术的审美享受。老沈阳自清初在此建都以来，作为东北的政治经济中心逐步发展起来。形成商业地区和市场多处，其中最繁华、在历史上具有代表性的商业区当属四平街（中街）。清初，中街东起钟楼，西至鼓楼。在大街南北两面，东西排列着两行商店门市平房，没有人行道。这样的街道，车马行人皆不方便。1906 年，经东三省总督奏准修筑中街马路。中街的十字马路筑成后，各家商铺陆续进行门市休整。至1917 年，商业街初具规模。此时中街虽说比较繁华，但是除同义和、洪顺昌等几家是三层市楼，天益堂、吉顺丝房是二层市楼外，其他 80 余家商铺仍是平房。有些商家顺应当时的维新潮流，遂在改变老店面貌上跃跃欲试。1926 年，吉顺丝房通记首先在西部路北的醒目处改建了壮观的五层大楼。这幢西式建筑门市楼的出现，为中街兴建门市楼群起了带头作用。[①] 1927年，沈阳市政当局做出拓宽中街街道的规划：（1）拆除钟鼓二楼，拓宽马路以利交通；（2）增设人行道，并号召商家改建新楼或修饰门面。该项规划于 1928 年实施。规划一经传出，便吸引了某些官僚和资本家抢占中街地皮，进行土木建筑和抢租门市楼房，以扩充营业。于是，古城沈阳进入近代建筑史上的兴隆期。

辽东半岛沦为殖民地之后，俄、日侵略者先后按照自己的需要和文化特点，规划他们占领的城市和地区。他们的规划近代城市基础设施相对完善，道路宽阔，交通方便，空间分割比较自由，具有适合现代工商业城市发展要求的建筑特点。但是，由于完全出于侵略、掠夺中国的目的，其城市规划具有明显的殖民文化地的特征。同时，由于城市的真正主人失去规划建设城市

---

① 齐守成：《盛京老字号》，沈阳出版社 2004 年版，第 3 页。

的主导权，中国城市建设的文化传统不能得到有效重视和利用，所以，这一时期辽宁地区的城市建筑文化深深地打上了殖民文化的烙印。在沈阳附属地，因为城市的主体仍然是老城区，俄国殖民者没有较大的作为。附属地的规划建设受到老城井字形方格网街坊布局的影响，其街坊以方格网状为主，但是在中心地带，俄国人仍然按照欧洲城市中心广场建筑的文化传统，规划了中心广场和几个小广场，并配以放射性干道。直到现在，沈阳城内还分布和保留着许多放射性的道路和圆形的"城市中心广场"。为了掠夺和侵略，俄、日殖民者把附属地选定在城西铁路旁边，既与老城区保持了较远的距离，把城市分为两部分，破坏了城市的整体规划和自然发展的趋势，又占据了沈阳的铁路、公路要冲，充分显示出其城市建筑规划中殖民者的文化特点。1908 年，中日依照《中日、中美通商条约》，在沈阳老城与附属地之间划出了一大块商埠地，使得 1910 年前后的沈阳形成了老城区和商埠地两个在文化上差异明显的城区。1915 年称作"国际大马路"的和平大街成了沈阳城市中间的分界线，甚至在马路中间树立铁丝网，将一条大街分隔成两半：东侧叫九经路，是中国政府的管辖区；西侧分别叫做信浓町、雾岛町、雪见町，是日本人租借区。1921 年日本人稳定控制东北的局面以后，将道路拓宽，拆除铁丝网，修街心林荫带，但是路段均按日本人习惯的名称命名，并且完全把这条重要的街道据为己有。到 1925 年，日本人又与张作霖签订密约，以国际大马路为界，划定路的东、西分别为中、日的势力范围，将沈海车站一带发展起来的商业区控制在自己手里，迫使沈阳的民族工业和张作霖的力量只能向城市的东北部发展，以至于后来在城市发展中，形成了大东和铁西两大工业区把沈阳主城区夹在中间的局面，既在空间划分方面局限了城市的发展，又对城市周围环境造成了严重污染。

在大连，俄国人从 1899 年到 1903 年建造的达里尼布市（大连）总面积只有 4.25 平方公里，其中心广场尼古拉广场的直径仅 212 米，而三八广场和二七广场的面积就更为狭小，根本没有近代西方商业名城的规模和气魄，反而与中世纪城堡的中心广场更为接近。达里尼市的规划具有封闭性，不具备近代西方文化民主自由的性质。大连市管辖区由行政上划分市街地、老虎滩区、沙河口区等三个区，以及老虎滩区和沙河口区下设的一些村庄组成。① 俄国殖民者不仅把城市建成类似于中世纪的城堡，达里尼市的建设规划不仅对中国文化也对俄罗斯文化有自我封闭的性质，因为所谓的租地完全是一种乘

---

① ［日］浅野虎三郎：《大连市史》，大连市役所，1936 年，第 145 页。

人之危的掠夺和侵略。俄国沙皇尼古拉二世时的维特伯爵在回忆录中承认说："侵占关东州是一个异乎寻常的背信弃义之举。"① 沙皇尼古拉二世在 1899 年关于建立达里尼市的命令中，希望把关东州变成侵略中国和远东的军事堡垒，殖民统治的基地，以便谋取整个东北。俄国人的居住区称作"欧罗巴"，把中心广场叫做"尼古拉"，给主要的街道命名为莫斯科大街、基辅大街，为俄国市民设计了自由漫步的圣彼得堡海岸大街，设计了棒槌岛、老虎滩、傅家庄、马兰河等理想的海水浴场，并且修建疗养院、别墅、赛马场、花园和苗圃，仿佛要把西方的文明与文化带到东方。但是到 1904 年日俄战争俄国人被迫退出大连之前，大连城市的中外居民只有 4.4 万人，在大连、旅顺两地俄国的军人却超过了 6 万人。所以，尽管殖民者拥有一个"东方巴黎"的梦想，可是从殖民侵略文化角度来看，达里尼仍然是一座只有西方文化符号却没有西方或者俄罗斯文化根基的城市，甚至可以说它是一个侵略者的兵营。

1905 年，日本夺去了旅顺、大连地区和中东铁路长春以南支线和沈阳附属地租借权。1906 年 1 月，日本殖民当局设立"满洲经营调查委员会"，这意味着日本在东北由军事侵略转向经济掠夺。1907 年 4 月 1 日，"满铁"开业，设置大连栈桥事务所经营大连港。② 日本人取代俄国人后的数十年中，大连城市建设有了长足的发展。1905 年 9 月 1 日日本政府宣布，允许普通日本人自由航渡，移居大连；1929 年"满铁"投资 1000 万日元在旅大进行移植日本农户实验，1936 年日本政府又通过了"20 年百万户"的殖民计划。所以，1915 年大连的日本移民为 38428 人，1941 年就达到 187951人。由于日本政府的这一计划，大连城市的殖民文化建设有了很大的发展。到 1939 年，大连港完全建成，城市的规划面积为 416 平方公里，比沙俄租借时期扩大了 10 倍，城市也形成了完整的道路、给排水、煤气供给、城市交通、邮电通讯和商业服务系统，特别是日本移民的居住区，环境幽静，绿化率高，街道宽阔，低密度的分布着一个个庭院式的建筑。③ 新建的西部街区以方格网状为主，并且在整个市区内都建有日本人的工厂，商店和政权文化机构，但是城市整体仍然分为三部分，行政军事区、日本人和外国人居住区、华人居住区的基本格局依然不变。这说明俄国殖民者的城市规划亦很适

---

① 顾明义等主编：《日本侵占旅大四十年史》，辽宁人民出版社 1991 年版，第 142 页。

② 参见顾明义、方军等主编《大连近百年史》（下），辽宁人民出版社 1999 年版，第 828—830 页。

③ 阎保平：《论"大大连"本土文化理念的形成与发展》，载《大连大学学报》2003 年第 3 期。

合日本殖民者的需要。就城市建设规划而言，俄、日殖民者的规划具有基础设施相对完善、道路宽阔、交通方便、空间分割比较自由、适合现代工商业城市发展要求的近代城市文化特点。但是，由于完全出于侵略、掠夺、欺压中国人民的目的，他们的城市规划便具有殖民文化的特征。

（三）沈阳与大连近代建筑多元文化的对立与融合

由于生活环境、生活方式不同，历史文化背景各异，世界各国人民或不同文化背景的民族都创造出了自己独具特色的、也是人类共同拥有的建筑文化和建筑艺术。一旦这些建筑文化、建筑艺术发生碰撞、交流，其互相借鉴、吸纳和融合便会成为建筑文化活动的必然现象。1898 年大连、沈阳相继沦为殖民地、半殖民地后，带有西洋与和风文化特色的城市建筑得到了迅速发展。不仅日、俄、英、法、德等国在这些城市修建了具有西方和日本文化特色的各种建筑，而且中国人也向他们学习，引进和吸收西方的建筑技术、建筑材料、建筑艺术。几十年中，辽东大地上出现了"洋城市"和诸多"洋楼建筑群"，当时的沈阳人将这一现象称为刮"洋风"。所以，这一时期辽东城市建筑出现了多元发展和对立与融合的文化现象，给现代辽东留下了大量多姿多彩的城市建筑和值得研究的建筑文化现象。

1908 年，日本人在沈阳建立了第一个临时发电所。1910 年 8 月，"满铁"在沈阳又建立一座新发电所。1908 年 10 月，为"振兴商务，挽回利权"，东三省总督徐世昌命令银元总局创办银元总局电灯厂（即发电厂）。1926 年奉天省公署又建一座新发电所，两处电厂总装机容量达到 9660 千瓦。1903 年外国人修建控制了中东铁路，1925 年中国人也修建了奉海铁路。俄国人修建了沈阳东站（旧称皇姑屯车站），日本人修建了沈阳南站，张作霖也要修一个沈阳北站（旧称奉天总站）。日本人依傍京奉铁路开辟了沈阳铁西工业区，建造兵工厂、化工厂；张作霖则依傍奉海铁路创建了沈阳奉海工业区，把兵工厂、大亨铁工厂、造币厂、迫击炮厂、粮秣厂等连成一片，推动了沈阳大工业的较快发展。

辽东城市建筑文化，除了尖锐对立和冲突之外还存在着激烈的竞争。辛亥革命后的最初几年，奉天在房屋建筑方面没有大的变化。但在商埠地内，达官显贵们的住宅在建筑风格上却有了中式、中西合璧式或日式、欧美式等变化；而居住在旧城区者，则注重对旧式住宅内部加以近代化的装修与改造。①"九·一八"事件之前，中国人在辽宁地区创建了许多前所未有的城

---

① 佟冬主编：《中国东北史》第五卷，吉林文史出版社 1998 年版，第 642 页。

市基础设施和文化设施，如：奉天图书馆、《奉天市报》馆、奉天女生医学校、东北大学、兰比利斯电影公司、南站瓦斯作业所、长途汽车司、民航邮运有轨电车公司、奉天长途电话局、沈阳兵工厂、奉天纺纱厂、大连海关、奉天东三省官银号、沈阳空军机场，等等。1940年伪满皇帝溥仪从日本捧回象征天照大神的"三件神器"①，修建了沈阳的"建国神庙"。日本关东军还强行规定，东北各地都要修建这样的神庙和用以供奉侵华战争中日本官兵亡灵的"忠灵庙"、"忠灵塔"。这一时期，辽宁城市建筑有世界古代建筑文化的代表，有近代建筑文化的代表，也有由古代向近现代过渡的代表。不过古代文化的建筑较少，建筑时间也相对早一些，并且与人类的古代文化——宗教文化、封建社会文化有密切的关系。典型的代表建筑如沈阳南关法国天主教堂，它是西方中世纪宗教文化鼎盛时期建筑艺术的结晶。

在与日本帝国主义扩张、侵略的抗衡中，张学良将军发出"东北新建设"、"以促进国家现代化，消弭邻邦的野心"的号召，在辽宁的城市建设中创造了许多辉煌的业绩，与外国势力在辽宁城市建筑文化方面形成了激烈的竞争局面。在沈阳，以现在的和平大街为界，东部是以本土文化主导的建筑群，西部是外来文化主导的建筑群。东部的建筑又可以分为古代建筑群、近代建筑群、大东工业区建筑群和其他建筑群；西部的建筑可以分为附属地建筑群、商埠区中心建筑群、沈海商业建筑群、铁西工业区建筑群。沈阳的中央银行造币厂和张氏帅府以及一些民国军阀的豪宅。这些建筑虽然使用了一些新型建筑材料，混合了部分西方建筑，但其主体建筑依然保持了中国古代建筑文化的传统。中央银行造币厂牌坊式的门楼和张氏帅府三进式四合院，以及大青楼、小青楼、关帝庙，充分体现了中国古代建筑文化历久不衰的生命力和现代中国人对本土建筑文化的信赖与眷恋。

在大连，俄国殖民时期以现在西山、胜利桥和铁路一线为界，以东及沿海为外来文化建筑群，以西则为本土建筑群。日俄奉天会战后，日、俄两国分别在旅顺白玉山、沈阳浪速广场（今中山广场）等许多地方修建的阵亡将士纪念碑和日本胜利纪念塔，与沉默无语的"万忠墓"，金州龙王庙、复州等地掩埋中国劳工的"万人坑"形成了强烈的对比。之后，日本殖民时期外来文化建筑群落进一步扩大，本土建筑群则主要保留在现在的西岗、甘井子和一些山地交通不便的地方。大连分别于1905年、1916年修建圣德太子堂和日本东本愿寺。前者建筑面积900平方米，是典型的日本古代宫殿建

---

① 草薙剑、八咫镜和八坂琼曲玉（简称"剑、镜、玺"）被合称为"日本三神器"。

筑风格，仿唐模式非常明显，建筑的意义是纪念日本天皇二太子圣德，与日本自古至今延续的天皇崇拜（活神崇拜）关系密切。后者则是古代佛教文化寺院建筑的代表，"它坐落在中山区麒麟西巷 1 号，建于 1915 年，建筑面积 1282 平方米。虽由日本人设计，却是仿中国明式寺庙风格的建筑"。① 二者都体现出了日本建筑文化与中国古代建筑文化的联系。

以西洋文化为主体的建筑，大多数建成于俄国殖民时期，而且建筑师也主要来自西方。因为俄国对辽东的殖民侵略具有开拓性，所以在军事侵略的同时需要大量建筑方面的技术人才。沙皇任命中东铁路、大连港、大连城市建设的总工程师弗拉基米尔·萨哈罗夫担任大连市第一任市长，便足以说明建筑文化在其殖民侵略中的重要地位。萨哈罗夫不仅迷恋法国的建筑文化，按照近代巴黎的模式建设城市，而且还聘请了两位德国工程师，在当时的城市建筑中引入了德国建筑风格。当时，法国文艺复兴建筑风格的大连市政厅，日耳曼民居建筑风格的东清轮船公司社址，旅顺口区近代俄罗斯建筑风格的关东都督府、关东州民政厅、俄关东军司令部、未完成的将校俱乐部、赤十字医院、沙俄太平洋舰队司令官官邸、沙俄关东军陆防副司令官邸、沙俄康特拉钦柯官邸，俄罗斯民间建筑风格的旅顺火车站，俄罗斯古典主义风格的旅顺工科大学，近代俄罗斯建筑俄清银行旅顺分行，欧洲民间建筑风格的原沙俄旅顺普希金小学，欧洲民间建筑风格的俄商尼克巴基赛的旅馆和德国商人会馆，带有美国建筑文化气息的德泰号杂货店员宿舍……皆是清一色的欧美近代建筑。这些建筑文化类型接近，风格各有千秋，形态差异明显，充分呈现出了欧洲建筑文化丰富多姿的美学特点。大连市街建筑物，在日俄战争前已经完成街道 5800 俄间（10544 米）；已加固碎石路面 22000 俄间（39996 米），已完成市郊街道（包括桥梁）20 俄里；竣工房屋面积 10200平方俄坪（46410 平方米）。②

日本殖民统治者来到中国东北之后，沈阳和大连城市建设有较大的发展。日本人更多地遵循了欧洲近代城市建筑模式及其艺术品味，设计完成的建筑绝大多数属于欧洲古典复兴、折中主义建筑，或者和风折中主义建筑，非常圆满地接续了俄国殖民者退出时中断的城市建筑任务。特别是在俄国人规划、修建的中心广场周围和城市主干道两侧，他们与少量的西方建筑师一起建造了大连中山广场周围 11 座、沈阳中山广场周围 7 座各具特色的近代

① 宋增彬主编：《大连老建筑》，第 203 页。
② 顾明义等主编：《大连近百年史》（上），第 268 页。

建筑，建造了大连人民路两侧和沈阳和平大街两侧的许多重要的公共建筑，使得俄罗斯人欧洲风格近代城市的构想变成了现实。大连市的商业繁华地带为浪速街（今天津街）、磐城町（今天津街西段），因而这一地带的地价、房租暴涨，乃至资金少的日本零售商们都无力涉足。① 而大连人居住环境和生存空间也越加狭小和恶化。占全市总人口60%的大连人占有25%的城市住宅面积，而且绝大多数都位于远离海边周围环境较差的山地。特别是占城市人口大多数的中国工人居住的地方寺儿沟、穷汉岭、贫民窟、狼窝掌、红房子，环境更为恶劣。其中"小车大院贫民窟"每间20平方米的房子要住20—40个人力车夫，有家室车夫的住房仅有6平方米；"香炉礁贫民窟"1万多工人多年居住在简易的大棚下的荒地里，周围则是由屠宰场、垃圾场和粪便场构成的"城市广场"。又据统计，在被世人称为"狼窝"只能容纳1.5万劳工的"红房子"里，曾经拥挤着3万中国苦力，先后有5万多劳工在这里由于居住环境恶劣，受尽折磨死去。与之相反的是占全市人口25%的日本人却占据了60%的城市住宅面积，日俄时期修建的广场、公园都在日本人的居住区内，公园的入口处还挂着"苦力工人不得入内"的牌子。②

在沈阳，1906年修建的西洋和风建筑日本领事馆、1916年建立欧洲古典风格的法国领事馆、1927年修建的古典哥特风格的奉天邮务管理局、1908—1910年兴建的古典主义建筑奉天火车站、1929年建成的城堡复兴式建筑大和旅馆、1917年建成的西欧古典复兴式建筑汇丰银行奉天支行、1917年建成的古典复兴式建筑法国汇理银行奉天支行、1925年10月建成的和风折中主义建筑日本横滨正金银行、1920年建成的和风古典式建筑奉天满铁图书馆，都是这一时期留下的一些很有代表性的建筑。在大连，1908年建成的哥特式的欧式建筑大连民政署、1914年建成的欧洲文艺复兴后期建筑大和旅馆、1922年建成的西洋古典建筑关东银行、1909年建成的西洋古典建筑南满洲铁道株式会社、建于1909年的文艺复兴后期建筑日本横滨正金银行大连支店、1909年建成的欧美折中主义建筑中国银行大连支店、建于1917年和风欧美折中主义建筑大连市役所、建于1907年的和风法式建筑关东都督府中央试验所、建于1910年的近代俄罗斯建筑万通船务楼、1915年建成的哥特式风格的欧式建筑大连中国税关、建于1916—1926年的

① 参见顾明义、方军等主编《大连近百年史》（下），第943页。
② 阎保平：《论大连广场的历史文化与发展趋向（上）》，载《大连大学学报》2002年第1期。

欧美折中主义欧式建筑日本大连埠头事务所、1925 年建成的欧美折中主义欧式建筑英国汇丰银行、建于 1911—1928 年的近代欧美古典主义建筑"满铁"图书馆等，均是标志性的建筑，至今仍具有较高的建筑艺术价值，承载了大连市城市博物馆的功能。

（四）小　结

总之，近代辽宁的城市建筑与园林文化大都与殖民主义相伴而生，辽宁殖民地与半殖民地地区的人们饱尝了俄、日等帝国主义国家的侵略与压迫。在外来侵略与压迫背景下，以沈阳和大连为代表的辽东城市建筑在文化上处于两种相互对立、相互竞争的状态。代表外来文化的建筑是入侵者，代表本土文化的建筑是被入侵者，二者在思想感情上互相对立、敌视、竞争，在空间上需要保持一定的距离，在时间的相遇中会发生不断的冲突。虽然在建筑的技术方面、使用方面、审美方面，双方可以沟通、借鉴、融合，但是这种对立来自文化代表者的骨子里，所以很难改变。特别是在政治性和实用性建筑方面，这种建筑文化的对立十分尖锐。同时也应该看到，中外建筑文化在城市建设中的借鉴、交流、融合，造成了近代辽宁城市建筑文化的多元、多层次发展和丰富多姿的近代城市景观。在辽东半殖民地、殖民地时期，中外建筑师们充分发挥聪明才智，创造出了西方、东方建筑艺术的杰作；创造出了中西建筑艺术和谐融合的杰作和由古代、近代向现代建筑艺术过渡的杰作；创造出了现代城市政治、经济发展和现代城市人民生活所需要的建筑艺术杰作，给沈阳和大连等辽东城市留下了宝贵的世界建筑文化遗产。尽管沈阳、大连地区留下了大量的殖民文化遗产，包括诸多的历史建筑与园林至今仍发挥着积极有效的作用，但是我们要清醒地认识到，这不是殖民主义者的真正目的，而仅仅是殖民侵略的副产品。俄国、日本等殖民主义者只是"充当了历史的不自觉的工具"。[①]

四　横滨近代金融制度的建立与实施

1859 年 7 月 1 日，日本近代最早的"开港场"——横滨、长崎、箱馆三港正式开港。[②] 从此，位于神奈川湾畔的半农半渔的小村庄横滨以"居留

---

① 中共中央马恩列斯著作编译局：《马克思恩格斯选集》第二卷，人民出版社 1972 年版，第 70 页。

② "开港场"指 1858 年德川幕府与西方列强签署《安政五国条约》后陆续开放的港口。

地"建设和生丝、茶叶等商品的出口贸易为契机迅猛发展，并作为新兴的港口城市出现在太平洋西岸。随着商品经济的发展，封建领主阶级对流通领域的统治逐步走向瓦解。从幕府末期到明治初年，开港场的贸易已被外国商人垄断。"近代的货币制度尚未确立，外商与日本商人依靠外来的洋银或新铸造的银元等银币来结算。银币市场由外国银行支配，对本国商人很不利"①。于是，建立近代金融、信用制度成为明治新政府亟待解决的问题。本节拟对日本近代最早开埠且影响力最大的开港场——横滨近代金融制度的初创过程做一粗浅考察，以期从侧面探索和了解港口城市在日本早期现代化进程中的发展轨迹。

（一）横滨通商汇兑会社的设立

横滨开港后，外国公司和银行蜂拥而至。最先进入的是在远东近代史上臭名昭著的怡和洋行，1859年7月开港伊始，它就在横滨设立了支行。随后，英国宝顺洋行、美国旗昌洋行及东方银行、麦加利银行、汇丰银行、巴黎贴现银行等都相继在日本设立分行。1863年，仅在横滨一地就有洋行32家。到了1868年，横滨已有洋行85家，其中英国最多，达51家，其他为：美国9家、普鲁士7家、荷兰6家、法国7家、瑞士4家、葡萄牙1家。②

不断扩大的进出口贸易冲破旧的流通体制的限制，使封建领主控制流通的工具——行会陷于瘫痪，幕府对商品流通的直接控制也归于失败。幕藩封建领主本身在开港后也积极从事对外贸易，从而加速了旧的市场结构的崩溃。为了垄断贸易和从外国获得军火，幕府计划自办商行经营外贸，并得到与幕府关系密切的法国的支持。1867年夏，幕府召集大阪、兵库等地商人数十人在大阪中之岛成立贸易商社。但未及半年，幕府就灭亡了，商社只是做了一些筹备工作，并未进行实际运营。③应当看到，幕府在新形势下采取的措施是为了维护其封建统治，但是他们经营贸易客观上加速了旧的流通体制的崩溃。换言之，"开港使日本从江户时代的封闭型经济体系向开放型经济体系转化，开港以后政治、经济的急速变化导致了明治维新"④。

1868年元月，王政复古政变后，明治新政权在财政上捉襟见肘。于是，福井藩的三冈八郎（由利公正）被任命为"财政参与"，负责资金的筹措。

---

① 横滨市立大学编：《横滨今与昔》，第100页。
② 孙承：《日本国内资本主义市场的形成》，第69页。
③ 同上书，第90—96页。
④ ［日］梅村又次、山本有造编：《开港与维新》（日本经济史3），生活·读书·新知三联书店1997年版，第201页。

根据由利建议，政府决定发行"金券"。① 从 1868 年 5 月公布发行，到 1869年 6 月，共发行了 4800 万两。商人为"殖产兴业"共贷款 1780 万两，其他大部分充当了军费。1868 年，新政府设置了商法司，其目的是在振兴商业的同时，以图增加间接税的收入。这样，以京都为总部，在大阪、东京设立了分署机构。后来，在商法司的基础上设立了商法会所，目的在于使其承担商业金融机关业务，使商人相互联系，从而发展商业业务。然而，此举归于失败，乃至 1869 年被废除。其中的一个原因是商法会所的代付金是"太政官券"。② 由于不能取信于民，各藩亦陷入财政赤字，明治政府因乱发纸币而处于财政混乱状态。于是，"太政官券"价值下落，乃至无人借贷这种纸币。商法会所只好解散，商法司也于 1869 年 4 月遭废止。那么，商法司在横滨起到了什么作用，东京商法司怎样在不曾设置商法司的横滨经营业务，这些都很值得关注。

横滨开港后，随着商品的流通，特别是伴随生丝出口量的增大，资金需求量也显著增加。为此，在制度上则要求有与此相对应的措施。最初对横滨派出对外业务的东京商法司遂承担了开拓者的职责。1869 年，在横滨出现了买入"洋银"的情况。商法司结算出资列入出纳司，出纳司则成为买入"洋银"的机构。其实，出纳司的本身业务在于收税，然而，派出到横滨的出纳司的业务范围不仅是收税，还从事着横滨不可或缺的"洋银"交易的业务。

从日本全国的角度来看，以上的商法司、商法会所乃至出纳司从明治元年到翌年，仅存在了较短的时期，而且其业务也很有限，因而以失败而告结束。然而，从横滨的情况来看，虽然附加了某种限定，这些机关仍然有继续存在的理由。这是因为横滨的"生丝金融"，即为了推销生丝而采取买卖洋银的流通手段。由此可见，商法会所和商法司等机构在横滨具有特殊的性质。"因而，这些机构被废除后，必然要有新的机构来承担业务。其标志即为随后成立的通商司、通商汇兑会社"③。

1869 年 3 月，在五代友厚和三井的"番头"④ 的建议下，设置了作为贸易、运输、金融管理机构的通商司，总部设在东京，分支机构设于各开港城

---

① 金券：指代替金币的纸币，一般称作太政官券。
② 太政官券是一种不能兑换的纸币。
③ 横滨市役所编：《横滨市史》第 3 卷，第 170 页。
④ 番头指经理或掌柜的（笔者注）。

市。这样，就在通商司的监督指导下设立了通商会社和汇兑会社。"通商会社是日本为振兴通商贸易而设立的最早的株式会社"①。它于 1869 年 8 月在东京开业。"汇兑会社"一词本是英文"bank"的日文翻译，从这层意义来说，可算是日本最初的商业信用制度。汇兑会社作为股份组织的金融机关，主要开设在东京、大阪、京都、横滨、神户、新潟等"开港（开市）场"。而且，它"从政府方面接受资金贷款，发行纸币，向民间贷出资金，成为银行的先驱"②。

　　实际上，通商会社和汇兑会社是互为补充、表里一体的机构，是为了对抗外国商人垄断贸易利益而建立的合资会社。但是，预定参加这一机构的大商人们尚不习惯合并企业的经营方式，所以不是很积极。最终，运营归于失败。如前所述，通商会社主要以振兴对外贸易为目的，而汇兑会社则为振兴外贸而融资，对通商会社给予援助。"这些通商汇兑会社是将欧美的股份有限公司形态移植而成的，很不完备。但是，相当于公司运营这种形态至少在形式上不能不说是一种进步"③。然而，这两种会社最终均陷于经营不振，除了横滨汇兑会社被第二国立银行接管外，其余的于 1873—1874 年间全部解散。

　　横滨通商汇兑会社的设立与经营情况是个值得探讨的问题。如前所述，横滨通商汇兑会社于 1869 年成立，业务包括西洋银币的买卖，可以说是以交易所的作用为主。汇兑会社人员构成大体可以分为两类：一类为特权商人（三井组）；另一类为横滨商人。其中从金额所占比重来看，以横滨商人为主。而横滨商人中还可分为两类：第一类为过去的名主阶层、世家为村镇长老的地主阶层；与此相对的则是地方出身的商人。④ 其中后者的作用尤为重要。

　　此前，幕府曾于 1860 年与城市的特权商人（江户批发商）联合起来，为了加强对地方商人的支配权而颁布了《五品江户回送令》。因而，不通过享有特权的商业资本之手就不能输出重要商品。对这种不合理现象，横滨商人与地方商人联合在一起加以强烈的反对，并成功地使这种限制无效。这样，横滨商人作为一种"在乡商人"，确实具有一种代表农民生产者利益的

①　［日］安冈昭男：《日本近代史》，第 177 页。
②　同上。
③　横滨市役所编：《横滨市史》第 3 卷，第 177 页。
④　同上书，第 185 页。

进步性。当然，他们作为冒险投机商在流通过程中也具有攫取莫大投机利润的早期商业资本家的特性。

"作为汇兑会社的资金来源，极为重要的是汇兑会社发行的纸币。其中有金券、银券、钱券、洋银券四种。其中，东京汇兑会社的银券、大阪及京都汇兑会社的钱券是为了弥补小额通货的不足，洋银券是从被（政府）选定为对外贸易港口的横滨的汇兑会社特殊的情况出发而发行的"①。横滨汇兑会社的机构大致如下：会社下分各科，分担各类业务；每种业务都设置负责人，分管各科业务。会社的资金由两大部分构成：一种是自身资本，金额总数达 20 万两，当然此数额亦发生变动；另一种为他人资本，分为存款与政府贷款，以及作为信用创造资金而发行的银行券。其中存款所占比例较小。政府贷款给横滨汇兑会社为 30 万两，约占整个会社资本的 20%，而会社发行的银行券为"金券"、"洋银券"和"银钱券"三种形式。政府允许横滨汇兑会社发行金券 150 万两。然而，这些金券必须可以兑换金币，有储备金的制约，所以没有发行太多。至于洋银券，1870 年 5 月以后发行了两种，一种面值 100 元，另一种为 10 元。因为当时开港场的通货——"洋银"的行情在外国商品输入多时就上涨，而输出多时就下跌，所以外国人可以自由地操纵市价。② 为此，明治政府为了将洋银行情的控制权收回日本手中，遂作出"横滨通商司外务限制"的规定。根据此规定，横滨汇兑会社于 1879 年 12 月向通商司提出发行洋银券的请愿书。1870 年 5 月，民部、大藏两省在和议的基础上批准横滨汇兑会社制造、发行 150 万元的洋银券。会社立即确立"洋银券办理规定"，并据此发行了洋银券。此后，直到会社转为第二国立银行之际，洋银券发行业务仍被继承下来。

此外横滨汇兑会社主动的业务活动还包括通过各地的汇兑会社进行汇兑交易。贷款的特点大体如下：（1）原则上贷款为担保贷款，金额限定为担保物总价值的半额到 60%—70%，并需要两位担保人；（2）关于某种贷款，即使没有担保品，如果"头取"、"组合役"等负责人以联名提出，亦可贷出；（3）若有证人担保，亦可办理从各地集中的商品的贷款；（4）贷款利息每月 1 分 5 厘；（5）贷款期间有必要与债务人商定期限，一般以 3 个月为限，不可超过 6 个月；（6）如果贷款期间担保商品物价下跌，债务人须负

---

① ［日］伊牟田敏允：《近代信用制度的形成与株式会社的普及》，载《讲座日本资本主义发达史论》，日本评论社，1966 年，第 135 页。

② 幕末外国商人使用墨西哥银"洋银"进行决算，曾经使日本金币大量外流。

担其差额金。① 以上为汇兑会社贷款方面的一般特点。

会社在横滨放款的对象主要是横滨商人和地方商人。这些商人将其货币资本作为商业上的周转资金来使用，获取巨额的投机利润。这样，横滨商人以汇兑会社为媒介，逐步提高了经济上的地位。换言之，"横滨汇兑会社虽然具有前近代的特性，但是适应横滨商人们的需要，帮助了他们的成长"②。正因如此，横滨以生丝为中心的商品交易的扩大才成为可能。从某种意义上讲，横滨汇兑会社可以说是将发行的资金贷给横滨商人的放款机构。到1872 年上半期，会社外部存款大幅度增加，而银行券的发行额急剧减少。就是说，此一时期横滨汇兑会社发券银行的功能在减弱，相反，储蓄银行的色彩渐浓。而其他汇兑会社的营业状况则极不景气，终于纷纷走向解散，直至最后产生国立银行制度。与此形成鲜明对照，横滨汇兑会社的民间存款却出现增长。这是横滨特有的现象，因此应该给予高度的评价。

（二）第二和第七十四国立银行的经营特征

横滨汇兑会社与其他会社的不同之处，在于它是横滨商人不可缺少的金融机构，这也是其得以独自存在的理由。这种特殊性是自派出横滨商法司以来，通过"横滨出张通商司"根据横滨商人的不断要求而产生的。而且，后来又根据横滨商人的需要，在横滨专门设立了第二国立银行。当然，横滨第二国立银行的建立也不是一帆风顺的。

如前所述，汇兑会社由于组织不善与经营的非近代化而陷入窘境。另外，政府也感到有必要设立商业金融机构以注销或处理政府发行的不兑换纸币。为此，就需要设立新的金融制度。为此明治政府制订了《国立银行条例》。条例规定：（1）将相当于资金六成（5 万元以上）的政府纸币上缴政府，政府发给 6 分附有红利的金券兑换公债证书，银行进而将此公债证书作为发行纸币的抵押委托政府保管，接受同额银行纸币的下发，将其充作营业资金；（2）银行必须保证持有相当于资本金 40% 的"正金"（本位货币）作储备。③ 换言之，政府一方面想使民间金融得到顺利发展，另一方面打算回收政府发行的不兑换纸币，以可兑换银行券取而代之。为了顺利发挥这种制度的机能，遂参照了美国的国际银行与英国的黄金银行的管理制度。

横滨汇兑会社态度积极，愿意参照《国立银行条例》改进会社的业务。

---

① 横滨市役所编：《横滨市史》第 3 卷，第 198—200 页。
② 同上书，第 203 页。
③ 同上书，第 218 页。

这说明横滨商人早已意识到兑换会社那种信用制度的重要性，并希望这种制度继续存在下去。为此希望通过改编而过渡到合理的经营体制，以新的银行身份开展业务。横滨汇兑会社提出的新的银行规模的提案内容大致如下：（1）将名称改为第二国立银行；（2）股额暂定为40万元，以后追加到100万元；（3）在此以前以金券预备金转换60万元公债证书，以银行纸币撤回流通中的金券，40万元作本位金储存起来，充作银行纸币的预备金，对会社出现的17万—18万元的纯亏空设立内部规定进行补偿，以不影响新股东的利益；（4）洋银券必须撤回。①

　　虽然横滨在开港后逐渐进步、"开化"起来，但仍有一些"旧弊顽固之辈"，在向新金融制度过度中有一种不愿合并的风潮，所以出现了股东减少的现象。但是，大多数横滨商人仍坚定地按上述规定运营。在汇兑会社的董事中，以田中平八、增田嘉兵卫、茂木物兵卫、吉田幸兵卫、金子平兵卫、原善三郎等6人作为发起人组织了联名活动。这些人都是地方出身的横滨商人，他们可以说是第二国立银行得以成功运作的推动力。对于上述联名的申请书，身为大藏大辅的井上馨向太政官请示，希望予以批准。到了1873年1月，终于下达了同意的指令，从而取得了开业的手续。然而，由于各种原因，过了一年半银行仍未成立。其间横滨汇兑会社进行了决算整理，也规定了有关业务方面的各种标准。至于推迟成立银行的最大原因，则是1873年下半年生丝价格暴跌，为此，资金很难筹措。到了1874年，事情有了转机。该年6月接到大藏省通告，国立第二银行将以往的实额40万元，虚额60万元的资金计划暂且放弃，而代之以目前筹集的30万元资金紧急运作，逐步增资到100万元。这样，股份资金的筹集终于成为可能。由此，开始正式创立了横滨第二国立银行。

　　第二国立银行的设立是为了满足以生丝交易为中心的横滨商人对资金的需求。然而，银行经营却不景气，其资本成分中主要是自身资本和与政府有关的存款，民间储蓄额及银行比率很少。这样，国立银行的作用不断下降。造成此种状况是因为明治政府试图以发行银行券来代替纸币，以此筹集银行资本。然而，因银行券信用降低，其流通量随之减少。于是，纸币价值不断下跌，信用亦随之降低，最后导致流通力减弱。国有银行只好依靠其他手段筹集资本，比如与政府有关的存款以及向政府借款。"明治8年6月末到翌

① 横滨市役所编：《横滨市史》第3卷，第219页。

年 6 月末的所有期间，政府存款及向政府借款占银行资本的 37% 左右"[1]。这样，国立银行在政府的保护下，终于得以确保资金来源。

由于新政府通过发行大量纸币和银行券的方式筹集资本造成通货膨胀，导致物价暴涨，进口激增，金银外流，第二国立银行也面临转型的态势。大隈重信主管财政期间认为通货膨胀的原因在于银行储备不足。从实际效果看，此一阶段财政状况不能说是成功的。1876 年国立银行条例修改以后，在现有国立银行开始转型的同时，新银行的创立趋于活跃。1878 年 7 月 30 日，在横滨设立了第七十四银行，资金为 25 万元，纸币发行量 20 万元。到 1879 年 5 月，又增设保土谷第一百三十二银行，资金 7 万元，发行纸币 4 万元。[2]

从国立银行初创时期股东构成特征来考察，横滨第七十四银行与第二银行不同之处在于，前者没有多少特定的大股东，而是广泛地分散于小股东之中。相对而言，较大的股东是住在横滨以外的一些商人，如田中丰次郎（大阪）、岩崎辙辅（和歌山）等人。因此，从股东构成上看不出像第二国立银行那种"横滨商人的机关银行"的特点。由于国立银行条例修改后，国立银行的建立变得容易，纸币发行量得到扩大，信用度也得以增强，即便发行公债也可以出资购买。这样，诸多国立银行便不拘泥于国立银行条例的限制，纷纷扩大范围募集股东。而横滨的第七十四国立银行也是在这一背景下广泛地从各地招徕股东，并以此来筹措资金。从该行的经营特点来看，是为横滨商人以及与此有关的地方商人提供资金的机构。因此，可以说该行是最大限度地发挥发券银行功能的银行。从这种角度而言，该行与横滨第二国立银行具有大致相同的特性。当然，两行之间又各具特色，发挥各自的作用。具体而言，两者都有发券银行的特点，只是第二国立银行主要依靠政府相关的存款，而第七十四银行主要依赖民间存款。而且两银行可以说都在向近代的商业银行的功能转化。从资金运用方面看，当时日本的国立银行正处于向近代的储蓄商业银行转化的过渡期。

1881 年，松方正义就任大藏卿后，将通货膨胀归因于纸币和银行券发行过量。为此，首先必须彻底整顿发行渠道，降低纸币发行量，通过设立中央银行以及以兑换银行券来确立流通货币的统一。其次，整顿中央银行之下的各金融机构，收集再生产过程中的暂时游资，以此发挥资金媒介的功能，

---

① 横滨市役所编：《横滨市史》第 2 卷，第 412 页。
② 同上书，第 417 页。

　　从而达到金融机构顺利运转的目的。结果收到一定成效。

　　在整顿纸币成功的基础上，松方正义制定了《兑换银行券条例》，于1884年5月公布，并且从1886年1月1日开始，以政府纸币交换本位货币后即行销毁。由此开始了兑换制度。而支撑这一兑换制度的另一支柱是作为中央银行的日本银行的建立。"松方发起的纸币整理，成功地解除了长期纠缠在一起的财政和金融、政治和经济的对立"①。而且，在中央银行实行垄断化的同时，对国立银行条例进行了修改。"这一系列的金融制度的改革可以说是日本近代金融制度的创设期，此一时期，日本的近代金融体系得以确立"②。"此后，国立银行作为储蓄银行的特性更为强化"③。设在横滨的第二和第七十四国立银行的经营、发展状况充分说明了这一点。

　　从第二国立银行资本构成一看，主要有三种成分：（1）固有资本，其中股金很重要。而在第二国立银行中横滨商人在股东中所占的比重很大，据统计占50%左右，其中包括地方商人、东京华士族、东京商人；（2）与政府有关的储蓄金。其份额亦不在少数，初期被称为"御用预存金"，后来经过整顿，被统称为"国库预存金"；（3）来自民间的储蓄金。④ 存款对于完成向储蓄银行转化的国立银行来说，处于中心地位。截止1885年，国立银行存款银行化、储蓄金增加显著。这是因为商业经营状况不佳，导致资金需求减少。从该年下半期，出口市场趋于活跃，出口商品产地恢复繁荣，进而铁道、纺织、矿山诸产业进入企业振兴期的初期阶段。由于金融发展缓慢的状况持续到1888年末，定期储蓄金额并没有大幅度减弱的趋势。而构成营业储蓄中心的是活期存款，活期存款又分为有利息和无利息的存款，而大部分为有利息的存款。其储户大部分是以生丝贸易为主的横滨商人，且活期存款的波动与生丝市场的变化相一致。

　　总之，从横滨第二国立银行和第七十四国立银行的特性来考察，在存款银行化的这一阶段，即使当时的发券银行和资金筹措形式发生变化，也仍然保持着横滨商人的机关银行和生丝金融机构这一典型特征。

（三）横滨正金银行的创立及业务范围

　　由于纸币发行过量而引起通货膨胀，结果造成纸币贬值，进而导致进口

①　[日] 梅村又次、山本有造编：《开港与维新》（日本经济史3），第113页。
②　横滨市役所编：《横滨市史》第2卷，第439页。
③　东洋经济新报社编：《金融六十年史》，同社，大正十三年，第76页。
④　横滨市役所编：《横滨市史》第2卷，第446—447页。

增加，现金外流。因此，对银币的需要必然增加，银价也随之上涨。当时伦敦白银行市连年持续低落，世界整体金银比价也是下跌态势。然而日本白银市价从 1877 年开始逐渐上涨，1881 年达到顶点。"造成这种情况是日本政府重视国内发展均衡政策的必然产物。但是，这必然与国际均衡相矛盾。可以说，这种政策导致进口增加，现金外流事态的发生"①。因此，即使从确立正常的资本主义积累方式的意义上看，也必须控制银价暴涨，稳定物价。为此，日本政府首先由大藏卿大隈重信制订、实行防止银价上涨的政策。

　　如前所述，大隈认为通货膨胀原因不在于纸币的过度发行，而在于银币的供给不足，因此，其政策也从这一考虑出发。当时采取了四种防止银价上涨的政策：（1）动用储备金，卖出银币；（2）设置"洋银"交易所；（3）使用用于"殖产兴业"的储备金；（4）设立供给银币的金融机构。

　　由于将白银上涨的主要原因归结为银币供应不足，而银币这一贸易通货的紧缺是因为没有银币集散的中心机构，所以难以调节。于是，以横滨商人为代表的各界人士纷纷请求设立供给银币，满足贸易需求的金融机构。值得一提的是，美国人切尔德的建议颇引人注目。他向日本政府提出了"救匡货币体制的策略"建议书，主张白银供应不足是纸币贬值的起因。另一份有影响的提议是"贸易银行条例"草案，其中一条提出在日本最大的贸易港横滨设立贸易银行，即"贸易银行应该将其总店设置于武藏国横滨港，而在日本各地设置其分行"②。当然，设立这种规模的民间银行也不是一种简单的事情。据说横滨正金银行的设立，与经营书籍和药品进口的丸屋商店有着深厚的关系。丸屋商店的经营者早矢仕有的与经理中村道太为了挽回丸屋商店经营不景气的状况，苦思良策，涉足银元交易市场，结果多次失败。为了挽回败局，遂打算以 20 万—30 万元的资本建立一所小型银行。③

　　而中村道太是在福泽谕吉的推荐下当上丸屋商店经理的。福泽谕吉与中村道太素有私交，因此，在横滨正金银行创立之际，福泽谕吉向大隈重信极力举荐中村，称赞他有银行家的才能。而且，早矢仕有的与中村道太一直对当时洋银暴涨、外国银行操控市场心存不满，并立志铲除对外贸易中的障碍。这样，在福泽谕吉的帮助下，得以与大藏大臣大隈重信见面商讨设立银行大计。1879 年 11 月 10 日，由第一任"头取"中村道太为发起人总代表

---

① 横滨市役所编：《横滨市史》第 2 卷，第 494 页。

② 《大隈文书》a，第 1198 页。

③ 横滨正金银行编：《稿本横滨正金银行史》，同银行，大正九年，第 8 页。

的 32 名商人提出创立银行申请，在大藏大臣大隈重信的担保下，横滨正金银行根据国立银行条例在横滨正式建立。横滨正金银行是专门从事金融贸易的特殊银行，而大隈对横滨正金银行的设立起了非常积极作用。① 1880 年 2月 11 日，正金银行获得正式开业许可证，担负起贸易金融的中枢职责。开业当初的资本金为 300 万元，其中分为政府出资与民间出资；而民间出资又分为发起人出资额和股份募集额。其中，资本金额 300 万元，由政府出资三分之一。其目的在于防止银价暴涨和为了振兴出口而使金融贸易顺利进行。1887 年，明治新政府颁布《横滨正金银行条例》后，该行成为日本外汇专业银行，总行设在横滨。

如前所述，第二、第七十四两所国立银行是作为横滨商人的机关银行而设立并发展起来的。与此不同，横滨正金银行虽然设在横滨，但与其说是为了横滨商人，莫如说是日本政府从更大的政策上的考虑而设立的。从这层意义上讲，正金银行的发起人也更为广泛。当时，总行设在横滨的银行主要有横滨正金银行、第二国立银行和第七十四国立银行。后两所国立银行在资金拥有量上大致相等，而与可称之为横滨金融中心的横滨正金银行相比，则是小巫见大巫。横滨正金银行由于是政府作为防止银价上涨政策的一环而设立的，所以，该银行受到政府强有力的保护。当然，因为得到政府出资相助，也受到政府管理官员某种程度的严密的监督。实际上，政府从国库预留资金中支出 100 万元银币扶持正金银行的成立，而且希望该银行将来能成为一所对外国办理汇兑业务的银行。

除了政府出资的 100 万元以外，发起人出资 100 万元，其余的是面向社会筹集的资金。发起人当中，以银行家、大商人、华族居多。特别是与贸易有关的商人比例较大，可见这些商人对正金银行的设立持有积极的态度。

民间出资者如果加上 23 名发起人，达到 210 名。其中居住在横滨的有40 名，人数少于东京排第二位，占全部股东的五分之一左右。可见，并没有占压倒性的多数。从这里可以看出，横滨正金银行与日本国家银行政策密切结合。这一点与第二、第七十四国立银行形成鲜明对照，该两银行的基础几乎仅建立在横滨商人之中。因此，横滨正金银行是依靠国家强有力的保护和建立在全日本基础之上的贸易金融机构。但是，丸家善八、木村利右卫门、早矢仕有的、茂木物兵卫、田中平八、原善三郎等横滨商人或银行家均是大股东，他们对正金银行的建立也起了积极的推动作用。另外，其他地方

---

① 横滨正金银行的"正金"是指现金而言。

的贸易商人也都加入大股东行列，其中很多人是银行家出身，可见他们也都希望建立正金银行，并给予合作。因此，该银行无论从建设规模，还是业务运营，乃至所起的作用都得到高度评价。

在促进贸易出口方面，正金银行确实成绩显著。然而，在防止银价上涨上却归于失败。尽管有官方资金的投入和政府的保护监督，到了1883年，仍然亏损107万元，濒临重大危机。于是，日本政府在1887年颁布了"横滨正金银行条例"（敕令29号），进行改组，整顿和再建。这样，确立了该银行作为金融贸易的直接承担机构的基础。随着业务的扩展，正金银行还在海外许多地方开设了分行并从事国际贸易业务。例如，1884年，正金银行将"伦敦出张所"升格为"支店"，从而在英国设立了分行。[1] 该分行在进行对外汇兑业务的同时，主要从事与日本政府有关的业务。1890年，作为有限责任横滨花卉栽培商会设立的横滨花卉栽培有限公司从事百合根的出口与西洋品种的花卉进口业务，与海外做了大量生意。[2]

1899年，新的正金银行大楼正式开工建设。当时的《东京朝日新闻》对此进行了报道："正金银行的建筑是参照欧美诸国最近的银行建筑，考虑了我国的习惯及情况，对长短高低是否合适进行了取舍，不图外观美轮美奂，亦不求馆内设施装饰之华丽，专门以实用与坚固为主要目标而设计。因期望工程保证质量与节约费用而雇用长期工直接施工，采取承包负责方式。若将此工程与我国中央银行的日本银行比较的话，其规模虽然比央行小，但是在所有方面都采用崭新的建筑方法，这一点几乎不逊色于世界一流的建筑物。本建筑去年（明治三十二年三月二十五日）着手地基施工，同年12月13日开始进行主体建筑施工。本年7月竣工。"[3] 这座建筑作为明治时期代表性的建筑物于1969年被指定为日本重要文化财产，现在成为神奈川县立博物馆的馆舍。

另外，横滨正金银行与近代中国也有着千丝万缕的关系。1892年初，为了与西方资本主义国家争夺中国市场，日本政府决定在中国设立金融机构，作为日本在华商界的后盾，进而为对华资本输出奠定基础。该年5月，横滨正金银行首先在上海设立分行。甲午战争期间，因两国开战，该行曾委托法兰西银行代管。战后很快恢复营业，并在香港、北京、天津、武汉、大

---

① 横滨正金银行编：《稿本横滨正金银行史》，第66—68页。
② 横滨开港资料馆：《20世纪初叶的横滨》，横滨开港资料普及协会，1997年，第19页
③ 《东京朝日新闻》，明治三十三年七月号。

连等地设立分支机构。1905 年，为排挤沙俄在中国东北地区的政治、经济势力，进而达到垄断东北的目的，该银行进驻中国东北，控制了当地的金融，又先后开设了沈阳、长春、哈尔滨等分行，在中国东北形成了较为系统的金融网。1906 年又获得在我国东北和关内发行银行证券的许可。为了加强对中国的经济掠夺和资本渗透，横滨正金银行奉日本政府的"内令"，向中国提供大量贷款，在该行保证下进行资本输出。① 该行遂成为当时日本在中国经济权益的主要代表。

为了扩大日本在华势力范围，该行与西方金融财团竞争对清政府的贷款权，先后承办"东三省借款"、"邮传部借款"和"汉冶萍借款"等项目。作为日本政府的外汇专业银行的总代理，该行经手办理一部分清政府对日赔款的偿付和贴现业务，并插手大连海关和山海关海关等处关税，成为帝国主义操纵中国海关，剥夺中国海关自主权的帮凶。1913 年袁世凯窃取革命成果后，帝国主义组成五国银行团，为袁世凯筹措"善后大借款"。该行积极活动，成为五国银行团的重要成员。第一次世界大战爆发前后，为与德国争夺在山东的势力范围，该行又在青岛、济南设立分行，并在当地发行日本纸币，以取代德华银行在山东的利益。自 1917 年以后，日本将侵略的重点放在中国东北地区，该行更加积极为日本帝国主义的侵略政策服务，除继续在中国东北发行银元和纸币外，还集中全力操纵该地区的对外贸易与金融。该行创办时资本为 300 万日元，至 1918 年，资本总额增至 4800 万日元。在华纸币发行额达到 2200 万日元，在华投资为 15200 万日元。到 1926 年，资本更增至 1 亿日元，公积金达 8000 万日元。"九·一八"事变后，积极配合日本军国主义控制中国东北的经济命脉，操纵"伪满洲国"的社会经济。1937 年"卢沟桥事变"爆发，日本发动全面侵华战争，该行配合日本侵略军控制中国沦陷区的金融，扶植汪伪政府的银行，推行"军用票"和印刷伪钞，并大力支持日本在华北、华中的工矿企业垄断组织。1945 年 8 月 15 日，日本无条件投降后，该行在中国的所有分支机构和财产被中国接收。横滨正金银行亦于 1946 年改组为东京银行。②

（四）小　结

通过以上考察，大致可以勾勒出横滨近代金融制度的建立与发展轮廓，而且这一切都与日本早期现代化历程息息相关。为了缩短与先进资本主义国

---

① 该银行这种业务活动在当时实际上是为日本侵略中国的大陆政策提供资金援助。
② 参见刘德有等主编《中日文化交流事典》，辽宁教育出版社 1992 年版，第 584—585 页。

家的差距，"日本在政府的主导下移植了机械化大工业，作为其资金来源的支柱，进行了近代信用制度的形成和会社制度（特别是株式会社制度）的普及"①。开港后，横滨银行业发展很快，这与维新政府实施的"殖产兴业"政策对金融业大力扶持紧密相关。例如，对于"洋银"价格上涨，日本政府采取了一系列的防止对策。起初是卖出银币的消极政策，最后终于建立起正金银行这种具有调节供求功能的金融机构。由此也可以看出，建立正金银行的意义在于防止银价上涨，改正贸易收支不平衡的状况。但正金银行在中国从事经济掠夺和资本输出达 50 余年，对中国近代社会的经济发展造成极大破坏。

应该看到，近代横滨金融机构的建立与实施和当时的日本国内同类机构相比，具有显著的特殊性。"洋银券"的发行即是其中一例，即洋银券是针对日本主要对外贸易港口——横滨的汇兑会社特殊的情况而发行的。横滨是最早开埠的贸易大港之一，尤其是以生丝出口为其主要特征。横滨近代金融制度的发展与建立，与生丝贸易、横滨生丝商人的活动是息息相关的。另外，横滨开港后，无论是港口建设，还是城市发展都取得显著成绩，在短时期内实现了跨越式发展，可以说在五个开港场中是发展速度最快的城市。这恰好为日本近代改革开放提供了实验场，欧美文明纷纷涌入，产业技术和管理模式被大量引入。加之其靠近东京的地理优势，横滨遂发展成为日本近代贸易、金融和航运中心。无论是早期的通商会社，还是明治新政府设立的国立第二银行（包括第七十四银行），以及后来的正金银行的发展轨迹，都充分地说明了这一点。

五　日治时期大连的城市建设与发展状况

大连地处北纬 38 度 56 分，东经 121 度 36 分，与天津市和朝鲜平壤市纬度大致相近，这里水深港阔、终年不冻，是一座天然良港，更是一座气候宜人、四季分明、交通便捷、美丽富饶的海滨城市。大连位于辽东半岛南端，位于黄海渤海之间，和胶东半岛遥相呼应，其地理位置独特，具有重要的战略地位，历史上成为兵家必争之地。近代以来，殖民主义国家纷至沓来，尤其是日俄两国，早已觊觎中国这块土地。于是，在辽东半岛发生了中日甲午战争和日俄战争。俄、日两个帝国主义国家分别对大连进行了 7 年和

① 《讲座日本资本主义发达史论》，日本评论社，1966 年，第 129 页。

40 年的殖民统治。回顾大连城市近代化曲折的路径，厘清近代殖民城市形成、发展沿革史，具有一定的学术价值和历史借鉴意义。

（一）日本殖民时期大连的行政区划与统治机构

1904 年 2 月 6 日，日俄战争爆发。同年 5 月 16 日，日军第 2 军在辽东半岛登沙河至大沙河口一带登陆，5 月 28 日，日军先遣队逼近大连市区。当时大连市内已不见俄军踪影，俄国人都逃跑到旅顺口避难。占领大连后，日本殖民者面临的首要问题是陆地上对城市街道的清理和整修，在海上（尤其是大连湾一带）需要扫除日俄战争时期俄军布下的"机械水雷"。日本军部企图把大连湾及大连港一带设置为海军据点和陆军登陆地。从 6 月 1 日开始扫雷，到 24 日完成，开通了安全航线。①

日本在日俄战争中战胜沙皇俄国后，经过激烈的讨价还价，俄国被迫于 1905 年 9 月 5 日在朴茨茅斯同日本签订和约。和约规定：俄国承认日本在朝鲜享有政治军事及经济上之"卓越利益"，并且不得阻碍或干涉日本对朝鲜的任何措置。俄国将旅顺口、大连湾并其附近领土领水之租借权以及有关的其他特权，均移让与日本政府。俄国将由长春（宽城子）至旅顺口之铁路及一切支线，以及附属之一切权利、财产和煤矿，均转让与日本政府。此外，条约还规定将库页岛南部及其附近一切岛屿永远让与日本。12 月 22 日，《中日会议东三省事宜正约》又规定中国政府将俄国按照日俄条约允让日本国之一切概行允诺。在此必须指出：日俄战争是日俄两个帝国主义国家在中国和朝鲜国土上进行的掠夺战争，给中朝两国人民造成了极为深重的灾难。日本就此独占了在大连的各项利益。

值得一提的是，日军在战争尚未结束时就开始筹划对大连的"行政管理"了。甲午战争后，因"三国干涉还辽"，俄国得以强租大连。俄国通过《俄中旅大租地条约》强占旅顺口、大连湾后，于 1899 年将旅大地区改为"关东州"，下设四市五区，行政区下设会、屯两级。日本占领大连后，沿用了"关东州"的名称，并逐步建立起一整套带有日本印记的殖民统治机构。日本辽东守备军司令部发布第 3 号令，确定自 1905 年 2 月 11 日起，将该地的中国名称"青泥洼"，俄国名称"达里尼"改名为"大连"。1905 年 6 月，日本为加强对大连地区的行政管理，将大连地区统称为"关东州"，决定成立"关东州民政署"。9 月 26 日，日本又制定了关东总督府勤务令，

---

① 参见浅野虎三郎《大连市史》，第 206—207 页。

在辽阳设"关东总督府"。1906 年 5 月，总督府由辽阳迁至旅顺。日本政府为缓和矛盾，以采取所谓文官制度为名，在 9 月 1 日将"关东总督府"废除，更名为"关东都督府"。在都督府内设官房（相当于办公厅）、陆军部和民政部。从而，将军事事务和民政事务分开。在都督之下设民政长官，统管和处理地方上的一般行政事务。实际上由"总督"改为"都督"只是一次文字游戏而已，根本上是换汤不换药，施行的仍是军政和民政合一的政治体制。

日本侵占旅顺、大连后，公然违约越过租借地界限，侵入隙地，擅自将其划为东西两区，自今之花儿山乡姜家屯起，东至大沙河 30 余屯划为第三区；自大沙河东至赞子河 90 余屯，再从赞子河东至碧流河 30 余屯划为第五区。① 另外，日本占领者在俄国制订的大连市区规划的基础上，划分出军事区、中国人居住区、日本人居住区等三个比较严格的区间。军事区，位于今大连铁路东站、中山广场、延安路三点连线以东的地区；日本人居住区，大致是在原俄国统治时期的欧罗巴区的大部分区间加上行政区组成；中国人区，则基本上还是原来的居住范围，并下令将已居住在日本人区的中国人，一律强行迁移到规定的中国人居住区内。日本当局的这种划分的本意，在于避免中国人和日本人的杂居，达到维护日本人一切权益之目的。到了 11 月时，被迁移的中国人达到 14000 人之多。日本殖民当局在大连这座殖民城市实施的民族隔离政策无疑给生活于此的中国人带来了灾难。

1908 年 11 月，关东都督府调整了辖区的行政区划，设置大连、旅顺两个行政区，组建旅顺、大连两个民政署。1919 年 4 月 12 日，日本政府颁布敕令，撤销关东都督府，公布实行"关东厅官制"，将原先隶属于关东都督府的陆军部分离出来，设立了"关东军司令部"。由此，日本政府对南满和"关东州"实行了完全的军政分立制，即地方政权改称为"关东厅"，军事机关则为"关东军司令部"。从行政和军事两个方面实行新的殖民统治。关东厅与关东军司令部的地址均设在旅顺。1930 年 10 月，为加强殖民统治的需要，当局又在关东州内划分了 5 个行政区，即旅顺、大连、金州、普兰店、貔子窝，由关东厅民政部直接监督和指导各行政区的地方行政工作。1934 年 12 月，日本政府发布 348 号敕令，规定：在日本驻伪满洲国大使馆设关东局，大使及关东局长官由关东军司令兼任。在"关东州"设"关东州厅"。关东州厅长官则在关东局最高首长的指挥下掌管关东州内的行政事

---

① 《大连通史》编纂委员会编：《大连通史（近代卷）》，人民出版社 2010 年版，第 448 页。

务。1937 年 5 月，关东州厅从旅顺迁至大连。12 月，大连民政署被撤销，大连市成为独立的地方行政机构。除大连市外，其余的 4 个民政署保留。

在"关东州"制统治时期，日本殖民当局分别对大连、旅顺实行市制行政组合。早期，大连市的施政区域为大连市街、小岗子（今西岗区）及寺沟一带。1921 年，大连民政署将市政行政区域划分为 31 个町区，后来又增加到 33 个町区。1924 年，又将沙河口一带的河东屯、台山屯及西山屯和岭前一带并入大连市区。1928 年 4 月，又将黑石礁的一部分和老虎滩并入到大连市区。旅顺市的施政区域涵盖了整个旅顺。早年，殖民当局在这里划设了 14 个町区，到了 1937 年时，整个市区已出现到 76 个町区。

日本统治大连 40 年间所建立的统治机构几经更迭，大体可分为三个时期六个阶段："第一时期为军事战略时期，设军管署，称军管署时期；第二时期为军政统治时期，含关东州民政署、关东总督府和关东都督府三个阶段；第三时期为民政统治时期，含关东厅和关东州厅两个阶段。"① 日本殖民者为使大连成为其侵略中国的桥头堡和战略基地，在进行军事占领，实行军事统治的同时，又逐步建立了州、署（市）、会三级行政机构。从城市延伸到广大农村，形成一整套严密的政治统治机制，以达到其长期占领和统治旅大地区的目的。

（二）日本殖民时期大连的城市规划与建设

日本殖民统治时期，大连的城市规划建设，大致可分为三个时期，初期 1905—1919 年，即日本占领初期至关东厅成立；中期 1919—1931 年，即关东厅成立至"九·一八"事变；晚期 1931—1945 年，即"九·一八"事变至日本投降。

1907 年 4 月，控制中国东北南部铁路的垄断性大公司"南满洲铁道株式会社"（简称"满铁"），在大连正式落地运营。在关东都督府顾问、"满铁"首任总裁后藤新平的操纵下，关东都督府土木课的松室重光和"满铁"地方部建筑课长小野木孝治一起，将 1906 年的大连市的建设规划，做了进一步的修订和完善。新的城市规划，针对在 1905 年后日本人移居大连的数量必然会急剧增加的情况，充分地认识到原来所设定的大连专管地区已经不能适应城市未来的发展需要，从而将大连地区划分为大连中心区和旅顺行政区两大部分，即后来人们所言的"子母型"的城市格局。其中，旅顺城区的规划建设，主要是围绕着关东都督府的行政办公区和以龙河为界所划分出

---

① 《大连通史》编纂委员会编：《大连通史（近代卷）》，第 450 页。

的两大区加以策划。大连中心区，则是以未来城市功能特点和人群种族划分出为海港、工商业、文化教育、居住生活和旅游城区。其中民居生活区主要为南山、沙河口和今劳动公园以东地区约 123.75 万平方米，混合区在今劳动公园以西至今裕景商务区以西，转而向南衔接，约 365.65 万平方米，工业区主要位于今沙河口和马栏河东岸一带，约 89.74 万平方米，商业区位于今中山广场，友好广场和天津街一带，约 435.6 万平方米。[①]

1919 年，关东厅成立后，城市规划作出了进一步的调整。吸收了 1916 年后在纽约兴起的"地域用途制"理论，依据市区地域的不同，从城市功能作用出发，制定了限制建筑物的高度、形态、建筑密度、建筑控制红线以及方格网加对角线的道路系统，使城市布局更加适合于汽车时代交通运输的发展需要和满足街面行人空间观赏上的视觉要求，表现出一种强烈的功能主义的城市色彩。日本殖民当局用了大约 10 个年头的时间来推行 1919 年时的城市市街规划方案，到 1931 年"九·一八"事变前，各项规划指标基本上得到落实。今天劳动公园北部和天津街一带成为商业区，今中山路以南和南山住宅区的地带成为商业和住宅的混合区，今沙河口至西岗子、岭前等地，被编入市区建设区域中。1930 年 3 月，殖民当局根据城市建设发展的需要又成立了都市计划委员会。随着"九·一八"事变的发生，殖民者在加快占领东北全境后，更进一步地肯定了大连这一城市功能主义的规划方法。重新确立大连城市的范围是以常盘桥（今青泥洼桥）为中心，面积为 415.96 平方公里。1935 年以后，殖民当局决定在继续扩大空间范围的同时，对沙河口、寺儿沟一带的老城区实施改造，以期使大连城市空间全部演化为近代化的特质。

在殖民当局的城市规划设计中，与俄国人统治时期的城市规划在道路的设计上有了很大的变化。日本殖民当局对道路的设计由广场与放射形道路的组合，变成了方格形的道路组合。尤其是在西部新扩张的城市街道的设计上，大量采用方格网加对角线的干道组合。这一变化使大连市东部和西部的街区道路，出现了截然不同的两种风格。若在空中或从地图中看，效果更为明显。东部是以广场为核心的放射形主干道与街区支线道路的环环相接，形似一个个蜘蛛网状的区域交通网络，给人以视觉上的美感；西部则是整齐的棋盘式主干道构成的大方格，支线街区道路则被分割成若干排列有序的小方格。日本殖民当局的第一项道路工程是在 1906 年开工的山县通（今中山路

---

① 大连市役所编：《大连市政概要》，1941 年，第 5 页。

东段和人民路）。当时这条路被定为特级道路来建设，它连接"大广场"（原沙俄时期的尼古拉耶夫广场）等 3 个圆形广场。强化了这条道路延伸方向的自然美景。1907 年以后，其他干线和支线道路的建设陆续铺开。到 1914 年，老城区的主干道路基本上全部建成。从 1915 年开始，当局着手致力于西岗地区的道路建设，到了 20 年代中期，西岗地区的干线道路网基本形成。与老城区不同，西岗地区的许多支线道路都是大连民族工商业者自发建设的。由于民族工商业者的自身实力较弱，所以这一地区的许多街道相对老城区来说要窄了许多。

日本占领大连以后，即对沙俄时期的"街"、"路"名称做了修改，按照他们的政治需要和文化习俗对市街道路予以新的命名。1920 年 7 月，大连市民政署署长中野有光确定了新的市街街名，地区编号规划的基本方针：将朝向铁道线的路街以及斜向街道称作"通"，将与铁道线并行的路街称为"町"。在较长的"通"或"町"内，附设"町目"。从市街地图上看，"通"是线状的道路名称，相当于现在的路；"町"是片状道路的概念，是一些矩形状的几何图形。[①] 为了扩大大连城市的功能作用，殖民当局还修建了大连市内通向其外围地带的道路。如从 1921 年始，历时三年，耗资 135 万日元建成了沿海岸线相向而行的大连至旅顺（南线）的道路，该路用沥青铺设路面，是辽宁省内第一条柏油公路。除此之外，当局还修建了大连至金州貔子窝，金州至城子坦等支线道路。在筑路的同时，日本当局还大力发展运输产业。在大连市内行驶的第一台汽车，出现于 1910 年。到 1923 年，大连地区已拥有汽车 229 辆。[②] 此外，1909 年，由码头到青泥洼间的 2.45 公里长的第一条有轨电车线路投入运营。第二年中，又将该线路延伸到沙河口。1911 年，又开通了北河口至今星海公园间的有轨电车。这样一来，就形成了以有轨电车为主要交通工具的大连早期公共交通系统。

为了把大连建设成为能够炫耀日本侵略"成就"的标杆和样本，殖民当局开始注重投入巨资，建设公用标志性的建筑。从大连地区的建筑规模和布局上看，我们大致上是可以将这种建设分为两个阶段。第一个阶段是为城市建筑建设的初期阶段，即 1906—1930 年；第二个阶段是城市建筑建设的后期阶段，即 1931—1945 年。此时，日本的"脱亚入欧"的思潮逐渐进入

---

① 大连市城市建设档案馆、大连市地名办公室：《解读大连市区道路名称》，大连出版社 2004 年版，第 14 页。

② 曲晓范：《近代东北城市的历史变迁》，东北师范大学出版社 2001 年版，第 168 页。

到兴盛时期，日本在城市建筑文化方面更是崇尚欧美。日本侵占大连以后，国内一批接受过西方建筑学理论和艺术思想教育的人士陆续来到这里。他们把日本国内盛行一时的建筑思潮和创作理念带到了大连，使大连成为日本本土建筑在海外发展的延长线和试验区。在大连城市建设的初期阶段，动工最早的是今天中山广场周边的建筑群。日本建筑师将西方建筑形式和东亚的传统建筑风格融为一体，设计了形态各异、和谐统一的折中主义建筑群。从而使广场形成了一个在纵向节奏和横向层次上均有严格限定的桶状立体建筑空间，确定了城市建筑艺术的主旋律。人们一般习惯称其为广场周边的"八大建筑"。在这8座建筑物中，第一个是1909年完工的大连民政署办公楼，这是一座带有浓郁哥特复兴风格的建筑。1910年，建成了横滨正金银行大连支店的建筑（今中国银行辽宁省分行），它的建筑风格为文艺复兴式与拜占庭式的混合体。同年完工的还有大清银行（今中信实业银行大连中山广场支行），它的建筑风格为19世纪风靡一时的拆中主义式。1913年，大连重要物产取引所（今辽宁省五金矿产进出口公司办公楼）建成。1914年大和旅馆（今大连宾馆）竣工，旅馆的建筑风格为文艺复兴时期巴洛克的建筑。这座建筑是当时东北地区第一个最具现代化标准的豪华西式旅馆。1919年，大连市役所（今中国工商银行大连分行）落成，它的建筑风格为和风欧式折中主义。与其同期落成的还有朝鲜银行（今中国工商银行中山广场支行），朝鲜银行的建筑风格为文艺复兴式。稍晚些时候竣工的是大连递信局（今大连邮政局办公楼），大连递信局的建筑风格为和风欧式折中主义。由于在中山广场周围出现的这些建筑物体具有鲜明的特色，代表了20世纪初整个东北地区建筑设计和建造工艺上的最高水平。这一具有代表性的历史街区已经被国家文物部门公布为重点文物保护单位（群）。

继中山广场之后，殖民当局还将部分重点建筑分别置于今中山广场以东的人民路、世纪街，鲁迅路两侧。这一时出现的典型的标志性建筑有1907年建成的满洲日日新闻大楼，1910年竣工的"满铁"总部大楼，1911年竣工的"满铁"图书馆，1916年建成的大连博爱医院，1917年建成的神明女子高等学校，1917年建成的"满铁"中央试验室和旅顺关东都督府满蒙物产馆；1920年建成的大连埠头事务所等。这些20年代以前文艺复兴式糅以和风的折中主义标志性建筑物的出现，使大连的城市结构风貌在一段时间内极具欧洲古典主义的风韵特征。

20年代以后，在新的思潮影响下，大连城市建筑风貌也发生了明显的变化，现代主义的建筑风格一时独领风骚。在这一时期中，带有标志性的建筑物有：1920 年建成的大连海关长官官邸（位于今南山路大连市政协）、1922 年建成的南满洲工业专门学校（今一二九街大连理工大学化工学院）、大连商业学校（今大连一中），1926 年完工的南满铁路医院（今大连大学附属医学院）、1929 年落成的大连邮政局新楼（今大连胜利桥邮政局大楼）、建于 1930 年的辽东旅馆（位于今上海路的大连饭店）、关东州地方法院（今位于人民广场大连中级人民法院）、1935 年竣工的东洋拓殖会社（位于今中山广场交通银行大连支行）、大连赤十字病院大楼（位于今长春路大连医科大学附属第一医院）、1937 年完工的关东州厅厅舍（位于今人民广场大连市人民政府）等。在这些建筑中，最具代表性的当属南满铁路医院和大连火车站及关东州厅厅舍。有人指出，现代主义建筑的大量出现，使 20 年代以后的大连在空间景观上形成了古典主义与现代主义文化交相辉映的画面。①

在殖民统治时期，当局还加大了对公用园林和体育等文化场所的建设。早在俄国统治大连时期，就已陆续修建了西公园（今劳动公园）、北公园（今北海公园）和旅顺公园。日本殖民当局将西公园改名为中央公园。1909 年，"满铁"投资修建了滨海公园——星个浦（今星海公园）。1920 年，修建了南山公园（今大连植物园）。1929 年，修建了旅顺动物园。另外，还开辟了老虎滩、夏家河子、傅家庄、旅顺黄金山等海水浴场。在大连至旅顺（南线）的公路两侧还设立了 8 个景点标记（黑石礁、小平岛、龙王塘、白银山等）作为开发建设中的旅大八景。应当指出的是，这些公园，除了满足旅居于此的日本人生活需要和增加旅游观光功效以外，另一个目的，就是利用公园来树立那些积极推行日本殖民统治政策或在侵华战争中效命的日本死亡者的纪念碑，以"彰显其功绩"。从而使这些园林设施，在一定程度上成为宣扬殖民主义政治的场所。

日本殖民当局为推行侵略扩张政策服务，十分重视社会体育活动。大连的体育设施无论是数量上还是规模上，都一直居于东北各城市的首位。日本殖民当局建立的第一个体育设施是 1907 年建成的武道馆。1912 年以后，日本在大连市中心及沙河口相继修建了剑道场、柔道场、棒球场、网球场等场地。1914 年，在星海公园附近修建了东北第一个高尔夫球场。1923 年，修建了周水子赛马场。1925 年，殖民当局在旅顺太阳沟修建了一处综合体育场。1926 年，"满铁"出资在大连谭家屯（今大连人民体育场）修建综合

① 曲晓范：《近代东北城市的历史变迁》，第 173 页。

运动场。1933 年，当局投资改扩建中央公园（今劳动公园），增设有射箭场、硬式网球场、棒球场、相扑场。到 1945 年，大连的现代大型公共体育设施至少超过 60 个。

（三）日本殖民时期大连的经济发展

1905 年 9 月，《朴茨茅斯合约》的签署，使日本从俄国的手中获得了南满铁路的经营权。在 1906 年 8 月 10 日，"南满洲铁道设立委员会"举行了第一次全体会议。8 月 18 日，日本政府批准了《南满洲铁道株式会社章程》。1907 年 3 月，"满铁"总部由东京迁往大连。4 月 1 日，"满铁"正式在大连营业。"满铁"作为一个貌似经济运营的实体，它一方面是一个以赢利为主的国家垄断资本主义企业，另一方面又是一个负有向中国东北和其他地区进行侵略扩张的殖民侵略机构。对南满铁路的经营便成为日本政府实现对中国东北进一步加强掠夺的重要步骤。"满铁"在对铁路进行经营的同时，还对农业、林业、工业、矿业、商业、金融、海上运输、城市运输、建筑、科技、文教、新闻、服务等行业进行经营。"满铁"所经营业务范围之广，源于首任总裁后藤新平的施政方针，因为，当时在后藤的眼里，"满铁"的主要任务就是"第一为经营铁路；第二为开发煤矿；第三为移民；第四为进行畜牧等业设施"。为落实上述四项任务，"满铁"初期实行了"大连中心主义"的经营政策。"满铁"加紧了对大连港的建设和经营，使大连港口的职能作用得到了最大的发挥。日本侵占和建设大连港有着极其明显的战略目的：其一是为了掠夺东北物产和资源。"是将大连港作为大豆，进而广之是特产品的输出港"，并"努力向海外市场扩大满洲农产品的销路"①。其二是为了倾销日本商品。面积广阔的中国东北成了日本政府首选的商品倾销市场。其三是为了垄断东北地区的经济和贸易。由于"满铁"实行路港经济权益一体化方针，而建设大连港就可使港口与南满铁路、中东铁路连为一体，以便捷、快速的运输形式，吸引和垄断东北地区的经济以对外贸易。其四，大连港的建设可以成为日本国内对外扩张发展的中轴港。其五，大连港的建设对日本政府推行"大陆政策"有着重要的军事价值。

在运营中，又由于"满铁"实行"海港到货，发货选定运费制"，即铁岭以北的铁路各站到营口、大连两港的货物运费等价，这种有利于大连港不等距离等价运费的政策，对削弱临近港口的竞争起到了决定性的作用。与此同时，"满铁"以巨资进行大规模的以出口为主的港口建设，并围绕港口把

① 顾明义等：《大连近百年史》下卷，第 835 页。

大连的银行、交易所、仓库等商业设施完善起来，使大连港的货物吞吐量呈直线上升趋势。到 1910 年，大连港便压倒了自 1861 年开港以来一直是东北地区主要贸易港的营口，成为东北第一大港。大连港之所以得到迅速的发展，根本原因是与日本帝国主义旨在掠夺中国东北原料、倾销日本商品而奉行的大连自由港制度分不开的。到 1934 年，大连港货物吞吐量首次突破 1000 万吨，达 1073 万吨。进出口贸易额，也由 1912 年的 1 亿日元上升到 1938 年 14 亿多日元。① 随着大连港货物吞吐量的增加，其殖民地的特色也越加明显。因大连港货物贸易，特别是出口贸易在很大程度上都是为日本掠夺东北资源服务的。大连港出口货物的 50% 以上流入日本，而流入日本的又大都是日本急需的各种农产品和矿产品，明显表现出殖民地特色。

有材料统计表明，自"满铁"成立到"九·一八"事变前，日本对东北的投资总额为 17.8 亿日元，其中运输业为 30%，农村和矿产为 16%，工业为 9.2%，商业为 6.7%，金融为 11.6%，其他为 26.3%。日本对东北的投资为各国对东北投资总额的 72%。正如前面所言，"满铁"除经营铁路、港口、矿山、钢铁、炼油等重要的基础工业外，还插手其他行业，将东北各产业部门中的 60 多个公司划归自己管辖之下，对东北的投资占据了垄断地位，成为东北经济的中枢。满铁在其创建的 40 年中，经营规模不断扩大，利润更是惊人。1907 年，满铁的利润为 201 万余日元，1917 年增值为 1792 万余日元，到 1927 年更上升为 3627 万余日元，这已是 1907 年的 18 倍还多。1943 年就达到了 9296 万余日元，此时的利润已是建立初期的 46 倍。因此，满铁的高额利润是日本国库的一项重要财源，同时也为日本政府的对华军事侵略活动提供了必要的经费保证。② 日本加快了大连殖民工业的发展进程。1908 年至 1912 年间，大连的工厂由 77 家增到 204 家，资本总额增加到 2242 万日元，增幅达到 19%，生产总额增加到 1899 万日元，增幅达到 14.2%。第一次世界大战结束时，工厂的数量又增加到 294 家，资本总额增加到近 6500 万日元，生产总额达到 1.26 亿日元。在这些工业资本中，日本的工业资本占到了相当大的比重。有材料统计，1916 年时，日本的工业资本占到当地工业资本的 92%。1939 年，关东州地区日本的工业资本已达到 96%，1941 年时，竟占到工业资本总额的 95%。在当时，日本工业资本所

---

① 顾明义等：《日本侵占旅大四十年史》，辽宁人民出版社 1991 年版，第 248 页。

② 中共辽宁省委党史研究室编：《历史永远不能忘记——辽宁人民抗日斗争图文纪实》，辽宁人民出版社 2005 年版，第 28 页。

拥有的工厂一般规模都较大，在所有的工业生产部门中都占绝对垄断地位。其中铁路机车车辆，船舶制造，特殊钢以及瓦斯与电气的制造与生产完全为日本资本一手把持。

　　从工业数量的种类布局上看，当时占第一位的是机械器具制造业，其次为化学工业；再次为金属工业，最后为纺织工业，随着日本侵略战争规模的不断扩大和升级，在"战争第一"的喧嚣下，金属、机械、钢铁，特别是化学工业部门等迅速地转入到军事工业轨道。在军需急剧增长的刺激下，这些用以装备战争机器的重工业，以惊人的速度和规模膨胀着。殖民工业直接为日本不断地扩大侵略战争服务，成为支撑战争机器的物质基础。油坊工业的发展，构成了大连前期主要的工业形态。大豆，是东北的农业特产，也是东北的主要出口物资。"1910 年为 4900 万海关两，占出口总额的 62%，1920 年为 9300 万海关两，占出口总额的 52%；1928 年为 2.44 亿海关两，占到出口总额的 60.8%"，[①] 同时，以大豆为主要原料的榨油工业也就成了东北的传统工业之一。日本统治大连后，利用哈尔滨与大连间的铁路和大连港的运输条件，东北地区的大豆被大量地运到大连。东北的油坊业的中心也随之转移到了大连。截至 1923 年，在大连地区的油坊工场达到 87 家。促使大连油坊业迅速发展的其他因素还有日本农业的发展需要。这是因为日本的农业土壤中大量缺少氮的成分，而豆饼就是最好的氮肥，且又比其他肥料价格低廉，所以日本国内对豆饼的需求量很大，以致出现了"豆饼销日本，豆油销欧洲"风靡一时的口号。1931 年时，日本在大连的油坊业中拥有三泰油坊、日清制油厂、三菱商事油坊、第二工厂、大信油坊、半年制油厂共 6 家。到"七七"事变时，三泰油坊几乎垄断当时中国东北的整个榨油工业，每年获利竟达亿元。日俄战争后，大连油坊业短短几年即超过营口，成为大连华商的重要工业，并成为东北油坊集中之地。1930 年后，大连的油坊业便进入到衰落时期。

　　随着工业的发展，大连的商业贸易也活跃起来。为了适应日本工商业发展的需求，日本殖民当局还将繁华的老城区（今中山区一带）划定为日本人的居住区与日本商业营业区域，迫使中小华商迁至小岗子一带居住和从事商贩活动。随着大连城市建设和商业的发展，所谓有名的"五大市场"也应时而起。"五大市场"的共同之处就在于"既经营副食品，又兼营日用百

　　① "满史会"编：《东北沦陷十四年史》，见辽宁编写组译《南满州开发四十年史》下卷，1988 年，第 308 页。

货"。这"五大市场"分别是："信浓町市场"建于1905年（后又称常盘桥市场，今大连商场前身）；"山县通市场"建于1914年（民寿商场前身，今中山区福寿街43号）；"千代田市场"建于1927年（今中山区寺儿沟春和市场前身）；"小岗子市场"建于1909年（位于今西岗区长江路512号，西岗市场街前身）；"沙河口市场"建于1922年（又称大连西市场，今民勇商场前身）。"五大市场"中以信浓町市场规模最大，年营业额最为丰厚。

1905年5月，在大连开设商铺的日商有77家，从业人员达到800余人。1909年时，大连地区的商家有1506户，其中日本人所经营的达到1178家，其他外国人经营的有10家。两年后，1911年，日本人经营的商铺猛增到1800多家。到了1929年，在大连地区从事进出口贸易和各种批发业务的日商已达到2566家。日商为了垄断和操纵大连商业市场，相继建立了各种同业公会，如满洲重要物产出口商组合、食品批组合，食品杂货商组合，药品组合等，以有组织的同业公会的力量，排斥中国商人和其他国家商人的竞争，保护和发展日商的优势地位。太平洋战争爆发后，日本政府加强了对东北以及大连地区的政治压榨和经济掠夺活动，实行了非常严格的经济统治政策。强行发行了大量的名目繁多的"债券"，颁布"物价停止令"，实施商品配给制度，致使大连的商业逐步地走向萧条和崩溃。

1906年，在日本殖民当局宣布大连港为自由港时，华商新开业者并不多。到1909年时，华商也只有318家。1910年后，随着大连港口建设规模的不断扩大，铁路运输的不断完善和经济的不断发展，到大连经商的华人逐渐增多。先后有来自山东、天津、河北、上海、广东、北京、沈阳、哈尔滨等地的商人到大连投资开店或投资办厂。到1920年，大连地区的华商已增至1258家，这其中多为食品、杂货或油坊业。当时，民族工商业的代表人物当属周文富、周文贵兄弟。周文富早年曾在旅顺船坞学徒。1907年，兄弟二人自筹资金不足百元，开设家庭铁匠炉作坊。1910年，周氏兄弟举家迁居大连，将铁匠炉迁至大连西岗大龙街，人称"周家炉"。专营制造马蹄铁钉和马车修配业务，生意十分兴隆。工人很快增至20余人，取名"顺兴炉"。1911年，由于生产规模的不断扩大，兄弟二人将工厂取名"顺兴铁工厂"，主要生产油坊生产机械。1912年，周氏兄弟集资在哈尔滨建立铁工厂，创建了振兴股份有限公司。翌年，周氏兄弟在大连扩大顺兴铁工厂的生产规模，厂内拥有技师、工匠、学徒400余名，顺兴铁工厂进入到鼎盛时期。第一次世界大战爆发后，他们在大连建钢铁冶炼厂，自行冶炼钢铁。但在后来因当局采取禁运矿石的手段，迫使冶炼厂高炉停产，发展计划夭折。

周氏兄弟的民族抗争精神留下了不朽的一页。

在近代大连华商中，张本政也是一位具有影响力的人物。中日甲午战争期间，张本政就卖身投靠日本侵略军。日军重新侵占大连以后，张本政更加卖力为殖民当局服务，开设了"政记轮船合资无限公司"。到 1920 年时，政记轮船公司已拥有轮船 15 艘，航运范围已从黄、渤海沿岸，扩大到华东、华南以至香港各大口岸。1941 年，太平洋战争爆发前夕，政记轮船公司拥有百吨以上的大小轮船 39 艘，已成为北方海运业中最大的企业。张本政还不断投资其他行业。在投资的行业中规模较大的有："政记油坊"、"政记钱庄"、"政记铁工厂"、"政记窑厂"、"政记五金公司大连总公司"，以及营口、沈阳、长春、哈尔滨分公司，抚顺造煤厂，烟台电业公司，天津政记运输公司，青岛宏大制纸厂，青岛地方银行，东边道实业银行，大连农业银行等。张本政拥有的企业资金和个人财产，在 1943 年时被列为大连 200 万元大户行列。而当时，在大连地区华商中资产过百万元者只有 8 人，故有"大连八大富商"之说。

大连金融市场得到发展。早在 1904 年日俄战争的战火尚未停息之际，日本横滨正金银行就抢先进入到大连，在大山通 2 号（今中山广场）设立出张所，揭开了日本银行在大连长达 40 年之久的金融侵略和垄断的序幕。继横滨正金银行之后，实力较为雄厚的日本三菱、三井、住友、三和、安田等财团相继在大连开设了银行，最终形成了以横滨正金银行、朝鲜银行、东洋拓殖公司为首的三大金融机构，操控了大连的经济命脉。并且以大连为基础，通过"满铁"这一经济主动脉的外延作用，使其金融活动覆盖了整个中国的东北地区。当时代理日本国库、为当局提供财政保护的正金银行，每年都对关东都督府给予巨额的贷款支持。以 1907 年为例，正金银行对"关东都督府"贷款余额为 563.8 万元，相当于其年度本地财政收入的 1.3 倍。日本在霸占大连推行殖民地金融政策的中心环节就是以通过发行本国货币，独占大连地区的货币发行权，进而逐步统一中国东北币制，把东北纳入日本通货圈，为东北的殖民地化打下基础。1905 年 12 月，日本外务、大藏两大臣向正金银行下达了关于统一"满洲币制"的特别命令。1906 年 4 月，大藏大臣发出训令："整理统一满洲货币，其目的是为了发展满洲贸易，扩大帝国权益"。明确规定"横滨正金银行为执行机关"，统一东北地区的货币。[①] 对于日本殖民当局在大连所推行的金融政策的历史，已有学者总结

---

① 《横滨正金银行史附录》，西田书店，1976 年，第 141 页。

为：两大发行银行，两种纸币，三个时期。其中两个发行银行就是朝鲜银行和横滨正金银行；两种纸币即通俗称谓的"金票"、"银票"；三个时期则是关于金票、银票相互交错、此起彼伏的发展状态。① 金票，顾名思义，是一种金本位制的货币形式，这是因为在 1898 年日本财政实行金本位制，日本国内发行的日元货币为金本位货币，简称金券。在大连地区流行的金票主要是朝鲜银行和横滨正金银行发行的。而银券则是一种银本位制的货币，它进入大连的时间是在 1906 年 9 月。日本政府以敕令 247 号命令横滨正金银行发行银券，也称"银票"。1917 年以后，日本朝鲜银行取代了横滨正金银行行使中央银行的职能。朝鲜银行发行的金圆券成为大连地区及"满铁"附属地的法定流通货币。横滨正金银行和日本朝鲜银行的金融活动，一方面导致中国货币的不断贬值，造成日币的不断升值；另一方面直接扰乱、控制了东北的货币市场，为日本政府进而操纵东北的整个金融市场奠定了基础。从这个角度看，在日本殖民统治时期，大连地区的金融业作为经济发展的动脉产业，已被彻底的殖民地化了。

值得关注的是，在日本殖民时期，大连还发行了彩票。那是当时大连公议会长刘兆尹得到了殖民当局的许可而发行的。当时关东州民政署以彩票的发行作为租借振兴的一个策略。其规定如下："彩票局设置于大连，称宏济彩票局。彩票的数量为二万号，每号分为十枚。卖价为一元银钱。每月二次开票。作为代卖人的手续费，收取卖价的百分之三。彩票局所得即从相当于发卖价格的十分之二中扣除代卖人手续费的剩余部分的三分之一交给民政署，从这一剩余部分中扣除彩票局的经费后将利润应用于大连振兴事业及公共事业中。中奖者将奖金中的三分之一付给该彩票的代卖人作为报酬是一项义务。授受的货币应该是军用钞票。彩票没有卖完时，按其发卖的号数的比例削减中奖的金额。彩票的等级分为头彩五千元，二等奖二千元，三等奖一千元，四等奖一百元，五等奖四十元，六等奖十元，七等奖五元，八等奖二元这八等。其中中奖数合计一千零三号，别外从头等奖到三等奖合计中奖总数一千九号，奖金总数一万六千元。而且不只大连，奉天、营口其他铁路沿线各地及芝罘方面也允许发卖彩票。"②

作为日本本土之外的殖民地，"关东州"的财政同日本政府中央财政是分立核算的。1907 年 3 月，"关东都督府特别会计法"的颁布，奠定了日本

---

① 焦润明：《近代东北社会诸问题研究》，中国社会科学出版社 2005 年版，第 163 页。

② 参见津上善七编《满蒙问题与支那研究》，东京市实业之世界社，1928 年，第 54—55 页。

对大连进行殖民统治的财政制定基础。"关东州"的财政主要是依靠对殖民地中国人民的压榨来获取的，而在维持其支出的过程中，每年又都略有结余。这说明，日本当时在中国东北所占的殖民地区域还很小，"关东州"财政收入的绝对额尚显富足，因而可以完全自立于日本中央财政。在日本殖民统治大连地区的 40 年间，财政收入来源主要有这样几项：一是收租增税，二是所谓"官有财产"的出租和拍卖，三是鸦片专卖，四是实行"大东亚战争特别税"。有关第一项，主要由各地方的税务部门来承担。据 1940 年的《关东州租税法规类集》中记载，在旅顺、大连分别设有"旅顺税务署"、"大连东税务署"、"大连西税务署"、"大连港税务署"。金州、普兰店、貔子窝一带的租税由各民政署负责。日本殖民统治时期的租税主要有"国税"和地方税两大类。所谓"国税"，就是为日本中央财政纳税，主要包括了地租税、盐税、所得税、特别法人税、交易所税、家屋税、烟酒税，等等；地方税是指向大连地方殖民当局缴纳的各种税，这里包括了营业税、杂税，等等。在这种盘剥之下，当局还巧立名目，又增加了"国税"附加税，地方税附加税和独立税三种。日本殖民当局的大量税收，一方面补充了战争经费的不足，另一方面也用于城市的规划建设。因此说，大连城市的每一点滴之建设与发展，都是大连地区人民奉献的结果。

总之，应该看到，日本殖民时期的大连之所以得到迅速的发展，根本原因是与日本帝国主义为掠夺中国东北地区的资源、倾销日本商品以及旨在为侵略中国全境和发动大东亚战争的目标分不开的。虽然日本殖民主义者替代了早先的沙俄殖民主义者，在客观上充当了大连地区城市建设者的角色，但这毕竟是以军事实力为后盾，以殖民统治为手段，对中国进行野蛮侵略背景下的畸形发展与繁荣。

第三章　军事博弈篇

一　德川幕府末期的尊王攘夷运动

18—19 世纪，欧美国家在进行传教和贸易活动的同时，对中、日、朝等国发起"西力东侵"的冲击。在此背景下，德川幕府于 1854 年和 1858 年同美国先后缔结《日美和亲条约》与《日美修好通商条约》，标志着日本由"开国"走向"开港"。日本开港后，内外矛盾愈演愈烈，尊王攘夷运动风起云涌，德川幕府陷于进退维谷的窘境。本节拟以幕末关东一带发生的暗杀外国人活动为线索，借鉴国内外研究成果，着重分析尊攘运动的内涵、特点及走向衰歇的诸种因素。

（一）关东地区的袭杀外国人活动

幕末时期，日本内外矛盾尖锐，武士纷纷破产，流落到农村等地，传统城市城下町人口呈减少趋势。"江户时代的城下町并没有随着时代而悉数发展为明治以后的地方中心城市。因为把军事要素作为建城的首要条件，难以适应新的时代的城下町就那样衰落下去了。"[①] 与城下町相比，可以说横滨是一种新型的城市。从各地而来的移民不断增加，开港建设有条不紊地进行，呈现出一种繁荣景象。而世代半耕半渔的横滨村民们就像继子一样被无情地抛弃在繁华之外。他们既没有做买卖的财力，也没有经营才能，只好迁徙到近郊，依靠出卖体力过着一贫如洗的生活[②]。

横滨"外国人居留地"[③] 欣欣向荣，但日本国内却陷入混乱的极点。"洋夷"入住江户、横滨，极大地刺激了尊攘派下级武士，攘夷之风大盛，

---

① ［日］柴田德卫：《现代都市论》，东京大学出版会，1976 年，第 88 页。
② 张晓刚：《近代横滨城市的兴起与发展》，载《日本研究》2009 年第 1 期。
③ 指供外国人居住的地方，相当于同时期中国上海等地的外国人租界。

于是在关东地区经常发生袭杀外国人的暴力事件。最初攘夷的主力军为水户藩的几百名浪人武士，他们除了暗杀外国人之外，也攻击那些在与外国人进行贸易中"大发横财"的横滨商人，致使事态不断扩大。"关东西部爆发的五州大一揆参加者合计约10万名，数百户房屋被捣毁。而卷入其中的人们大都厌恶横滨，视其如仇敌一般。而且他们也好像考虑到横滨开港导致物价上涨的因素，发起以横滨为目标的打击行动。可以说其中包含浪士的攘夷行动和农民反对横滨商人贸易的'一揆'等双重关系"①。当时横滨日本人街市的批发商以及周边村民的过半都逃到较远的地方去避难。而且也有很多远在江户的居民转让家财后逃避到乡下②。这一现象反映了当时神奈川宿及横滨周边地区居民生活的贫困化和对时局感到不安的危机意识，另一方面也折射出幕府对地方的统治已经陷入混乱。

攘夷运动始于关东地区，而暗杀外国人行动又始于幕末最具代表性的开港地横滨。"这里虽然避开了东海道，但是因为距离江户很近，所以从开港之初就与外国人不断发生各种纠纷"③。在横滨一带经常出没着一批见了"夷狄"便一刀斩死的浪士。1859年8月，从俄国军舰下来的士官们为了购买食品，在通过横滨本町附近时遭到袭击，2人死亡，1人负重伤。这是在横滨发生的第一起暗杀外国人事件。幕府向俄国提督波波夫谢罪，承诺罢免神奈川奉行的职务，并逮捕犯人。一波未平，一波又起。1859年11月5日傍晚，在法国领事馆当差的中国人据说身穿西装，被错认为西洋人而在横滨"弁天通"遭到两名日本武士暗杀。袭击中国人的理由不得而知，但是身穿西装，或可视为招来横祸的原因之一。"事实上，其后横滨及其周边地区不断发生的攘夷事件中再没有中国人被杀。换言之，即便在攘夷最为激化时期，日本人对中国人似乎也并无恶感。对攘夷派武士而言，攻击的对象是西洋人而非中国人"④。

1860年2月，荷兰船长等2人亦在横滨被杀，袭击者去向不明。1861年元月，哈里斯的翻译修斯肯在从江户返回公使馆的途中被浪士所杀。修斯

---

① ［日］石塚裕道：《横滨英法驻屯军的12年间》，载横滨开港资料馆《横滨英法驻屯军与外国人居留地》，东京堂，1999年，第11页。

② 参见《嘉永明治年间录》下卷，岩南堂，1968年，第896—898页。

③ 神奈川县企画调查部县史编集室：《神奈川县史资料编》15，《近代·现代》5，神奈川县弘济会，1973年，第1页。

④ ［日］西川武臣、［日］伊藤泉美：《开国日本与横滨中华街》，大修馆书店，2002年，第88页。

肯曾经在日英谈判通商条约时为英方做过翻译等工作，"身为美国公民，在英国外交使团中占有重要地位"①。修斯肯被杀事件成为日本开港后的第一次外交危机。在此之前已经有 8 名外国人遇难，而加害者一个人也没有抓捕到。英法两国与荷兰、普鲁士商议从江户的公使馆撤回横滨，以对幕府当局提出强烈抗议。然而，被害人当事国美国却支持江户幕府，事情遂不了了之②。1861 年 7 月 5 日，14 名水户藩浪士袭击了江户的英国临时公使馆——东禅寺，书记官奥里范特和驻长崎领事莫利松负伤，负责警备的藩兵也有死伤者。这次事件后，幕府向负伤的两位外交官各支付了 1 万美元的赔偿金。翌年 6 月 26 日，在东禅寺又发生警备公使馆的松本藩士伊藤军并卫先杀害两名英国人士兵而后自刎的事件。英国方面向幕府提出赔偿死者家属各 1 万英镑的要求③。"袭击在所有场所都是有计划的，然而那也并没有什么特别的理由，而且加害者必定都是带刀阶层的人。实行这种残酷杀戮的人也并非与这些牺牲者有什么个人恩怨。这是出于政治动机的暗杀，而且杀人者在任何场合都没受到处罚，就不了了之。因此，外国人都认为日本是一个必须冒生命危险生活的国度，对已经发生的丢掉性命的众多实例感到恐惧，居留民大都过着胆战心惊的日子"④。

幕府当局担心这种暗杀外国人的事件如果继续下去终将酿成大祸，遂指示神奈川奉行采取戒严体制。尽管如此，暗杀事件仍层出不穷。1862 年 9 月，就在幕府和英国代理公使尼尔交涉解决第二次东禅寺事件期间，"生麦事件"突发。于是，横滨居留地的外国人成了事件的直接受害者。当时，萨摩藩国父岛津久光一行离开川崎，经过东海道向神奈川宿进发。与此同时，有四名英国人骑着马也顺着东海道前往江户。他们是从上海和香港到横滨来避暑的理查德逊和博拉迪尔夫人以及横滨居留地的两位商人克拉克与马歇尔。四人走到生麦村松并木时与岛津一行相遇。当时的东海道宽不足 10 米，四个人把马靠向路的左侧，但是有匹马却夹杂在长长的队列中靠近岛津久光的坐轿。轿子旁边的武士示意四人离开，然而语言不通无法进行交流。正在徘徊之际，岛津的随从武士奈良原喜佐卫门跳将出来，拔出利刃向马上的里查德逊刺去。四人落荒而逃，里查德逊仅跑了数百米即摔落马下，被追

① ［美］H. B. 克劳：《哈里斯传——打开日本国门的人》，［日］田坂长次郎译，第 253 页。
② ［日］服部之总：《幕末的世界形势及外交事情》，岩波书店，1932 年，第 38 页。
③ ［日］安冈昭男：《日本近代史》，第 34—35 页。
④ ［荷］E. M. 萨托著，坂田精一译：《一个外交官所见到的明治维新》，岩波书店，1960 年，第 54—55 页。

踪而来的武士发现，拖入路边的庄稼地里杀死。克拉克和马歇尔逃入神奈川宿本觉寺的美国领事馆中得到平文博士的紧急处治。博拉迪夫人头发被割掉一部分，侥幸没有受伤，遂骑马跑到居留地告急①。由于这是横滨外国人居留民被杀害的第一起事件，居留地的外国人颇为激愤，当夜召开会议，"请求各国海军派遣 1000 名士兵登陆，并袭击住宿在保土谷的岛津久光一行，以捕拿凶犯"②。然而，由于英国公使阿礼国及海军司令回国度假而作罢。当然，随后的赔偿问题又免不了一番麻烦。

表 3 - 1　　　　　　　　　幕末杀伤外国人事件一览表

顺序	时间	事件	国别	袭击者	发生地
1	1859 年 8 月 25 日	莫非特海军见习官、水兵各一名被杀害，水兵一名受伤。	俄国	水户浪士	横滨
2	1860 年 2 月 26 日	船长戴·弗斯、梯凯尔二人被杀。	荷兰	不明	横滨
3	1861 年 1 月 15 日	公使馆翻译修斯肯被杀。	美国	萨摩藩士	江户
4	1861 年 7 月 5 日	袭击公使馆（东禅寺），馆员奥里范特、长崎领事莫里松二人负伤。	英国	水户浪士	江户
5	1862 年 6 月 26 日	第二次东禅寺事件，英国士兵二人被杀。	英国	松本藩士	江户
6	1862 年 9 月 14 日	生麦事件，商人一名被杀，两名负伤。	英国	萨摩藩士	生麦
7	1863 年 10 月 14 日	卡缪斯陆军少尉被杀，二人负伤。	法国	浪人	横滨
8	1864 年 11 月 21 日	巴尔德温陆军少佐与佐伯狄尔中尉二人被杀。	英国	浪人	镰仓

资料来源：本表依据安冈昭男著《日本近代史》第 34 页表中的资料，经过调查后绘制而成。

与开港以来杀伤外国人事件大多为偷袭暗杀不同，"生麦事件"是堂堂藩侯的随从，"竟然在光天化日、众目睽睽之下所为"。被害者是普通商人，作案者却逃离现场。"即使非主君唆使，不作责任归属的结论，但对幕府而言，至少是追捕凶犯不力，而任其逃逸。幕府是否尽到保护外国人的责任，

① 参见 [日] 小西四郎《开国与攘夷》，中央公论社，1966 年，第 278 页。
② [日] 洞富雄：《幕末维新期的外压与抵抗》，校仓书房，1977 年，第 22 页。

可谓不言自明。故此，比起从前的杀伤事件，外国人此次反应殊为强烈"①。生麦事件表明：采取攘夷运动的主体从浪士的个人行为变成以藩为单位的集体行动；因幕府权力不能介入萨摩藩内部，暴露出幕府支配能力的局限性。其实，萨摩藩本来就是攘夷派的中坚力量，对外国人持有很强的蔑视和敌意。因而，岛津久光的手下在生麦村杀死外国人也是偶然中隐藏着的一种必然。质言之，"萨摩藩在生麦事件中采取的态度，显然是挑衅性的，不如说，它反而刺激了攘夷运动"②。然而，袭击"洋夷"活动并未就此止步。1863 年 10 月 14 日，法国士官詹姆斯在距离横滨居留地半里之外散步时遭到暗杀。美国军官班克斯闻听此讯在第一时间赶赴现场，检查尸体情况。"但见一只手臂已被砍断，连同肉屑散落在尸体附近。颈部中央创口较大，几乎可将头颅装进去一般……此外身上数处遭到重创，每一处均足以致命，实在残酷残忍之至"③。

　　频繁发生的杀害外国人事件以及随之而来的抗议索赔交涉，使幕府当局所面临的问题十分棘手。为杜绝恶性事件的频发，幕府遂通令奖赏捕获凶手者及告密者，责成神奈川奉行加强警戒，设置关卡，封锁道路，随时报告神奈川的治安状态。神奈川奉行奉命制订了神奈川暨横滨警卫措施，包括向横滨增派治安人员，加强巡逻；如有不测，则发出信号统一行动；驻扎神奈川的警备队参照横滨标准执行；除政府许可外，横滨市内不得出售任何武器；非政府公务人员禁止佩带刀剑，诸如此类④。从以上举措来看，幕府显然力图遏制治安恶化状况，避免造成外交冲突乃至引发战争。然而由于尊攘派的压力以及自身控制局面能力的下降，幕府内外政策很难一以贯之。

（二）尊王攘夷运动的内涵及特点

　　幕末时期，"避战开国"与"尊王攘夷"成为日本国内政治斗争的两大焦点。以《和亲条约》及《通商条约》的签署为契机，避战开国派与尊王攘夷派之争急剧升温。幕府官僚，无论是阿部正弘、堀田正睦等开明派，还是井伊直弼等强硬派，都可以称之为避战开国派。与其针锋相对的政治派别则是不顾时势、急欲干政的尊王攘夷派。在地方诸藩中亦产生各种不同政治

---

① 日本史籍学会：《幕末外交谈》，东京大学出版会，1976 年，第 239 页。
② 信夫清三郎：《日本政治史》，周启乾译，第 1 卷，上海译文出版社 1982 年版，第 300 页。
③ 日本史籍协会编：《夷匪入港录》二，东京大学出版会，1967 年复刻版，第 78 页。
④ 横滨市史编辑室：《横滨市史》第 2 卷，第 260—263 页。

派别①，他们对时局极为关注。值得注意的是，"开国论这一派较有远见，但因幕府本坚持锁国，只是屈于外国压迫才主张开国，所以不少反幕派力主攘夷，而开国论者中却有一部分人具有保守佐幕的倾向"②。于是，"在内忧外患刺激下，幕府称霸政坛的'一言堂'被打破，朝廷和雄藩拥有了发言权；……中下级武士以尊王攘夷派的面目出现，并作为藩主的追随者，走上政治舞台"③。

应该看到，日本开港后，在锁国条件下只在国内流通的商品，骤然间大量流往国外，使日本国内流通的商品顿时减少，这就扰乱了流通机制，引起了物价暴涨。"许多武士和平民则认为物价暴涨与生活贫困正是进行对外贸易的结果，所以就转向排外主义，不断伤害外国人"④。在尊攘派的据点京都，同情幕府的公卿和商人亦遭到胁迫和暗杀。另外，幕府大老井伊直弼发动的"安政大狱"及后来井伊被刺身亡的"樱田门外事件"，也是避战开国派与尊王攘夷派激烈冲突的典型事例。井伊暴卒后，幕府老中安藤信行"庶政一新"，宣布赦免在"安政大狱"受处分者，遣返诸侯、大名妻孥返回各自藩国。其目的是借助天皇的精神权威，以及幕府、朝廷和雄藩大名等统治集团上层的妥协与合作（公武合体），加紧对中下级公卿和武士尊攘派的管束，维护统治秩序。尊攘派冒险反击，平山兵介等水户藩浪士在坂下门外袭击老中安藤信行，再次打击了幕府的威信。

一般认为，尊王攘夷思想是尊王攘夷运动的理论基础和政治目标；尊王攘夷是"尊崇天皇的思想和赶走洋人的思想相结合"⑤，"攘夷论起源于尊崇日本国体的思想。从 18 世纪国学者本居宣长等倡导以日本为中心的华夷思想出发，坚定主张日本国体尊贵，外族入侵，必须攘击"⑥。尊王和攘夷原本是来自中国朱子学的名分观念（君臣之别、华夷之辨），在日本德川时代成为维护幕藩体制和锁国制度的思想工具。虽然目标是攘夷，但是以超越或排斥幕府的尊王作为攘夷的手段，因而客观上具有否定幕藩体制的意义⑦。

---

①　三谷博曾将幕末时期诸大名的对外意见划分为主和论、临时避战论、条件战争论和主战论等几种类型；参见其《关于开国与开港的诸大名的对外意见》一文，载横滨开港资料馆编《19 世纪的世界与横滨》，山川出版社 1993 年版，第 12—13 页。

②　吴廷璆：《日本史》，南开大学出版社 2005 年版，第 317 页。

③　宋成有：《新编日本近代史》，北京大学出版社 2006 年版，第 80 页。

④　[日] 信夫清三郎：《日本政治史》，周启乾译，第 1 卷，第 279 页。

⑤　万峰：《日本近代史》，中国社会科学出版社 1981 年版，第 58 页。

⑥　吴廷璆：《日本史》，第 317 页。

⑦　沈仁安：《日本史研究序说》，香港社会科学出版社 2001 年版，第 263 页。

华夷之辨的"夷"指"夷狄","华"则是指"中华"①；而攘夷论是指"幕末抬头的排斥外国，主张锁国的议论，来自于儒教的中华思想作为与尊王论合流的尊王攘夷论产生巨大的影响"②。客观而言，德川幕府末期，在日本人的内心深处仍然残存着"华夷秩序"的观念和意识，开港后相当长的时期内亦没有较大改变。"在当时条件下，为寻求反幕府的理论依据，下级武士只能树起比幕府地位高，且为封建主义所承认的权威，即天皇的权威。因为他们除尊崇皇室和击攘夷狄的大义名分论外，找不出其他更合理的反抗依据，这就是下级武士尊攘论局限性的所在"③。

　　攘夷志士的构成有以下一些特征：（1）从年龄构成上看，具有尊王攘夷思想的大多是30岁左右的年轻人。在攘夷运动最为高涨的1863年，有代表性的尊攘志士年龄大致如下：西乡隆盛27岁，大久保利通34岁，木户孝允31岁，久坂玄瑞24岁，高杉晋作25岁，伊藤博文23岁，平野国臣36岁，中冈慎太郎26岁。尊攘派公卿三条实美27岁，中山忠光年仅19岁。（2）从志士的出身来看，60%以上为武士，6%左右为乡士与浪人，31%为农商阶层。占压倒性的大多数是武士阶层出身的人。其中高杉晋作、木户孝允等人为中级武士，伊藤博文、井上馨、西乡隆盛和大久保利通等人皆为下级武士。攘夷志士核心由青壮年下级武士构成，他们推动了攘夷运动走向深入，或可说下级武士更具有打破现状的愿望。（3）从志士的类型上看，大致可以划分为三大类：第一类从组织方式上还可分为中央指导型、中央志向型、地方组织型、后方守备型、保护者支援型、隐遁文人型等；第二类从活动基础上分为志士举义型、王室家型（中央工作型）、组织者型、后方搅乱型、幕府工作型等；第三类从思想观念上分为佐幕型、尊攘型、公武合体型、雄藩联合型、倒幕开国型等④。

　　幕末的尊王攘夷运动还有一个显著特点，即幕府主张开国而朝廷、诸藩强行攘夷。至于为何造成这种局面，可谓众说纷纭，莫衷一是。笔者认为，至少不能忽略如下因素：第一，德川幕府长期实行锁国政策，日本人形成盲目排外的意识。第二，受前述"华夷"思想的影响过深，导致"轻侮西邦人视以为夷狄者，无故而妄袭击外人以快心于一时"⑤。第三，幕府当局负

---

① 此处的"中华"指日本而非中国。
② ［日］新村出：《广辞源》第五版，岩波书店，1998年，第1300页。
③ 吴廷璆：《日本史》，第327页。
④ 参见小西四郎《开国与攘夷》，第229—233页。
⑤ ［日］大隈重信：《日本开国五十年史》上册，上海社会科学出版社2007年版，第107页。

责对外事务，较为熟悉列强动向，"遭外人之强请订定章约，遂觉锁国攘夷之不易。而诸侯国人未触其机于列国之变迁，懵无所识，故反抗也"①。而京都朝廷同样非对外交涉方，不知利害关系，一旦遭遇外压，便只能"祈求伊势大庙的诸神庇佑"②。当然，还应考虑幕末时期中下级武士纷纷破产，普通百姓走向贫困化等诸种因素。

随着内外矛盾的加深，以水户学的名分论为重要基础而在幕末历史舞台上登场的尊王攘夷思想及其运动，一时间再复狂热。当时许多尊攘志士慨叹之余，吟咏着"宝刀难染洋夷血"、"此心偏欲扫戎夷"的诗句；有的还声称："而今不议论尊攘者是为国家的奸贼，夷狄的丑奴"③。水户藩主德川齐昭在上呈给将军家庆的意见书中陈述到"夷狄广泛传播邪宗门（基督教），迷惑了神国日本的人心，依靠贸易骗取神国财富，使人民疲弊，最后以兵力夺取国家"④。代表了攘夷论者强硬的排外思想。1863 年 3 月，将军德川家茂进入京都，在二条城驻扎。与当年家光显示德川家为天下霸主时的情境不同，此次家茂是在幕府势力逐渐衰落的情况下拜领实行攘夷的敕谕。在朝廷的压力下，家茂禀告孝明天皇：自 1863 年 6 月 25 日起，举行全国大攘夷。据此，幕府公布了发给诸藩的"攘夷布告"，内称："如果彼等外国发动攻击，则予以痛击"⑤。显然，幕府防止外衅的避战基本立场并未改变，故要求诸藩在外国发动攻击的前提下才给以还击。但是，试图在全国大攘夷中力夺头功的攘夷诸藩却无视幕府的还击前提而跃跃欲试，"萨英战争"及"下关战争"即是典型事例。

（三）尊王攘夷运动的衰歇

攘夷运动日益高涨，列强认为其中有两重目的：其一，使天皇回归往昔的地位，同时使大君（幕府将军）退居到诸大名行列；其二，将"夷狄"从神圣的日本国土上驱逐出去⑥。对此，英、法、美、荷等国作了较为充分的军事准备，乃至后来出动舰队对萨长等攘夷势力进行武力攻击。另外，日本国内形势也在急剧变化，各种势力分化组合，此消彼长，尊王攘夷活动渐成明日黄花。

---

① ［日］大隈重信：《日本开国五十年史》上册，上海社会科学出版社 2007 年版，第 107 页。
② ［美］H. B. 克劳：《哈里斯传——打开日本国门的人》，田坂长次郎译，第 244 页。
③ ［日］田口卯吉：《日本开化小史》，岩波书店，1942 年，第 253 页。
④ 同上书，第 254 页。
⑤ ［日］小西四郎：《开国与攘夷》，第 271 页。
⑥ ［荷］E. M. 萨托：《一个外交官所见到的明治维新》，坂田精一译，第 95—96 页。

　　沈仁安先生认为，攘夷运动迅速偃旗息鼓的原因是："（1）不适当地把攘夷提到了首位，以至模糊了倒幕的主要目标；（2）脱藩使自己孤立起来，失去了立足基地，脱离了大多数武士和人民；（3）对天皇抱有幻想，以为一纸诏敕就能使幕府就范，而实际上天皇不过是任人摆布的装饰"①。此言不无道理，然而值得注意的是，最初的攘夷志士并非倒幕论者。"总体上，他们是攘夷论者。而且认为为了实施攘夷，仅依靠幕府的力量还远远不够，所以必须以拥有更高精神权威的朝廷为中心来改革幕政，进而实现全国的团结一致"②。因此，他们既是尊王论者，又是幕政改革派，而非幕政否定论者。然而，正如吴廷璆先生所言："这一运动开始虽不包含推翻幕府的直接目的，但运动所具性质的逻辑发展，必然与对外妥协，对内独裁的幕府不能两立，而走向倒幕"③。至于何时由尊王攘夷转向尊王倒幕，一般认为是在攘夷运动四处碰壁后，长州藩尊王攘夷派领袖高杉晋作提出"开港讨幕"的战略，决定不再"攘夷"而转向武装倒幕之际开始的。除上述原因外，笔者认为如火如荼的攘夷运动走向衰歇至少还有以下一些因素不可忽视：

　　第一，鉴于日本国内政局动荡不安，幕府对外政策亦处于左右摇摆中，英、法两国以防止攘夷派武士浪人袭击居留地外国人为借口，于1863年开始向横滨派驻警戒军队。换言之，愈演愈烈的袭杀外国人行动，也是造成后来英法军队进驻横滨的重要原因之一④。这些较大规模的外国驻军某种程度上对攘夷势力起到了威慑作用。

　　第二，"萨英战争"后，萨摩藩转向与英国建立友好关系。"萨英战争"系1863年7月英国东洋舰队与萨摩藩进行的海战，又称"鹿儿岛藩炮击事件"。尽管英军损失惨重，但是在其猛烈炮火轰击下，造成鹿儿岛城中大火蔓延，烧毁近半个街市。萨摩藩虽然攘夷"有功"，受到京都朝廷的嘉奖，但由于领教到近代武器的威力，从而接受了英国提出的赔款等项要求⑤。

　　第三，"下关战争"对长州藩的军事力量和攘夷士气以沉重打击。1863年，攘夷派的急先锋长州藩对通过下关海峡的美、法、荷船队施以炮击，率

①　沈仁安：《日本史研究序说》，第264页。

②　［日］小西四郎：《开国与攘夷》，第131页。

③　吴廷璆：《史学论集》，人民出版社1997年版，第257页。

④　除英法之外，列强在横滨的军事存在还包括荷兰、美国等其他一些国家，但多为军舰滞留，没有陆上驻军。法国在横滨的驻军规模较小，因而实际上是以英国为主导的驻军。详见张晓刚《近代日本横滨英法驻军研究》，载《世界历史》2009年第2期，第4—13页。

⑤　［日］河出孝雄：《日本历史大辞典》第9卷，河出书房，1964年，第63页。

先点起攘夷之火。1864 年 8 月，英、法、荷、美四国联合舰队开始攻击长州藩。当时，四国舰队由 17 艘军舰、288 门火炮、5014 名官兵组成，由英国海军中将库帕任总司令①。《丰东村前史》一书中有如下记载："（文久三年）五日从异国船上发射的炮弹威力巨大，前田村山上的松树都被折断。而我方炮台多为木制炮，炮弹在打到距敌船半程时即坠落海中。转眼之间，我方炮台即被摧毁……"② 山县有朋回忆当时情况时对长州轻率的"攘夷行动感到很奇怪"，因为前次的侥幸得手，使得面对前来报复的列强军舰，长州军居然轻敌到"虽然是部队，却不带枪炮，也没组成整齐队形，随随便便地就出发了"③。可想而知，这种攘夷遭到惨败是必然的。应该说，"下关远征已经击破了日本攘夷运动的最坚强的堡垒"④。当然，列强在下关战役中也付出了一定代价，联合舰队的伤亡总数为：战死者 12 名，负伤者 60 名。其中英国海军的损失最大，死者 8 名，伤者 48 名；海军战死 2 名，负伤 9 名，荷军战死 2 名，负伤 3 名⑤。下关战役结束后，大规模的攘夷行动基本上偃旗息鼓。

从日本国内形势来看，攘夷最终由盛转衰，窃以为还应该考虑以下诸因素：

首先，攘夷派与公武合体派战争的惨败造成尊攘派在京都失势。1863 年 9 月 30 日（文久三年八月十八日），公武合体派发动政变，将以长州为首的尊王攘夷派逐出京都，史称"八·一八政变"。政变立即促成尊王攘夷派的剧烈分化。以高杉晋作、木户孝允为代表的政治势力组建打破身份限制的奇兵队，力主实行割据自立、伺机倒幕的武力倒幕派。久坂玄瑞等人却固守尊王攘夷的立场，一心夺回在京都的政治优势，1864 年带兵东进京都，结果在皇宫附近被幕府军击败，史称"禁门之变"。长州藩以此事件为转折点，急剧转向尊皇、倒幕、开国的大方向。

其次，西南强藩渐次改弦更张，从激进攘夷转向与列强发展关系。例如，1864 年 9 月 14 日，长州藩与列强联军第三次交涉成功，双方停战。长州藩被迫接受和议：（1）优待通过海峡的外国船只；（2）提供煤炭、食品；

---

① ［日］鹿岛守之助：《日本外交史》，鹿岛研究所出版会，1973 年，第 68 页。
② 参见下关市文书馆《资料幕末马关战争》，三一书房，1971 年，第 247 页。
③ 同上书，第 237 页。
④ ［美］丹涅特：《美国人在东亚》，姚增廙译，商务印书馆，第 342 页。
⑤ ［日］柳生悦子：《下关战争与英国海军陆战队》，载横滨开港资料馆《横滨英法驻屯军与外国人居留地》，东京堂，1999 年，第 137 页。

（3）不准修复和新建炮台；（4）支付联军战费和未烧下关市区的补偿 300 万银元①。以这次战争为契机，长州的武力倒幕派放弃了盲目攘夷策略，逐渐与英国势力接近。这种因下关战役引起的新变化，对幕末政局产生了深远的影响。

再次，幕府及诸藩派遣的访欧使节和留学生等人员走出国门后受到异质文明的影响，逐渐放弃了原来狂热的攘夷思想。例如，1864 年 2 月，幕府为处理法国士官在横滨郊外遭暗杀和法舰在下关海峡遭炮击事件，任命池田长发为横滨锁港谈判正使前往欧洲。池田出使法国时是个年仅 28 岁的青年，"这种情况下被任命为正使，当然是积极主张攘夷论。但是，通过对外交涉接触了西欧诸国的政治实态，在巴黎的生活中不断感受其文明之进步，逐渐倾向于开国论。及至谈判截止时已经转变为完全的开国论者"②。

另外，以 1865 年 11 月天皇"敕许条约"为契机，日本人对外国人似乎不再采取极端敌视态度。"敕许条约本身就意味着：（1）条约的缔结朝廷具有了最终的批准权；（2）过去要求幕府攘夷的朝廷现在已经公然承认开国方针。第一点在朝幕关系上确立了朝廷的优势；第二点则表明了开国和锁国之争的终结"③。值得一提的是，"幕府的危机虽然因为条约敕许而一时得以缓解，但是随着时局的发展，其统治愈发陷于动摇"④。及至明治维新以后，许多日本人几乎抛弃了狭隘的攘夷思想。例如，1885 年横滨市民为悼念"生麦事件"中死亡的英国人而立了纪念碑，碑文如下："文久二年壬戌 8 月 21 日，英国人理查逊殒命于此处，乃鹤见人黑川庄三所有之地也。庄三乞余志其事，因为之歌。歌曰：君流血兮此海翻，我邦变进亦其源，强藩起兮王室振，耳目新兮唱民权，扰扰生死畴知闻，万国有史君名传，我今作歌勒贞珉，君其含笑于九原。"⑤这反映了明治维新以后，日本通过"文明开化"、"殖产兴业"等措施，不仅使民众对外国人的态度发生了变化，甚或在某种程度上对过去的激进攘夷行为进行了反思。

（四）小结

日本史学界对尊王攘夷运动性质的探讨尚无一致的结论，一般认为下述

---

①　［日］影山好一郎：《横滨外国人居留地的防卫》，载横滨开港资料馆《横滨英法驻屯军与外国人居留地》，第 177 页。

②　［日］纲渊谦锭：《幕臣列传》，中央公论社，1981 年，第 136 页。

③　［日］安冈昭男：《日本近代史》，第 67 页。

④　［日］石井孝：《增订明治维新的国际环境》，吉川弘文馆，1988 年，第 414 页。

⑤　参见《东京横滨每日新闻》，明治十七年三月二十五日号。

三种观点较有代表性：（1）服部之总、奈良本辰也、池田敬正等人将尊攘运动本质上视为"资产阶级性质的运动"；（2）远山茂树、石井孝等人的见解为"完全是封建反动性质的运动"；（3）井上清等人则认为是"以绝对主义统一政权为目标的，具有相对进步性的运动"①。客观而言，幕末的尊王攘夷运动因其过激的行动招致外国军队进驻横滨达 12 年之久，迫使幕府做出赔款等让步，亦使日本国家权益受到一定损失。但是也应该看到，攘夷运动的目的在于"拒敌于国门之外"，在维护国家尊严方面具有一定的正义性。另外还要看到，东北亚近代史既是受欧美列强殖民侵略的历史，同时也是与世界连成一体并走向开放和现代化的历史。日本的前途不在于攘夷，而在于维新。在后来倒幕运动的冲击下，幕藩体制"呼啦啦似大厦将倾"，近代日本在暗夜中窥到维新的一丝曙光。

二 近代日本横滨英法驻军实况研究

今天，日本横滨市山手一带能俯瞰港湾的公园，是人们休憩、游览的好去处。然而，那里曾经被称为"法国山"和"二十山"。"法国山"指幕末时期法国军队驻扎的区域；"二十山"则是因为英军第 20 团曾经进驻此地而得名。外国军队大规模、成建制地驻扎在横滨港，这是近代日本其他开港地乃至东北亚地区所不曾有的状况。② 那么，英法军队进驻横滨的起因、经过以及驻军状况则是值得探讨的问题。

（一）英法驻军的起因

1858 年 7 月 29 日，幕府全权委员井上清直和岩濑忠震与美国首任驻日总领事哈里斯在神奈川海面的美国军舰波哈坦号上签署《日美友好通商条约》。③ 英、法、俄、荷等国也接踵而至，与幕府签订了类似商约。横滨借此得以开港。

1859 年 7 月 1 日，横滨正式开港后，实际上意味着在东亚地区构建了一条海上通道，而香港、上海、横滨则是这条航线上的三大枢纽港。开港固然是为了通商，但海上航路发达的同时也给大量调动军队提供了充分的后勤

---

① 历史学研究会：《明治维新史研究讲座》3，平凡社，1968 年，第 98 页。

② 除英法之外，列强在横滨的军事存在还包括荷兰、美国等其他一些国家，但多为军舰滞留，没有陆上驻军。法国在横滨的驻军规模较小，因而实际上是以英国为主导的驻军。

③ ［日］石井孝：《日本开国史》，第 339 页。

保障。尽管幕府根据通商条约的规定，一方面试图抑制横滨向军事据点转化，但是另一方面又不得不容忍列强的武器和军用品大批运抵日本。因为，开港后横滨和长崎一同转变成幕末日本有代表性的国际军火贸易市场。"从欧洲，或者从北非和印度等世界各地而来的殖民地军队经过亚洲各港口进驻横滨的通道也是其中的一环。而这也是以生丝贸易为主的港城横滨同时又急遽地发展变化为一个'军事都市'而迅速发生变化的一个契机"①。在列强的对日外交政策下，横滨开港不久即变成欧美舰队靠岸停泊、补充给养的军港。

日本开港后，欧美外交官陆续移居江户，升旗开馆。幕府当局则在距离江户较近的横滨，辟地供外国人居住，从而形成日本最大的"居留地"。应该看到，最初幕府为准备横滨开港还是颇费心机的。如1858年12月，幕府划定了警戒范围和力量："以平沼新田的小川为界，把沿海岸线到东南本牧乡村作为越前藩主松平家的警戒区域；把从芝生村到北部川崎宿之间的海岸线作为伊豫松山藩主久松家的警戒区域。"② 除了在海岸布防外，在通往横滨的陆路要地也设立关门、番所，派兵驻守。上述措施是"参照下田警备举措而实施的"③。"洋夷"入住江户、横滨，极大地刺激了尊王攘夷派下级武士，于是在横滨与江户两地经常发生袭击外国人的暴力事件。水户藩的几百名浪人武士成为攘夷的主力军，他们除了暗杀外国人之外，也攻击那些在与外国人进行贸易中大发横财的"横滨商人"，致使事态不断扩大。"事实上，1866年在关东西部爆发的五州大一揆中，参加者合计约10万名，数百户房屋被捣毁。而卷入其中的人们大都对横滨（商人）厌恶不已，视之如同仇敌。而且，他们也考虑到横滨开港导致物价上涨的因素，发起以横滨为目标的打击行动。可以说其中包含着浪士们的攘夷行动和农民反对横滨贸易商人的'一揆'等双重关系"④。这些行动客观反映了幕末时期横滨周边地区居民生活的贫困化和对时局感到不安的危机意识，也折射出幕府对地方的统治已经陷入混乱。攘夷运动以"生麦事件"、"井户谷事件"及两次"东禅寺事件"等为标志，以横滨港及其背后的外国人居留地为最大的攻击目

　　① ［日］石塚裕道：《横滨英法驻屯军的12年间》，载横滨开港资料馆《横滨英法驻屯军与外国人居留地》，第6—7页。
　　② 东京大学史料编纂所：《幕末外国关系文书》，东京大学出版会，1985年，第21、347页。
　　③ 横滨市役所编：《横滨市史》第3卷，第250页。
　　④ ［日］石塚裕道：《横滨英法驻屯军的12年间》，载横滨开港资料馆《横滨英法驻屯军与外国人居留地》，第11页。

标。进而言之，这些愈演愈烈的恐怖暗杀行动，也是造成后来英法军队进驻横滨并迅速地扩大化的重要原因。英国在强制幕府当局履行条约保护外国居留民的同时，开始从外交上努力保护公使馆，进而着手确保居留民安全的基本目标。① 就是说，英国为达此目的，开始考虑行使军事力量。

阿礼国任驻日公使时期，英国的对日战略目标之一是在东北亚地区与美、法、俄等国保持力量平衡；目标之二是保持与英国地位相称的海军力量。有趣的是，美国曾经控制了对日外交，并成功迫使日本开国与开港，后来却将对日主导权拱手让给英国；美国在对中国的棉织品贸易中是英国唯一的竞争对手，但由于国内发生南北战争而保持低调。沙俄帝国在军事力量上有扩张领土的威胁，但没有贸易上的竞争。法国的综合国力不足以与英国对抗，因而采取协调路线，这一点从派兵驻屯横滨的规模上也得到反映。从居留地防卫的视角来看，这一时期有如下特点：（1）以 1859 年 8 月在横滨发生的两名俄国水兵被杀为契机，相继发生的攘夷事件以及幕府对此类事件的处理方式反映出日本整个统治阶级对外国人抱有的厌恶感和怀疑态度。在这种情况下，英方必须做好与日本发生战争的准备。（2）以 1861 年 9 月解决的俄舰占领对马岛事件为契机，英国确保对其他列强在对日政策上的主导性，另一方面，关于开市开港延期问题，英方试图使幕府从对美国依存的体制转变为对英依存体制。这对英国以后扩大贸易和构筑英国主导的居留地防卫体制很重要。② （3）1861 年，通过第一次"东禅寺事件"中对幕府的交涉，阿礼国摸清了幕府政权的底牌，进而推进了由英国海陆军来保护领事馆的体制。③ （4）阿礼国在任何场合都在捕捉解决问题的机会，向陆军官员和外交大臣呼吁，派遣英国陆军部队来保护公使馆馆员和居留民。④

《安政条约》条款中承认外国人有权在开港地长期居住，可以租用土地，购买房屋，亦可以建设住宅与仓库，"但却不允许在居留地建设要塞或者其它军事设施，因为居留地是为商人设定的"⑤。然而，由于攘夷派活动频仍，加之当时流传一种谣言，称一些激进武士将于 1862 年 10 月大举袭击

---

① 根据《安政条约》第 3 款，幕府不许外国驻军，但是有保护居留地安全的义务。

② ［日］石井孝：《明治维新的国际环境》，吉川弘文馆，1973 年，第 76 页。

③ 当时阿礼国从停泊在横滨港的军舰上派遣海军军官一名，水兵 25 名登陆保卫公使馆。11 月，从香港又派来 13 名骑马护卫队员。这一举动为日后正式驻军创造了有利条件（笔者注）。

④ ［日］影山好一郎：《横滨外国人居留地的防卫》，载横滨开港资料馆《横滨英法驻屯军与外国人居留地》，第 153 页。

⑤ 日本国际政治学会编：《日本外交史研究》，有斐阁，1960 年，第 112 页。

横滨的外国人居留地。于是,大多数外国人都陷于混乱之中。在这样紧迫的形势下,幕府当局仅派了小部分军队权当横滨居留地的警备。可见,此时幕府的开港政策已然发生变化。对于日方的消极态度,英法两国公使遂主张本国军队登陆以保卫居留地。

英国代理公使尼尔滞留日本期间,正是攘夷运动日益高涨时期。杀害外国人事件,从浪人武士个别行为发展到以藩为单位的较大规模行动。尼尔在这种状况下为了维护英国在日利益,开始计划制裁日本攘夷势力,同时整备居留地的防卫体制。对日制裁是指向"生麦事件"的责任者幕府和加害者萨摩藩索取赔偿金。如前所述,"生麦事件"后,居留地流传着武士欲来袭击的谣传。居留地外国人为了自卫而组织了义勇队,所幸当年平安度过。然而,翌年2月,风闻再起,英国遂集结了12艘军舰赶到横滨"救驾"。最终,英法为了居留地的警备而派军队进驻横滨。

关于驻军的目的,可以说仁者见仁,智者见智。1872年3月8日在英国下院曾有过讨论。有的议员质疑在日本驻军的条约根据和派遣横滨驻屯军的规模;有的人认为横滨驻军目的仅仅是保护居留民的生命和商业利益,"而仍有理由相信现在的稳定形势今后会持续下去,如果这样的话,不久就应该将全部驻军撤退"①。总之,一般认为,为了强化在欧洲的军事力量,就有必要缩小海外军事力量。而英国面临市场的扩大,以降低成本为出发点,以不施以极端的政治、军事手段,而进行经济上的自由竞争为基本原则。但是在与落后国家进行贸易之际,则根据对象国的态度和对应来决定是否行使军事力量。可见,派遣驻军最初的目的是保护居留地,而且是短时期的行动。当然,随着时局的变化,驻军任务也在调整。每天,这些军队集合队伍离开军营来到居留地巡逻,这既钳制了攘夷派,又压制了幕府,是很有效的威慑行动。然而,保护居留地外国人的安全只是驻军诸多任务之一。可以认为,攘夷运动,尤其是"生麦事件"和两次"东禅寺事件"是造成英法军队进驻横滨的直接起因。但从后来的形势演进看,我们认为英法两国是从稳定殖民主义战略大局出发,即为了维护东北亚政治格局和支持自由贸易体制的目的,从而作出长期驻军日本的决定。因为驻军行动毕竟需要得到本国政府的批准,而不是一般军政官员即可做出决定的普通军事行动。所以说保护居留地,只是驻军诸多任务中的一项内容。另外值得关注的是,外国军

---

① 〔日〕小风秀雅:《英法驻屯军撤退期的国际关系》,载横滨开港资料馆《横滨英法驻屯军与外国人居留地》,第310页。

队从 1863 年起在日本驻扎达 12 年之久，横滨俨然成为英法军队的后方基地，乃至后来的明治新政府一直把撤军问题列为一项重要外交议题。

（二）驻军的来源与实力

英国在维多利亚时代（1837—1901）对提升本国的军事力量颇为重视。1854 年时，英军约有 14 万人，至 1879 年，也仅有 19 万人左右。[①]　然而，为了拓展大英帝国的势力范围，规模较小却机动有效的英军经常转战在世界各地。女王在位期间英军几乎没有停止过征战，这些战争几乎都可视为小规模的战争。在与清朝进行的两次"鸦片战争"中，英国投入的兵力规模虽称不上巨大，却都取得胜利。这些战争即所谓在"非文明国家"或者是殖民地进行的征服、扩张领土，以及镇压起义和反抗的军事行动。当然，向日本派遣驻军也属于其中的一项行动。1862 年 8 月，最初一批英国部队作为英国公使馆的警卫约 50 人到达横滨，成为日后驻军的前哨。当时英国有 109 个陆军步兵团，其中有 5 个团到过横滨。[②]

1863 年 1 月 28 日又发生了新的事件，正在建设中的位于品川御殿山的英国公使馆被长州藩士放火烧毁。于是应尼尔要求派遣的英国 3 艘军舰于 3 月 14 日驶入横滨港。从英国派来的保卫公使馆的英国海军陆战队分遣队 25 名队员也同时到达。法国则派出舰队予以增援。英法舰队相继进入横滨港，最后竟达 12 艘。当时，居留地的夜间警戒人员是从军舰登陆的英法荷等国士兵约 200 余人，还有横滨港内停泊的十多艘军舰上的 800 名左右的士兵。但这并非真正意义上的驻军。当时，英国为了弥补军事力量的不足，有两个客观条件可资利用，一个是对英采取协调姿态的法军司令官乔雷斯率领的舰队；另一个是在京都近似于幽禁状态的将军与留守江户的幕阁被一分为二，造成幕府掌控全局能力下降。幕府即使想继续保持外国人居留地防卫的主导地位也已力不从心，从而为各国请求英国保卫居留地安全提供了有利条件。在这种背景下，英军司令库帕和法军司令乔雷斯联手，于 1863 年 4 月 16 日邀请荷兰海军指挥官共同商议关于居留地的防卫大计。兵力构成主要为：英国步兵、海军陆战队分遣队、骑兵护卫队和居留民义勇团。[③]　协议的结果确

---

① 当时英军规模较小，而普法战争时的普鲁士军队约 89 万人，同时期的俄国军队也有 78 万人。

② ［日］大山瑞代：《横滨驻屯地的英国陆军》，载横滨开港资料馆《横滨英法驻屯军与外国人居留地》，第 82 页。

③ ［日］影山好一郎：《横滨外国人居留地的防卫》，载横滨开港资料馆《横滨英法驻屯军与外国人居留地》，第 160 页。

定，以停泊在横滨港内的海军舰艇作为保护居留民的主要力量。白天如果发生对居留地的袭击，葡萄牙领事克拉克官邸就在旗杆上挂起英国海军军旗，夜间则放焰火进行提示，并以炮舰发出的轰鸣声来提醒居留民加以注意。同时还规定了小船的编成及运输方式。这种站在海军立场上制订的居留地防卫策略，是定位于最危险、最恶化的情况下将居留民转移到军舰上的考虑。①同年 10 月，停泊在横滨港的各缔约国的军舰已达 24 艘。横滨港几乎成了外国军港。

就驻军时间而言，法国派遣陆军驻非洲轻步兵第三营先遣队先于英国到达横滨。最初是 1863 年 5 月 5 日，法国海军陆战队首先登上山手谷户坂左侧的 1 万平方米左右的小山丘，设立了兵营。神奈川奉行对此予以认可，于是 250 名法国官兵得以常驻横滨，这应该是日本最早的外国驻军。7 月，同部队追加派遣 208 名官兵，在山手 185 番、186 番开始真正意义上的驻军。"以往的居留地都是商馆所在地，而山手居留地则是军事基地，乃至外国公馆的所在地。"② 之后，法国驻军员额随着形势发展屡有增减。1864 年 7 月，只有一个连队的约 80 名分遣队员驻扎横滨，而全营主力接到命令，从中国、日本海域转移到印度支那执行任务，横滨分遣队也被撤走，新来的 50 名海军枪队士兵与其交接。该年 9 月四国联合舰队远征下关时，此海军部队再次增加达 200 人左右。下关远征是该部队在日本仅有的一次军事行动。远征结束后，法国驻军一时曾削减到 150 人左右，但是到 1865 年 6 月，从印度支那又调来海军枪队一个连，后来一段时期法军在横滨就拥有 250—300 人左右的驻军。然而，迟于法国进入横滨的英国驻军，在远征下关时则拥有 2000 人以上的兵力，远征结束后也保留 1000 人以上的大规模的军事人员驻屯横滨。③ 可见，横滨驻军实际上是以英国为主导的。英国舰队远征鹿儿岛之际，英国外交大臣拉歇尔认为有必要向横滨派遣 1000 名陆军人员。英军司令库帕根据"英萨战争"的经验认为，对于攻占陆上炮台的登陆作战而言，陆军是不可或缺的。对于居留地的防卫，也认为应该以陆军为主体。至"英萨战争"结束后，停泊在横滨港的英国军舰已达 16 艘，大炮达 150 门。

1864 年 1 月 22 日，英军第 20 团的分遣队登陆横滨，开始真正的驻军，

----

① ［日］影山好一郎：《横滨外国人居留地的防卫》，载横滨开港资料馆《横滨英法驻屯军与外国人居留地》，第 160 页。

② 富田仁著：《瓦斯灯与红靴子——横滨开化物语》，第 25 页。

③ ［日］中武香奈美：《法国海军与驻日公使罗修的对日政策》，载横滨开港资料馆《横滨英法驻屯军与外国人居留地》，第 341 页。

但这一行动比法国军队迟了半年之久。当时的《纽约时报》指出："数日前，英国正规军200人为保护阿礼国而登陆日本。"① 第20团当初的目的地是印度，到了加尔各答后，再换乘去中国的船。1863年11月20日从加尔各答港出发，12月8日到达香港后在九龙宿营。当时九龙的宿营地难以容纳大批人员，700余名士兵只好住在拥挤不堪的兵营里。该团的分遣队161名官兵于1864年1月5日从这里出发奔赴横滨。而包括军乐队在内的主力部队是在6月底出发的，两者相差半年时间。这期间流行霍乱，即使到了横滨疫情仍未得到控制，出现许多病死者。而且不只是20团遭此厄运，在中国受疾病困扰的还有第11团和第9团。

第20团分遣队到达横滨后，在此之前与海军陆战队一同执行保卫江户英国使馆使命的28名官兵又返回上海。② 之后，第67团的分遣队再次奉命来日，与已经驻屯下来的第20团第2营共同驻守横滨。1864年下半年，加上海军陆战队和印度军（亦称第29孟买步兵团），驻扎官兵已达1500名以上。1864年6月7日的《贸易新闻》报道："5月28日到达横滨的英国海兵队一大队500人（《纽约时报》上为600人），在新码头登陆，向建在高台上的帐篷营地进发。可以看到戴着军功章的士官。今后士兵还会增加，其目的是为保护居留地。日本人大概开始做战争的准备了。第20联队③作为增援部队正从上海赶往横滨。为了预定到达横滨的联队的住宿，正在急速建造包括弹药库在内的40栋营房。"④在这种状况下，海军陆战队轻装步兵一大队共552名官兵乘军舰从英国本土到达横滨港。6月法国海军枪队300名官兵乘军舰到达横滨，与驻非洲轻步兵换防。7月8日，英国第20联队的主力部队在布朗中校率领下，从香港到达横滨住进山手部分完工的新兵营。另外，从上海有第67联队167名士兵，炮兵队第一中队6名工兵也赶来增援。这样，在横滨的英国陆军部队兵力已达到约2000人。⑤ 7月9日，第20团两艘军舰从香港到达横滨，英国军事力量大幅增强。因为营房尚未竣工而留宿在船上，预定两天后上岸，与先期到达的士兵住在同一地点。下关战争前夕，在日外国军事力量已达军舰25艘（英16，法4，荷4，美1），陆军

---

① The New York Times（《纽约时报》）0322，1864年1月26日号，转引自横滨开港资料馆《明治维新期的横滨英法驻屯军史料集》，1993年，第25页。

② 保卫江户英国使馆的28名官兵原本是从上海驻军第67团调遣而来的。

③ 日文中的"联队"系指英军以团为单位的军事组织，故本文译为"团"。

④《贸易新闻》0608，The New York Times（《纽约时报》）0905，1864年6月7日号。

⑤ ［日］洞富雄：《幕末维新期的外压与抵抗》，校仓书房，1977年，第69页。

3000 人。① 但是，许多军人住在军舰上，并非真正驻屯横滨的部队。到 1875 年 3 月完全撤退，约 12 年间，英法驻军规模不断发生变化，但是驻地一直固定在横滨山手的一隅。

　　英国海军陆战队，是执行海陆两栖作战任务的部队，最初由陆军士兵登上军舰作战开始。因为英国不断扩张殖民地，需要大批随同舰队远征的士兵，因此，1755 年，英军开始募集直属海军的士兵，经议会决定将其设为常备军。海军陆战队参加过许多战役，因殖民扩张"有功"，后来被称为"皇家海军陆战队"。1803 年，海军陆战队达到 4 个师团，1804 年又设置了炮兵队。从 1863 年 12 月到 1866 年 1 月，海军陆战队轻步兵队——日本派遣大队在日本执行驻军任务约两年多时间，回国后该部队即遭解散。根据英国海军陆战队文件来看，日本派遣大队的编制为司令部 17 人，队员 522 人。② 海军陆战队大队 1863 年 12 月从普利茅斯港出发，军舰向南到达好望角，又从那里驶向新加坡。按照航海常识，1864 年 5 月初从香港借着西南季风驶向日本，5 月 28 日进入横滨港，6 月 7 日下午 3 时 30 分，海军陆战队有秩序地登陆。③ 到了横滨山手宿营地后，从指挥官到下士官兵 530 人，立即开始建设营房。他们埋下木桩，支起帐篷。大的两层的帐篷用作军官食堂、司令部、医院；其他为普通的圆锥形的帐篷，每个里面住 11 名士兵。不久，日本进入梅雨季节，这些在世界上东征西讨、坚定地执行大英帝国殖民扩张使命的士兵们不得不承受特有的湿气和酷暑困扰，过着十分艰苦的帐篷生活。

　　如前所述，驻军以英国为主，法国为辅。下关远征后，法军登陆部队只有海军枪队 200 人左右。1865 年 6 月，海军一中队乘运输舰从西贡来到横滨，法国驻屯军实力得到增强。尽管如此，与同时期的英国驻军相比，仍是小规模的部队。况且英国在下关远征后，参战的海军陆战队一大队返回英国，由第 11 团队来换防，兵员总额削减数百名之多。当时，驻扎横滨山手的英军有 1000 人以上，而海军则为 250 人左右。④

　　总之，阿礼国离任前驻屯的英国陆军约达 1300 人（另有法国军队约

　　① 《香港新闻》0901，1864 年 9 月 1 日号。
　　② ［日］柳生悦子：《下关战争与英国海兵队》，载横滨开港资料馆《横滨英法驻屯军与外国人居留地》，第 122 页。
　　③ The London and China Telegraph（"伦敦中国电讯"）0808 号。
　　④ ［日］中武香奈美：《法国海军与驻日公使罗修的对日政策》，载横滨开港资料馆《横滨英法驻屯军与外国人居留地》，第 341 页。

300 人），这是承担横滨防卫任务最大规模的驻军人数。此后，在巴夏礼公使在任时期，"英国陆军只有第 20 团约 800 人。1865 年 9 月，第 11 团分遣队约 150 人，来横滨驻扎。1866 年第 20 与第 11 团撤走，第 9 团约 650 人换防，其后也有几度交接换防。到 1875 年从日本全面撤军阶段，英、法双方各有 300 人（合计约 600 人）驻军规模"①。尽管英国海军占绝对优势，而要想威慑以京都朝廷天皇为首的攘夷派，还必须保持动员陆军的大部队及运送大批兵员和物质的能力。

（三）后勤设施和生活状况

1864 年，英、法、美、荷四国决定对长州藩采取军事行动。对阿礼国来说，为了使下关远征取得成功，横滨居留地又增加一层军事据点的新职能。此时从上海和香港派遣的英国陆军部队约 1500 人即将到达横滨。阿礼国希望结束远征任务后，该部队正好借此机会留在横滨，专事居留地防务。于是，1864 年 5 月，阿礼国与幕府外国奉行谈判，探讨紧急营造能容纳1500 名英国官兵的临时宿舍问题，结果会谈进展顺利。竹本正雅奉行强调，这次驻军是临时性的，构筑简易营房即可，很快就能完工。通过交涉，确定按士兵每人一叠半，② 军官每人 8 叠的比例，共建造 14 栋营房，在此安置800 名士兵。其他 200 名已另择住处，而随后增派的 500 名海军官兵由于来不及住上木造营房，只好暂住帐篷。③

1864 年 6 月下旬，法国军舰运送 300 名海军陆战队人员到达横滨，与先期到达的非洲分遣队换防交接后进入山手法国营地。同年 7 月 9 日，英国第 20 团余部从香港到达，随即入住山手英国营地的新营房。由于增援部队不断涌入，营房紧张，只好使用帐篷。因居住条件恶劣而不断出现病号，英国公使又要求加紧建造新营房，并借用训练场，得到幕府老中认可。④ 而最初驻扎在横滨的官兵生活颇为艰辛。《在日本的生活》中曾经描述道："约 9平方米大小的房间，墙壁受风雨侵蚀，霉迹斑斑。想要遮盖住，可是到处都是从前住过的人用窗户纸不止一次粘贴过的痕迹。尽管如此，最初的晚上从四处缝隙中吹入凉风，老鼠自由地出入，……炉子没有一点热气，更糟糕的

---

① ［日］洞富雄：《幕末维新期的外压与抵抗》，第 69 页。
② "叠"：计算日本房间所铺的草垫"榻榻米"的量词，张、块（笔者注）。
③ 横滨市役所编：《横滨市史》第 3 卷，第 805 页。
④ 日本外务省编：《续通信全览》，类聚地处门所编，雄松堂，1984 年，第 82—83 页。

是烟排不出去，充满整个房间，如果不想死的话，最好还是打开窗户。"①
可见，驻军初期的条件很糟糕，大英帝国殖民军队的海外扩张生活并非十分
惬意的事情。1965 年 9 月，第 11 团队 151 名与第 20 团队 24 名士兵以及妇
女 59 名、儿童约 100 名，乘船从香港到达横滨。多数的乘员患病，航行途
中有 2—3 人死亡。《日本新闻》中没记载死亡人数，但是有关于士兵与一
些妇女、儿童为躲避霍乱和疟疾而赶来横滨的报道。②

　　对于大量的英国军舰停泊在横滨港内，幕府感到很大压力，并强烈要求
英军舰艇尽早撤离。本来英国也不希望庞大的舰队长期滞留横滨，但是在现
实有利的条件下，代理公使尼尔于 1864 年 10 月乘机要求幕府为英国陆军部
队增建兵营，以换取英国军舰的撤离。这样，双方确定由幕府出经费增加修
建军营等设施。另外，根据尼尔先前的要求到达的陆军部队第 20 团分遣队
第二连队则住宿在英国自费建设的临时兵营里。在英国公使的外交努力下，
幕府当局同意向英国提供包括海军在内的营房。从 1866 年 3 月到 5 月，英
国驻军进行换防。此后，除了军舰上的水兵，陆军兵员有 800 人左右。法国
军队约有 300 人。英国军营分为两处，英法两国领事馆附近的驻军区称北阵
营，萩原坂大街对面的调练所、幕张所一带称为南阵营。"英国驻军使用的
土地在明治 4 年（1871 年）10 月总计达到 19189 坪，（在这些土地上）所
建的建筑物达到 4593112 坪，建设费用总额为 53151 两银洋"③。就这样，
在下关战争中获胜的英国趋于强硬，要求幕府支付 300 万元赔偿金的同时，
又逼迫日方在谷户坂上的驻地建造长久的军营。屈服于强大的武力压力，幕
府再度让步。神奈川奉行投入 53000 余两的巨额费用，建造了正规军营。于
是，在谷户坂上出现了兵营、医院、弹药库等 30 余栋建筑，在横滨范围内
最大的设施群的上空飘扬着英国国旗。英国方面根据需要，不断向幕府提出
借用土地，修建设施。而其建筑费及修缮费则全部由幕府出资承担，且地皮
费和房租费全部免除。当然，法国也不甘落后，在英国军队驻地的下方谷户
桥畔的军营里驻扎了数百人的军队。法国军营在山手 186 番地，面积为
3042 坪。因驻军人员少，规模显然小于英国军营。其中三座建筑物为日本
方面出资所建，总面积为 117.5 坪，与英国军营一样，不收土地费及房

---

① 参见大山瑞代《横滨驻屯地的英国陆军》，载横滨开港资料馆《横滨英法驻屯军与外国人
居留地》，第 96 页。
② The Japan Times Daily Advertiser 0918，《日本新闻》0922，1865 年 9 月 17 日号。
③ 日本外务省编：《续通信全览》，类聚地处门所编，第 108 页。

租费。

后勤保障工作是任何军队赖以生存的前提。英国驻军的物质供应，主要从本土用船运送和在当地采购。例如，1863 年 11 月 27 日曾用军舰向日本运送 1 万磅罐装肉，每天还买三、四头牛给横滨外国人作食用肉。当时东京兵制所员小川仙之助曾于 1870—1871 年访问过第 10 团第 1 营的驻地。他将所见所闻以"横滨英国屯所等图"为题，记录下来，内容包括军队的构成、官阶、称谓、日课、衣食住行等诸方面。其中军人每日配给的食物如下：面包 1 磅（约 450 克）；肉 1 磅；葡萄酒 1 瓶；牛奶（没有量的记载）；茶叶半盎司（约 15 克），砂糖 2 盎司（约 60 克）。① 1864 年被派驻横滨的海军陆战队士官普因茨的日记中记载道："驻屯横滨的海军陆战队每个阶层都得到良好的报酬，加之还发给士官特别津贴和伙食费。我身为副官，每天发给伙食费 23 先令 6 便士，将其换成日本货币买入食物。羊肉和奶酪是一磅约 3 先令的高价，如果兑换成日本货币就能便宜三分之一。但是这仅限于英国的陆海军有关人员和外交官，并不适用于一般居民。……这种规定一直持续到第 9 联队或者第 10 联队（到达）时才结束。"②

当时的英国陆军都有独特的传统和习惯，近似家族一样的生活共同体的组织，一个家族的人经过几个世代仍属于同一团队的例子很多。在横滨驻屯的英国军队中还有一些带着家眷的官兵。就是说，在驻地内可以看到孩子们跑着玩耍，妇女们边照顾孩子、边操持家务的景象。而且为了教育孩子，还修建了学校等设施，并有教师授课。但是，英军的海军陆战队与陆军不同，部队里只有男人，决不允许妻子一同生活。当时有许多英国人在中国死于传染性疾病，为此，英国陆军省召集各种委员会研究如何确保士兵的生活水平和身体健康。此一时期，横滨又成了外国驻军不错的疗养地。

军队官兵的业余文化生活也是不可忽略的方面。例如，陆军部队配备的教师起到了为识字率低的士兵普及教育的作用。驻地有专门为官兵设立的图书室，这是为了使军人在精神方面得到充实和安宁。当然，还经常举办讲演会、演奏会等活动。英军第 9 团的士官们在横滨驻军生活中的最大乐趣是骑马、赛马和狩猎等活动。当时的马在英国陆军中起着很大作用，无论是执行军务还是闲暇时，马都是不可或缺的伙伴。与马同样重要的动物是狗，除了狩猎之外，狗还作为宠物成为军队中重要的一员，尤其是解除了那些没有家

---

① 横滨开港资料馆编集：《明治维新期的横滨英法驻屯军史料集》，1993 年，第 137 页。
② 同上书，第 104 页。

属的士兵的寂寞。另外，喜欢宠物的士兵还饲养了猫、小鸟、鹿、山羊、白鼠等动物。但是，因为受《安政条约》规定的"游步区域"①的限制，第九团的官兵们不能追赶猎物到深山密林中去。为了稳定官兵的情绪，部队不仅开展体育活动，还举办读书、写作、音乐、表演等活动，以丰富业余生活。军乐队也成了连队生活的调味品。但是英国的军乐队与法国和德国不同，不大喜欢演奏雄壮的军歌和进行曲，而多演奏来自各自团队所在地的歌曲和民谣。在横滨组成的早期的业余戏剧俱乐部，一个是炮兵队的，另一个是第20团的，两者互不相让，以博得居留地居民的青睐。② 海军陆战队与陆军换防后，平时多进行狩猎、赛马、板球比赛等活动，冬天则在水田里结冰的冰面上滑冰，以参加体育活动来消耗多余的精力。盛大的集会和活动有1864年10月的日英联合阅兵式，11月的海军陆战队的运动会以及当夜邀请居留地的女士们举行舞会，还有英国女王生日那天举行的军事演习。

英法驻军有时成为横滨治安案件的肇事者，打架斗殴、盗窃等行径屡见不鲜。1866年11月26日"豚屋火事"③之际，参与救火的第9团的士兵们在途中饮酒、抢掠，趁火打劫即是一例。应当看到，维多利亚时代的英国陆军因军事行动频繁，为了确保足够的海外派兵人数，不得不降低士兵入伍的年龄、身高等标准。例如1861年年龄为17—25岁，身高为1.74米；而1868年身高降为1.65米的标准。而且还以高工资、优厚待遇等虚伪的宣传作为招募新兵手段。这一时代因为需要许多人去打仗，以至于往往把街头流浪汉和在酒馆饮酒的人也招募进来。因而"对于幕末横滨大火之际放弃灭火行动而进行饮酒、掠夺的士兵，也应充分考虑到当时英国国内征兵的情况"④。于是，在横滨英军驻地，既有绅士出身的士官，又有下层平民出身的士兵。社会各个阶层的人们所处的境遇和教养的不同，使得官兵素质良莠不齐，亦可视为治安案件频发的重要原因之一。

另外，"罗纱绵"⑤也是值得一提的问题。1875年3月2日，英法两国驻军开始正式撤军。在横滨港送别的人群中，外国士兵与日本"罗纱绵"

---

① 以横滨为中心10里，即约40平方公里以内的地方，外国人只能在区域内活动。

② ［日］大山瑞代：《横滨驻屯地的英国陆军》，载横滨开港资料馆《横滨英法驻屯军与外国人居留地》，第107页。

③ 指庆应2年10月20日猪肉店发生火灾，从末广町一直烧到外国人居留地，损失惨重。参见《横滨近代史综合年表》，第50页。

④ ［日］大山瑞代：《横滨驻屯地的英国陆军》，载横滨开港资料馆《横滨英法驻屯军与外国人居留地》，第109页。

⑤ "罗纱绵"，亦称为洋妾，蔑称，是指幕末、明治初年给外国人做小妾的日本女人。

拥抱在一起，演出生离死别的一幕，成为"港町"一道独特的风景。这些情景在当时的新闻媒体及一些图书中都有记载。的确是在外国人来到日本以后，才产生了众多的给外国人做小妾的"罗纱绵"，而且其中也不乏浪漫的爱情故事。然而，不能忽视这些"洋妾"中的大多数人是出身于贫困人家的女子，虽然有的借此摆脱了贫苦生活，但也有的因为与外国人同居怀孕而自杀。"总之，很少有人想成为被人扔石块、遭白眼的洋妾，她们几乎都是由于一些客观原因所迫，不得已而选择洋妾生活的女性。在探索日本女性史的时候，作为遇到深深扎根于社会的贫困的一种现象，似乎必须考虑罗纱绵的存在。"① 然而，关于"罗纱绵"问题，至今难以开展深入研究，原因之一在于"洋妾"的身份对后辈亲属是一种难以启齿的耻辱。实际上，这也是开港带来的负面影响之一。

（四）小结

幕末的英法军队驻屯横滨是西方殖民扩张与日本"攘夷"运动相冲突而产生的后果。遗憾的是，"现在即使是横滨市民也几乎没有人知道这里曾经是外国军队的驻屯地"②。可见，英法驻军对长期处于和平环境下的人们而言是很遥远的存在。然而，横滨人（包括其他地方的日本人）似乎不应该这样健忘，因为距离横滨不远处横须贺的港湾里今天仍然停泊着美国的军舰。当然，幕末的英法驻军与今天的美国驻军存在本质的区别。前者是近代西方列强为了维护殖民利益而派兵进驻横滨，日本是"受害者"；后者则是"二战"结束后美军单独占领日本的"遗留问题"，是日本军国主义作为"加害者"对外侵略扩张失败而招致的结果。当然，今天的美国驻军问题还应该考虑《日美安保条约》等诸多因素。明治初期英法军队从日本撤军已经130余年，然而，有关横滨外国驻军的问题仍是值得进一步探讨的课题。

三 近代日本英法驻屯军撤军谈判问题

日本自德川幕府末期开港后，国内政局动荡不安，江户与横滨一带频繁发生暗杀外国人事件。欧美列强以防止武士浪人袭击横滨居留地为借口，于1863年开始向横滨派驻警戒军队。外国军队大规模、成建制地驻扎在横滨

---

① ［日］富田仁：《瓦斯灯与红靴子——横滨开化物语》，第75页。
② ［日］石塚裕道：《横滨英法驻屯军的12年间》，载横滨开港资料馆《横滨英法驻屯军与外国人居留地》，第4页。

"居留地"，这是日本其他开港地乃至东北亚地区所不曾有的状况。一般认为，幕末攘夷运动，尤其是"生麦事件"和两次"东禅寺事件"是造成英法军队进驻横滨的直接起因。但从后来的形势演进看，英法两国则是从整个殖民主义战略大局出发，为了维护东北亚政治格局和支持自由贸易体制的目的而作出长期驻军日本的决定。[①] 这是因为驻军行动毕竟需要得到本国政府的批准，而不是一般军政官员即可做出决定的普通军事行动。另外，英法军队驻屯横滨是在幕府末期，而撤军则发生在明治初期，由于外国驻军严重损害了日本的国家主权，因此在明治政府成立后，遂竭力设法解决这一幕府时代的遗留问题。

（一）最初的撤军交涉

日本自 1859 年开港后，国内政局动荡不安。在避战开国派执掌幕府权力的情况下，幕府默许英法军队于 1863 年驻屯横滨，借以挟外力维护政权的稳定。明治维新后，新政府虽然从幕府手中接管了政权，但英法两国军队仍旧驻扎在横滨。1869 年 5 月，外国官判事山口范藏与中井弘藏上书进言，认为日本幕府对内对外均不能充分保护人民，才致使外国军队进驻开港地；要使国家统一，国内安定，充实军备至关重要。进而感叹道："而今英国军队大凡有 3000 人，法国次之，美国等国则为海军。我堂堂神州自古未尝遭受外侮，今日所招致轻侮甚焉。"[②] 于是，英法两国驻军撤退的问题提上了新政府的议事日程。

1869 年 4 月，在公议所讨论了"外国官问题十七条"中的外国驻军问题。[③] 虽然当时担任议定要职的三条实美代表新政府与英国公使早已开始了关于英国驻军撤出的最初交涉，但是三条担心攘夷运动还会继续发生，对撤军问题并不是很积极。1869 年 11 月，大纳言岩仓具视在与英国公使巴夏礼（H. S. Parkes）会谈时正式提出撤军问题："英国军队乃因攘夷活动盛行而进驻，实际贵国政府未必愿意驻军，而今撤军已成为我国政治安定的重要部分，虽说现在并不要求立即撤军，但贵国须作好撤离准备。"对此，巴夏礼回复："日本国内尚未完全恢复稳定，考虑到撤离后攘夷论将死灰复燃，新

---

①　外国在横滨的军事存在除英法之外，实际上还包括荷兰、美国等其他一些国家，但多为军舰滞留，没有陆上驻军。法国在横滨的驻军规模、影响均不如英国。

②　日本外务省编：《大日本外交文书》，第 2 卷第 1 册，世界文库，1969—1973，第 754 页。

③　参见《公议所日志》第九，"外国官问题第十七条"，载《明治文化全集》第 1 卷，宪政编，日本评论社，1928 年，第 52 页。

政府恐难以应付，故撤军尚为时过早。"① 拒绝了岩仓的撤军要求。英方虽表示将撤走一部分驻军，却迟迟未付诸行动。巴夏礼在与岩仓的非正式会谈中表示把攘夷运动被彻底压制作为撤军的条件。② 次年 9 月，岩仓与巴夏礼会谈，以治安管理状况比去年有所强化为由，再次要求英法驻军撤离，巴夏礼同意撤出一半驻军。而岩仓回答："若不相信我国政府为恢复治安所作的努力，应如从前一样，保留全部驻军，如果相信的话，则应撤退全部军队"。进而指出："历来在主权独立国家驻扎它国军队之事与国体关系重大，为此易产生过多的议论，亦引发仇视外国人之念。"③ 因此，望尽早完全撤离。发言可谓义正词严，有理有节。岩仓认为允许外国军队驻扎日本，外侨触犯法律，外国驻日官吏有审判权乃最大国耻。对此，巴夏礼答复须在请示本国政府得到指令后方可撤军。

与法国的交涉始于 1870 年 10 月，那时正逢普法战争之后法国爆发了"巴黎公社"起义，法国国内政局动荡不安。在最初的会谈中，法国驻日公使特雷（A. G. M. Outrey）对于日本外务卿泽宣嘉要求法国驻军撤退一事，以本国正处于战争为由请求延缓一、两个月再作答复。当时法国新败，曾经支持德川庆喜政权的法兰西第二帝国陷于分崩离析之中，对特雷特使而言，此时讨论法军撤退问题确实勉为其难。8 个月之后，新政府再次与法国公使交涉法军撤退问题。当时，法国公使向泽外务卿进言：希望日本不要因为法国的战败而使陆军的军制从法式变更为战胜国的普（鲁士）式；如果明治新政府确立之后，由日本将其（决定）直接通告法国的话，法国驻屯军撤退问题将会向明治新政府所期望的方向发展。④ 这样，就把明治新政府的法式军制采用问题与日本交涉谈判的驻军撤退问题联系在一起，等于进行一场交易。由此看来，日本新政府在外交上逐步积累了经验，并尽力争取己方的利益。

1871 年 7 月，日本外务卿泽宣嘉向英法两国公使分别递交了撤军要求书。要求书说："前些年英法军队进驻横滨之际，日本尚未解除锁国之余习，人心不惯于对外交往，动辄对异邦之人采取粗暴之举。此皆政府号令不

① 日本外务省编：《大日本外交文书》第 2 卷第 1 册，第 164—165 页。

② 参见《关于横滨驻屯英吉利兵撤军要求书翰件》，1876 年 9 月 6 日号，《大日本外交文书》第 3 卷，第 563 页。

③ 日本外务省编：《大日本外交文书》第 3 卷，第 564 页。

④ 参见《横滨驻屯兵引扬要求书翰件》，1871 年 4 月 16 日号，《大日本外交文书》第 4 卷第 1 册，第 487—488 页。

一，人心不合所致。然而，维新以来时至今日，海内稳定，号令出于一途，乃至庶民亦习惯于文明之开化……当然对外国人再无以往不良之举动，政府管理亦更加严密……外国驻军显然对日本政府不够信任，使人心产生疑惑，并妨碍开化之进步……"① 总之，提出外国没有必要为保护横滨居留地的侨民而派兵驻屯，希望英法两国公使能同意日方的请求。两国公使将此事告知本国政府，请求指示。同年底，英国代理公使阿德姆斯接到本国政府指令，目前不能答应完全撤军要求，理由是日本国内治安对策并不完善。但是，同意裁减一半英国驻军，承认日本政府强化了治安措施，若能产生实际效果，离完全撤军则为期不远。法国则表示响应撤军要求，但考虑到撤军是关系到英法两国的问题，法国单方面难以决定。

　　1871 年，萨、长、土三藩的军队调拨精兵，组成了直属天皇的"亲兵"约 1 万人，新政府军由此产生。以拥有国内最强大的军事力量为后盾，明治新政府实行废藩置县，确立了中央集权制，治安态势开始好转，攘夷派的活动亦得到控制，基本满足了外国方面的要求。新政府确立统治地位后，为了改正这种不平等的条约，遂采取切实的行动进行运作。于是，由参议大隈重信倡议发起，组成以岩仓具视为特命全权大使的使节团，出访考察欧美诸国。1871 年底，岩仓一行从横滨港乘船出发赴欧美各国访问。使团首先和美国政府进行了关于治外法权、恢复关税自主权、禁止外国军队进驻及其他各项条约修改的谈判，但遭到拒绝。1872 年 12 月，使团到达英国，就改约问题与英国交换意见，同样遭到拒绝。改约问题受挫，使使节们认识到，作为修改条约的前提，整顿内政是当务之急。这样，对英法交涉撤军问题便中断了一个时期。

　　岩仓使节团出访的主要目的之一就是谈判修改条约，结果铩羽而归。使节团回国后，遂以"征韩论争"为契机成立了岩仓—大久保政权（1874年）。在通过海外体验而构想的富国强兵政策的实施中，英法驻军撤离问题再次成为讨论的话题。关于外国驻军问题，新开设不久的"公议所"② 已经于 1869 年 4 月进行了讨论，但是，当时还基本停留在"我神州之污辱无有甚之者"③ 的理解上。然而，与岩仓使节团一同视察欧美的大久保利通回国后，在《关于征韩论的意见书》中指出："至于英法那样，在陆上构筑兵

---

① 日本外务省编：《大日本外交文书》第 4 卷，第 488—489 页。
② 指后来改称"集议院"的明治新政府最初的议事机关。
③ 宪政编：《明治文化全集》第 1 卷，《宪政编》日本评论社，1928 年，第 763 页。

营，驻屯兵卒，几乎将我国视如自己的属地，在朝的大臣宜焦思熟虑，制订解除其束缚，保全独立国之国体的方略"。① 而当时外交官三宫义胤等人也意识到日本丧失了"独立国"的实际情况。这表明新政府的官员们在国家主权的问题上较之出使之前有了新的认识，并准备以切实可行的方式来加以改变。为此，新政府在横滨加强治安警戒，为要求正式撤军做准备。这样，日本新政府在外国驻军问题的认识上，"从儒教的实践道德的规范意识的框架内单纯的'耻辱'感上升到国家主权的丧失感，从狭窄的锁国世界转向'万国公法'支配的国际社会，乃至达成贯彻'力量的逻辑'的'万国对峙'的世界认识。在视野扩大的基础上，日方要求撤军的意识更加强烈了。就是说，在要求英法驻屯军撤退问题上，准确把握日本在马基雅维里主义支配的国际社会中的地位，为了（在这种社会）生存，必须以日本主体性的确立与其主张为前提"。② 维新政府为争取国家主权独立作出的努力是正当的，本无可厚非。然而，过分强调马基雅维里主义，使维新政府相信强权就是真理，为达目的不择手段，这为日本日后走向军国主义埋下了伏笔。

（二）对外谈判交涉下的撤军

1872 年 12 月，岩仓使节团滞留英国期间，巴夏礼也出席了岩仓大使与英国外交大臣格伦威尔（E. Granville）的会谈。英方主张驻军的利益，采取将撤退的决定委托给巴夏礼全权负责的拖延策略。"特别是巴夏礼公使离开日本以来已经数月之久，待他本人再度赴日之时，见到日本实地的情况，根据其亲眼目睹情况的报告再作处置方可安心，这样才能撤离驻屯军。"③ 但是，1873 年 3 月返抵日本任上之后，巴夏礼于 1874 年 2 月 9 日、3 月 9 日和 8 月 18 日先后三次以"佐贺之乱"等政治治安恶化为由，提交主张维持驻军的报告，继续坚持在日本驻屯军队。英法军队驻屯横滨是违反条约的行为，是对日本国家主权的侵害。这种认识已在 1869 年（明治 2 年 2 月 28日）岩仓具视给三条实美的建言书里明确表明了。④ 但是，由于撤退交涉均通过巴夏礼进行，可以预见，只要不能确保巴夏礼主张的外国人居留民的安全，就没有实现撤军的可能。

如前所述，有关撤军问题是在岩仓使节团访英之际成为日本与英国外务

---

①　参见《大久保利通关系文书》第 5 卷，吉川弘文馆，1971 年，第 61 页。

②　［日］石塚裕道：《横滨英法驻屯军的 12 年间》，载横滨开港资料馆《横滨英法驻屯军与外国人居留地》，第 50 页。

③　《条约改正关系大日本外交文书》第 1 卷，日本国际学会，1941 年，第 230 页。

④　参见《大日本外交文书》第二卷，1938 年，第 371 页。

省之间的直接议题。1872 年 11 月 27 日举行的第二次岩仓与格伦威尔会谈中讨论了（1）信仰自由；（2）内地自由旅行与治外法权；（3）游猎规则；（4）驻屯军撤军；（5）下关赔偿金延期等 5 点问题。而在 12 月 6 日举行的第三次岩仓与格伦威尔会谈中，仅就驻军问题与下关赔偿金问题进行了再次讨论。因为撤军问题是使节团修改条约交涉的重要内容之一。日方表示："特别在贸易上的友好交往中，日本各口岸均把英国置于首位，贵国之国体可成为诸外国的典范。即便这样，英国政府仍然从不放心的角度出发，至今不撤出军队，使日本人民无法在（文明）开化的命运（之路）上前进，鄙人一行对此深感遗憾。"① 然而，英方代表仍以驻日公使巴夏礼的报告为借口，不予解决。关于下关赔偿金问题，英方表示了极为强硬的姿态：若不批准则可能导致敌对的后果。谈判到了这一阶段，日方几乎看不到英方回应条约改正的态度，在撤军问题上也同样毫无进展。然而，"岩仓使节团的对英交涉未必是失败的。因为具体地提出了日英两国存在的外交问题，成功地探明了英国的态度，在这一点上可谓意义重大"②。

1872 年 3 月 11 日，岩仓使节团正式开始与美国交涉改正条约。该次交涉由于日方对最惠国待遇理解不足而中断，但是美方承认日方主张的国定关税制定权，这对于日后日本的条约改正交涉起到了积极的效果。日美双方经过谈判，于 1873 年 8 月 6 日缔结了《日美邮政交换条约》。条约于 1875 年 1 月 1 日生效，同时，在日美国邮政局按规定停止营业。此条约不仅使日美间的通信更加顺利，而且通过美国，日本获得了向欧洲发送邮件的通道。另外，条约的缔结也意味着日本作为文明国家的一员受到国际上的承认。

由于日本在与美国的交涉中取得突破性成果，即承认了日方的关税自主权和缔结邮政交换条约，使日本与英国交涉时有了依据。日本以与美国交涉的成功为理由，试图促使英国恢复日本同等的国家利益。然而英方对日方的要求持消极态度，交涉几乎没有任何进展。英国也察觉到了日本外交态度的变化。英国极为重视 1874 年 4 月 8 日发生的日方逮捕英方公使馆员赛特（E. Satow）的日本人侍从这一事件和 5 月 6 日发生的日本官宪闯入公使馆的事件，日英关系陷入自幕末以来最大的危机状态。英方指出，公使馆受到侮辱、英国国民不断受到日方不当处置、外国人享有的权利日益缩小、对自

---

① 《条约改正关系大日本外交文书》第 1 卷，日本国际学会，1941 年，第 230—231 页。

② ［日］小风秀雅：《英法驻屯军撤退期的国际关系》，载横滨开港资料馆《横滨英法驻屯军与外国人居留地》，第 313 页。

由的阻碍显著增加，在此情况下，日本政府不能期待与大英帝国的友好相处。英方还表明任何对外国人的暴行和对条约规定的权利的侵害，各国在日外交使团必须一致主张条约的不可侵犯性。但是，美国却没有与各国采取统一步调。由于美国展开独立的外交行动，打乱了各国的统一步调，导致英国对日外交的主导权发生动摇。1875 年，日本对英外交政策以与美国改善关系为台阶，进而对英、法的外交姿态更具主动性。"特别是对美国对日政策的担心决不是无足轻重的。对巴夏礼而言，目前列国共同步调已被打乱，为了缓和日本的反英情绪，恐怕有必要对政策做出某些调整。"①

1875 年 1 月 1 日，对美邮政业务移交日本方面，5 日，横滨邮政局举行开业庆典，美、英、法、荷、俄等各国公使也都参加了盛大的招待会。到了1875 年 1 月 27 日，寺岛宗则外务卿与英法两国间达成协议，正式决定英法驻军撤退，而且撤军意向是由英、法公使主动提出的。至于撤军的理由，则是"纵观近来的情况，最早居留的我国人民已无牵念问题，从十年前的（幕藩）政体到王政复古的今日，亦无可致担心的隐忧，为此特提出撤军"②。但是，此前的 1874 年 8 月 11 日，在函馆发生杀害德国代理领事的事件，而且 1874 年以后，横滨居留地盗窃案件剧增，造成治安上的混乱。这些问题接连发生，未必可以说明撤军后安全会得到保障，而且也并非因为日本文明开化取得重大进展。"其中可以认为撤军的理由是因为美国外交攻势使英国的对日外交主导权产生动摇，而撤军是为了缓和这种外交上的被动的一项举措。就是说，撤军是这一时期英国方面表示的唯一的对日绥靖政策。"③

1875 年 2 月 7 日，寺岛外务卿接到英法撤军的通知后，也向两国公使递交了文书，上面写道："值此贵国军队尽皆撤离之决定到来之际，对于两国政府均是可喜可贺之事，毋庸置疑，此事将使贵我交际上更加亲近一层，尤其是贵国军队驻屯期间，与我国居民恳切交往，相处甚佳，而今撤军之际，双方皆大欢喜，且尔来两国人民之友情如此深笃，此亦我国政府本来希望之处。"④ 横滨当地媒体也对撤军情况作了报道："外国军队驻屯横滨，作

---

① ［日］小风秀雅：《英法驻屯军撤退期的国际关系》，载横滨开港资料馆《横滨英法驻屯军与外国人居留地》，第 323 页。

② 日本外务省编：《大日本外交文书》第 8 卷，第 562 页。

③ ［日］小风秀雅：《英法驻屯军撤退期的国际关系》，载横滨开港资料馆《横滨英法驻屯军与外国人居留地》，第 314 页。

④ 日本外务省编：《大日本外交文书》第 8 卷，第 566 页。

为缔约国是不妥当的，这种言论早已有之，然而近日方作出撤退决定。在街市上看到身穿红衣服的英国兵和藏青色裤子的法国兵也只是暂时现象了。"①临撤军之际，作为外交礼仪，明治天皇接见了 20 名英法两国士官，并颁发了敕语。② 另外，驻军与当地的横滨町会所举行了"饯别"舞会。陆军中将西乡从道以及陆海军士官 30 余人从东京赶来出席，这样，送别宴会的参加者达 400 人左右，颇为隆重。1875 年 3 月 2 日，英法两国驻军合计 368 人（英军 269，法军 99）分别乘英国运输船和法国邮轮驶往香港。在横滨港码头上送别的人群中，外国士兵与日本"罗纱绵"拥抱在一起演出生离死别的一幕，成为"港町"的一道风景。这在当时的新闻媒体及一些图书中都有记载。3 月 2 日号《横滨每日新闻》、The Japan Weekly Mail、《申报》等都对英法撤军给予了关注："英法海军陆战队出航驶往香港。撤退时的兵力为：法国分遣队大尉 1 名、中尉 1 名、少尉 1 名、下士官 8 名、上等兵、列兵 88 名；英国分遣队上校 1 名、士官 18 名及属下的海军陆战队员 250 名。驻屯初期，海军为由 250 人组成的海军陆战队 2 个大队；英军则为由 3 名上校指挥的参谋团、含军乐队的海军陆战队、炮兵队、骑兵部队总 1000 人左右。"③ 这样，幕末以来驻屯横滨山手的英法军队全部撤离横滨港。值得关注的是，英国海军陆战队从横滨撤军后没有返回本国，而是被派遣到南非的纳塔尔解决当地的纷争。④ 可见，横滨驻军只是英国全球殖民战略体系中的一环。

　　英法驻军撤离后，幕末以来的"悬案"得以解决，同时也给日英外交关系的改善创造了条件。但是，事实上的日英关系在英法撤军后仍未发生根本性的变化。对于英国在外交上的保守态度，日方从各种角度加强了外交攻势。而且其中很多交涉没有通过驻日外交使团，而是直接与英国政府进行的。至于随着形势发展，日本和英国因为共同利益而走到一起，以至于结成"日英同盟"，乃是后话。正所谓外交上没有永恒的朋友和敌人，只有永恒的利益。以岩仓使节团考察欧美诸国为契机，日本外交的基调发生变化，日英关系陷入紧张状态，在与美国的关系取得进展为背景的日本外交攻势面

① 《横滨每日新闻》，1875 年 1 月 22 日号。

② 《关于英法两国士官的参内通牒之件》，1895 年 2 月 24 日号，《大日本外交文书》第 8 卷，第 569—571 页。

③ 《横滨每日新闻》0303，《申报》0306，1875 年 3 月 2 日号，载横滨开港资料馆《明治维新期的横滨英法驻屯军史料集》，1993 年，第 30 页。

④ The Japan Weekly Mail0227，1875 年 2 月 27 日号。

前，幕府末期以来一直保持强硬姿态的英国对日外交主导权逐渐丧失。另一方面，在"朝鲜开国"① 问题上，日本实现了使美、法等国与战败的朝鲜缔结条约，也强化了本身在东亚外交舞台上的存在。

（三）英法撤军原因分析

如前所述，英法两国军队在日本经历了 12 年的长期驻屯，撤军问题有了转机是在 1875 年 2 月。当时，英国公使巴夏礼、法国公使贝尔特米两人到日本外务省拜会寺岛宗则外务卿时表示，当今日本形势稳定，居留地居民安居乐业，与十年前的情形相比已不可同日而语，因而准备撤兵。寺岛外务卿代表政府和个人对此表示满意。② 在旧幕府及明治新政府多次要求撤出驻军未果后英法两国突然主动提出撤军请求，个中缘由发人深省。

"以往，关于如何实现驻屯军撤军的问题，因为其突然性，在此之前几乎未进行撤退交涉，所以这一问题并未被深究过。"③ 洞富雄氏曾经指出："（列强）在看到为天皇制绝对主义的确立而迈出强有力的步伐的新生日本的形象后，其曾经给予日本极大耻辱的本国军队的驻屯，已经不能再维持下去吧。"④ 然而，日本究竟是何种"新形象"？为何外国驻军不能再维持下去？可以说语焉不详。

笔者以为，从日本国内情况来看，首先，日本明治维新后，完成了国家的统一，进行了一系列改革，即将进入近代国家之列；其次，日本政府和人民要求完全恢复主权的呼声十分强烈，给欧美各国留下深刻印象；此外，日本政府政令畅达，社会趋于稳定，经济逐步走向繁荣，亦使外国再无借口拖延。当然，亦不能忽视对西方有着深刻认识和全面了解的日本政治、外交人物的作用。而从国际上来看，19 世纪后半期，在争夺非洲和印度支那的殖民地的斗争中英法矛盾尖锐化，英国与俄国在中亚亦有利益之争；法国在普法战争中失败后，外交上陷于被动，时时面临普鲁士的再次打击；英国由于扩张战线过长，尤其是在中国的殖民政策遭到顽强抵抗，战争代价高昂。而中国"对外国殖民主义者的抵抗使得中国得以保持一种形式上的主权国家而实际上是半殖民地国家的地位，并且使中国避免了完全受奴役和被帝国主

---

① 指在日本武力逼迫下朝鲜王朝签署《江华条约》，打开国门实行开港通商政策。

② ［日］鹿岛守之助：《日本外交史》，鹿岛研究所出版会，第 114—115 页。

③ ［日］小风秀雅：《英法驻屯军撤退期的国际关系》，载横滨开港资料馆《横滨英法驻屯军与外国人居留地》，第 309 页。

④ ［日］洞富雄《幕末维新期的外压与抵抗》，校仓书房，1977 年，第 141 页。

义国家肢解和瓜分的命运"①。上述情况似乎均可视为促使英法作出撤军决定的因素。

还应关注的是，早在 1864 年，在英国上院，埃尔·格勒发表演讲指出：从英国本国向中国派遣 1000 名士兵等计划军费开支庞大。在日英国人以驻屯军为靠山，对当地日本人采取失礼傲慢的态度很成问题。应该尽早召回驻屯军。② 尤其是 1867 年 4 月 4 日，英国下院进行了关于横滨驻屯军的质询答辩。英国外交大臣说：关于驻屯军的设置及其维持，英国与日本政府之间没有任何决议。③ 1872 年 3 月 8 日在英国下院也曾有过讨论。从强化在欧洲的军事力量，缩小海外军事力量的观点出发，有的议员提出在日本驻军的条约根据和派遣横滨驻屯军的规模的质问。有的人认为驻军目的仅仅是保护居留民的安全和商业利益，"而现在的平稳的形势今后仍有理由相信会持续下去，如果这样的话，不久就应该将全部驻屯军撤退"。④ 可见，在英国国内，对英军长期驻屯日本一直有反对的意见。

另外，明治新政府成立后，英国驻军已经开始逐年减少驻军人数。到了1870 年，第 10 团第 1 营总兵力 1022 人搭乘塔马号舰驶往香港。预定一部分部队在诺曼上校指挥下在香港就地驻扎，而另一部分由卢卡斯少校指挥开赴新加坡。同时，换防的海军陆战队 1 个大队在里查兹上校率领下在横滨登陆，进入第 10 团队使用过的营房。据《远东新闻》报道，仅使用了北阵营，而没进入南阵营。南阵营完全成了废弃的营房。⑤ 在这种情况下，幕末时期英国从非洲派来的第 10 团队（约 900 人）此时已撤离横滨，横滨山手的军营里只有接替第 10 团队执行驻扎任务的英国海军陆战队，轻步兵一大队 300 余人和法军 200 人左右。这样，对日本而言就是与英法两国间交涉剩余驻军撤退的问题。1874 年 7 月，《日本公报》针对日本当时出兵台湾发表评论，反对英国海军陆战队撤退的政策。这与表示赞成撤军的《日本每周邮报》的立场相反。由此可见，如果日本不向外扩张军力，英国也有早于1875 年撤军的可能性，从舆论上看，至少有反对撤军的意见。⑥ 这一点与小

---

① ［苏］波将金：《外交史》，生活·读书·新知三联书店 1979 年版，第 1011 页。
② 横滨开港资料馆编集：《明治维新期的横滨英法驻屯军史料集》，第 25 页。
③ 日本《贸易新闻》0914，1864 年 9 月 14 日号。
④ ［日］小风秀雅：《英法驻屯军撤退期的国际关系》，载横滨开港资料馆《横滨英法驻屯军与外国人居留地》，第 310 页。
⑤ The Japan Weekly Mail 720120，1871 年 8 月 8 日号。
⑥ The Japan Gazette 0721，1874 年 7 月 21 日号。

风秀雅先生的看法略有不同。总之，据上述分析，可以看出由于西方列强之间的矛盾，日本可以作为各国之间追逐各自利益的筹码；日本加紧早期现代化步伐，使英法以为强行驻军已无必要，加之日本新政府的外交努力，尤其是利用与美国的"友好交往"来制衡英国，终于促使英法作出了撤军的决定。

　　根据以往的研究成果，许多学者认为驻军问题是"民族问题"，它加深了日本半殖民地的危机。持此种观点者以原京都大学教授井上清先生为代表。但是，也有人认为当时西方资本主义国家以输出廉价商品为唯一目的，并无使用武力侵略领土的野心，因而也谈不到殖民地危机。近年来有些学者更提出应该积极地看待幕末英、法、美等西方列强对日本的冲击，即日本在冲击面前并非无所适从，而是有很大的主动性和积极性，因为日本人对"西力东侵"采取积极接受的态度，幕府通过谈判签订《安政条约》后即开始筹备通商问题，因此，此前批判性的"幕府无能说"是没有根据的。① 横滨市立大学教授加藤祐三等人的观点具有代表性。日本大学教授石塚裕道认为，有必要从"半殖民地化论争"中转移视线，进而分析因外国军队驻扎而派生出来的各种问题，并将驻军与横滨当地居民之间的关系结合起来进行研究，比如，对生活资料的供给等细微、具体问题进行研究。② 这种从微观上研究驻军问题的方法固然有细致、翔实等优点，值得肯定，但是也容易产生只见树木，不见森林的倾向。所以，研究幕末与明治初期英法驻军时，还应该考虑到两国驻军在 19 世纪英、法两国世界战略中的地位与作用，从总体上把握这一问题。对于有些学者认为日本当时并没有面临殖民地危机的看法，中国学者周一良先生曾经指出："这是对西方殖民侵略者估计不足，从而也低估了明治维新对日本历史发展的影响，忽略了明治维新挽救日本免于殖民地半殖民地命运的作用。"③ 可谓切中肯綮。窃以为，在西方殖民主义势力向东北亚扩张的过程中，由于国际形势的变化和列强之间的矛盾，对日本的冲击要弱于中国。即便这样，列强也没有放过对日本的开国要求，乃至后来英、法军队进驻日本，建立起它们在东北亚的军事据点，使日本陷入半殖民地化的危机之中。正因如此，明治新政府的撤军要求与对外交涉才显得意义重大。因为，"日本假如不这样早解决租借地及铁路修筑权、矿山权、

---

① ［日］加藤祐三：《幕末外交与开国》，第 244—245 页。

② 参见《明治维新期的横滨英法驻屯军史料集》，第 248 页。

③ 周一良：《中日文化关系史论》，江西人民出版社 1990 年版，第 248 页。

驻军权、租借地警察权等问题，拖延到帝国主义阶段，那么，帝国主义各国说不定会利用这些枷锁，把我国沦为与旧中国同样的半殖民地地位"①。

近年来，日本学界有一种奇怪的论调，有的学者称幕末开国期日本与列强签订的一系列条约是平等条约，日本是遵守条约的模范国家。笔者对此不敢苟同。虽然在西方殖民主义的挑战面前，日本及时地做出应变，并通过维新变法等诸种手段使日本以较短的时间走上富国强兵的早期现代化道路。就日本近代最早开港地之一横滨的情况来看，由于西方列强与德川幕府签订了不平等条约，外国人在法律、贸易等诸方面均享有特权；外国人居留地成为国中之国，与中国的租界别无二致；英法两国军队于 1863—1875 年驻屯横滨达 12 年之久，实施了"英萨战争"、"下关战争"等军事行动，对日本的国家主权造成一定的侵害。另外"罗纱绵"问题也是日本开港带来的负面影响之一。所有这些事实，都使开港地的外国人居留地具有了半殖民地的特征。进而言之，明治新政府建立后，仍把修改不平等条约和促使英、法两国撤军作为对外交涉的重大问题处理。甚至"殖产兴业"、"富国强兵"的主要目的也在于此。因此，不能因为日本在早期现代化过程中取得的某些成功而淡化或回避西方殖民主义的侵略和扩张问题，更不能抹杀日本在西方殖民主义国家冲击下签订不平等条约的历史事实。

从近代东北亚的历史发展轨迹来看，日本在羽翼丰满后，却"依样画葫芦"地对邻国进行了野蛮侵略，尽管它们与日本同样曾经遭受西方国家的入侵。近代日本通过侵略扩张，亦强迫中、朝等国签订了不平等条约；而如果以西方列强与日本缔结条约的所谓"平等性"来证明日本对外扩张的正确性，这确实是不能令人信服的。

四　日本"大陆政策"与俄国"远东政策"之争

历史上的日俄关系很少有良好的时期，近代日本在"开国"之前，即已遭受俄国武力冲击；东北亚国家开港以来，日俄两国在远东地区也是矛盾重重。与英法等源发型现代化国家不同，日俄两国是后发赶超型国家。俄国先于日本进行了彼得一世改革，综合国力不断增强；日本自明治维新后，迅速完成资本主义政治经济转型，大有后来居上之势。日本大陆政策与俄国远东政策均形成于 19 世纪，大陆政策是近代日本侵华的基本国策，体现了日

---

① ［日］井上清：《日本近代史》，商务印书馆 1972 年版，第 93 页。

本企图将岛国发展成为大陆帝国的强蛮意志；远东政策则是沙俄政府向东北亚地区实行殖民扩张，寻求"不冻港"，独揽亚洲及太平洋地区霸权的侵略总方针。中国东北地区、朝鲜半岛乃至整个东北亚地区均是两国争夺的共同目标，尤其是对中国的争夺，使日俄关系由外交较量走向武力冲突。中日甲午战后，因俄国带头实施"三国干涉还辽"及在中国东北与朝鲜半岛的不断扩张，日本更视俄国为其遂行大陆政策的羁绊。由于日俄两国对外政策的扩张性极其相似，产生的矛盾冲突又无法调和，最终导致两国兵戎相见——日俄战争爆发。这场战争是帝国主义之间企图称霸世界的必然结果。日俄之间的外交与军事冲突不仅是两个军事封建帝国主义国家对外扩张政策的演进与变化，更使东北亚地区国际关系发生深刻变化，各种力量重新分化组合，对该地区的历史发展进程亦产生深远影响。

（一）"大陆政策"与"远东政策"产生的背景与基本内容

一般认为，日本"大陆政策"始于明治初期的"征韩论"，经过20年的准备与发展，于19世纪80年代趋于成熟，而在1894年的甲午战争中得以实施。从发端到实施经历了30多年的时间，是日本近代长期奉行的基本国策。日本奉行大陆政策有其必然性和深刻的社会根源。甲午战争前，日本一些思想家和政治家发表过许多论述，他们的主张代表了当时日本统治集团的主流意识。我们从中可以管窥其中的"奥妙"，深切感受到日本对位居岛国的严重不安和对扩张国势的强烈愿望。

"大陆政策"的思想奠基人、日本改革派政治家吉田松阴早在1855年就认为，日本暂时不能与英法德俄等西方列强抗衡，而应该把朝鲜和中国作为征服对象。1878年，日本设立了直属天皇的最高军令机关"参谋本部"，意在向中国开战。1880年，编辑出版了汇集中国各种情报的《邻邦兵备略》六册，着力鼓吹为打败清帝国而扩军备战。1887年，日本参谋本部拟定《征讨清国策》，计划攻占中国北京和长江中下游的战略要地，吞并从辽东半岛到台湾的沿海地区和岛屿以及长江下游两岸地带，肢解其余中国国土，使之成为日本的属国；或者直接在"中国大陆建立一大日本"[1]。时任日本外务大臣的柳原前光在《朝鲜论稿》中写道："皇国乃沧海之一大孤岛，此后纵令拥有相应之兵备，而保周围环海之地于万世始终，与各国并立，皇张国威，乃最大难事。"[2] 而曾任外务卿的副岛种臣在《大陆经略论》中说得

① 天津编译中心编：《日本军国主义侵华人物》，中国文史出版社1994年版，第28页。
② 日本外务省编：《大日本外交文书》第3卷，1969—1973年，第149页。

更为直白："日本四面环海，若以海军攻，则易攻难守；若甘处岛国之境，则永难免国防之危机，故在大陆获得领土实属必要。如欲在大陆获得领土，由于地理位置的关系，不能不首先染指中国与朝鲜。"① 在日本政治家看来，富国强兵与位居岛国的矛盾，不仅表现在拓展疆土的需求上，也同样表现在经济发展方面。19 世纪 70 年代以后，日本工业化迅速发展，而贫乏的资源和狭小的国内市场既不能保证足够的原料供应，也无法容纳急剧增长的生产能力。日本作为后发型资本主义国家，在正常贸易中无法与西方列强竞争，如果不通过军事占领形成排他性的经济掠夺态势，就不可能获得可靠的原料供应和商品输出。在这一背景下，"大陆政策"应运而生，并引导日本走上对外侵略扩张的道路。

　　俄罗斯近代史以彼得大帝改革为起点，改革使俄罗斯由一个封闭落后的国家一跃成为欧洲强国。从 18 世纪开始，俄国一直是西方均势体系中的一员，同时俄罗斯人根深蒂固的扩张主义倾向，又使它成为西欧列强防范和遏制的对象。与西欧资本主义国家有所不同，俄罗斯的历史发展带有文明和野蛮的二重特点，即一方面资本主义因素得到了迅速的发展；另一方面，则存在着许多封建农奴制的残余。因此，列宁曾形象地把 19 世纪末—20 世纪初的俄罗斯称为"军事封建帝国主义国家"。自 19 世纪 70 年代起，包括沙俄在内的世界资本主义国家陆续向帝国主义阶段过渡，这样的过渡同列强分割世界之争的尖锐化紧密相连。当时，沙俄的资本主义发展处于封建势力层层包围的状态，在列强中仍是一个经济落后的国家。经济上，到 1897 年沙俄的农村人口仍占全国人口六分之五，占统治地位的是保留着极为浓厚的封建特征的地主土地所有制。政治上，地主阶级仍主导和操纵一切。外交上，19 世纪 80 年代后，沙俄向西方、南方的扩张不断受挫，在中东和近东的侵略扩张节节失利，进而推动其将侵略的目光投向东北亚。与此同时，德奥两国力图把沙俄的侵略目标引向东方，积极鼓励它向东扩张，这也大大增强了沙俄南下、占领东北亚及太平洋地区，称霸世界的野心。沙俄由于经济上无法与英、美竞争，通过经济力量抢占市场困难重重，于是格外倾向于靠发展军事力量，实施殖民扩张来弥补经济上的缺陷。正如列宁所言："在俄国，资本帝国主义较薄弱，而军事封建帝国主义就是比较强大的。"②

　　如上所述，日俄两国对外扩张政策的产生及实施大都处于相同的国际背

　　① 参见白皋《日本近代大陆政策评析》，载《人民日报》2005 年 8 月 9 日号。
　　② 转引自复旦大学历史系编《沙俄侵华史》，上海人民出版社 1975 年版，第 297 页。

景，由于国内资本主义发展较为薄弱以及封建势力的阻碍致使两国倾向于通过军事扩张打开市场，因此使两国发展成为带有军国主义特征的国家。虽说两国的扩张具有相似性，但是由于日本处于岛国地位，国土资源有限，无法满足国内资本主义发展需要，因此通过扩张掠夺资源和扩大销售市场；俄国的殖民扩张带有浓厚的传统特色，一直热衷于以侵略方式对外开疆拓土，由于在中东和近东无法与英国争夺势力范围，因而把目光投到远东地区。

目前关于"大陆政策"内容的规定及阶段划分众说纷纭。刘天纯、黄定天、周颂伦等学者对日本"大陆政策"作了较为深入的研究，均提出了对"大陆政策"的理解。其中刘天纯的"五阶段"说较有新意，即第一阶段，以"征韩论"为起点阶段，主攻目标占领朝鲜、台湾和吞并琉球；第二阶段，以侵略中国为主攻目标，这是大陆政策的重要阶段；第三阶段，以俄国的东北亚地区和中国大陆为主攻目标，这是大陆政策进入 20 世纪的新阶段；第四阶段，以全面进攻、灭亡中国为目标；第五阶段，以亚太地区为进攻目标，全面展开侵华战争。① 黄定天则将其分为"三大步"：第一步是吞并朝鲜、琉球和台湾；第二步则以朝鲜为跳板侵占中国东北进而占领全中国；第三步则以中国为基地，北进西伯利亚，南进印度支那半岛及南洋群岛。"这一政策的实质是以'征韩'为先导，以征服中国为核心，最终目的是使日本成为独霸东北亚、称霸世界的庞大帝国"②。还有学者将"大陆政策"与"亚洲主义"结合在一起开展研究，认为日本的"亚洲主义"是个中性词，在不同的历史时期具有不同的含义，"一种是民间理想主义的亚细亚主义思潮，它以驱逐西方白人殖民主义者、振兴亚洲为己任；一种是政府现实主义的大陆政策构想，它以扩张日本在亚洲的利益为目标，时而与西方殖民主义者相互勾结，共同瓜分在亚洲的利益，时而与西方列强兵刃相见，企图独占亚洲利益。两者之间的交错与重叠，形成近代日本的亚洲观"。③另外，近代日本的"亚细亚主义"是指在西方列强加剧侵略东方的危急时刻，围绕着对"东洋"与"西洋"的认识问题而形成的有关日本人亚洲观的一种有代表性的政治思想及相关行动。由于近代日本亚细亚主义复杂而特殊的发展历程，它又表现为强调亚洲平等合作的"古典亚细亚主义"、强调扩张领土的"大亚细亚主义"以及对亚洲实施侵略的"大东亚共荣圈"三

---

① 参见刘天纯《日本对华政策与中日关系》，人民出版社 2004 年版，第 83 页。

② 黄定天：《论日本大陆政策与俄国远东政策》，载《东北亚论坛》2005 年第 4 期。

③ 王屏：《近代日本的亚细亚主义》，商务印书馆 2004 年版，第 214 页。

种形式。近代日本的亚细亚主义在其形成、发展、消亡的过程中，完成了它从"兴亚"到"侵亚"的质变历程。总之，"大陆政策"也称"大陆经略政策"，是日本自明治维新后，立足于用战争手段侵略和吞并中国、朝鲜等周边大陆国家的对外扩张政策，是日本近代军国主义的主要特征和表现。

关于沙俄的侵略扩张史，我们可以清晰看到这样一条主线，即以夺取出海口为目标的侵略扩张史。为夺得波罗的海，彼得一世发动了针对瑞典的北方战争；为夺得黑海，几任沙皇都力谋征服君士坦丁堡。不但如此，1715—1717 年沙俄为夺取印度洋而发动了对中亚锡瓦汗国的进攻，而且还不断侵袭我国东北地区为向太平洋扩张投石问路。尼古拉二世曾反复强调："从长远看来，特别关心东亚事态的发展，在东亚确立和扩张俄罗斯的势力，正是我们统治世界的课题。"尼古拉二世还曾梦想把整个亚洲都并入俄罗斯，"……使俄罗斯皇帝再加上以下一些称号，如中国皇帝、日本天皇等等"①。由此可知沙俄的"远东政策"的发展脉络。"俄国对中国的侵略野心越来越大，为了独揽亚洲及太平洋的霸权，制定了进一步侵占中国和朝鲜的'远东政策'"。可见，"俄国远东政策实施的主要对象是中国和朝鲜，并以此为跳板控制亚洲、称霸世界。"② 通过归纳诸多学者的研究成果，我们不难得出俄国远东政策的真正目的，即俄国南下的重心是在其东部（中国或朝鲜）寻求一个不冻港作为俄国海军基地，进而实现控制亚洲、称霸世界的狂妄计划，是沙俄"黄俄罗斯"计划的"宏伟蓝图"。

日本"大陆政策"与俄国"远东政策"作为两个国家的基本国策，指导着两国统治者的政策实施，他们争夺的地区均集中于朝鲜和中国，企图以中国或朝鲜为跳板征服东北亚、称霸世界。这是其共同点。不同点则在于，日本"大陆政策"的目标主要在中国东北和朝鲜半岛；沙俄起初的目标是在波罗的海和黑海，由于其在中东、近东的争夺失败才把目光转移到远东。质而言之，两个政策的最终目的是称霸世界，但短期目标则有一些差异。日本国土狭小，因此急于扩张领土；沙俄地域广阔，但由于地理位置限制，缺乏优良港口，因而急于"在我国东北或朝鲜沿岸占据一个不冻港，从而达到称霸远东的目标"③。

---

① 陈复光：《有清一代之中俄关系》，昆明崇文印书馆 1947 年版，第 337 页。
② 刘志超、关捷：《甲辰日俄战争的再探讨》，载《辽宁大学学报》（哲学社会科学版）2004 年第 4 期。
③ 北京大学历史系编写组：《沙皇俄国侵略扩张史》（下），人民出版社 1980 年版，第 270 页。

（二）"大陆政策"与"远东政策"的形成

"大陆政策"的理论基础和舆论来源，可以追溯到 16 世纪末丰臣秀吉的侵朝征明战争。丰臣秀吉曾狂妄地勾画未来日本的政治版图，为此两次出兵征服朝鲜，结果都失败了。虽然他的侵略野心未能得逞，但是，他的侵略思想却一直影响着后来的侵略者。德川幕府末期，出现了本多利明、佐藤信渊、吉田松阴等更加野心勃勃的对外扩张思想家。他们不仅首次提出了"大日本帝国"的概念模式，并且具体描绘了它的蓝图，而且还提出了中国是日本潜在的假想敌国的思想。

本多利明的海外扩张思想论点主要建立在"万民增殖"基础之上。本多利明主张对外扩张和海外殖民是因为日本国土狭小，不能满足人口增长的要求，其出路则是模仿西方殖民者，从事海外贸易和殖民扩张。与此同时，他还主张推行殖产兴业政策以及开发岛国，后者尤为重要。佐藤信渊的思想核心是"中国征服论"，主要体现在其代表著作《天柱记》，阐述首先征服中国的原因：（1）由皇国征伐外国，既顺利又容易，而由他国入寇皇国，其势逆且难。（2）由皇国伐中国，如节制得当，不过五七年，彼国必至土崩瓦解。因为皇国出兵所需的军费少，而彼国浪费极大。（3）皇国如打开他邦，必先吞并中国。因为中国强大，尚不能与日本为敌，何况他国。佐藤信渊是江户时代末期的经世学者，亦被称为"重商主义·绝对主义"的思想家，对国学、兰学均有研究。他曾经对幕末改革提出建言，并对日本未来统一国家作了规划，提出"国家社会主义"的构想。[①] 可以说，佐藤信渊的侵略思想是日本"大陆政策"的思想的基础和蓝本。另外，吉田松阴等人的思想也直接影响到了明治维新领导人。吉田曾经师从佐久间象山，后因私下欲随同培理军舰访美而获罪，在狱中三年获许主持松下村塾，为明治维新培养了大批人才，如高杉晋作、久坂玄瑞等就是其中的佼佼者。[②] 吉田松阴的海外扩张论，突出特点是猖狂的扩张主义，并提出要把握时机，迅速对外扩张。[③] 山县有朋的思想主要体现在他的著作《外交政略论》中，其最主要的一点是提出了"主权线"和"利益线"，对于如何保护"利益线"，山县有朋认为："必不可少者，第一军备，第二教育。"在军事方面，山县有朋

---

① 参见 ［日］河出孝雄《日本历史大辞典》（9），河出书房新社，1964 年，第 79 页。

② ［日］河出孝雄《日本历史大辞典》（19），河出书房新社，1964 年，第 42—43 页。

③ 《日本思想大系 54·吉田松阴》，岩波书店，1982 年，第 193 页。

主张扩张军备；在教育方面，山县主张强化爱国思想。① 山县有朋的"主权线"、"利益线"等侵略理论的提出，是大陆政策形成的主要标志。

由此我们可以看出，日本"大陆政策"的形成源远流长，侵略中国和朝鲜是历代日本统治者所追求的"千秋大业"。本多利明的海外扩张论，是想建立一个世界殖民体系；佐藤信渊则明确提出征服中国，进而征服东亚以及世界霸权的扩张目标；而吉田松阴的海外扩张论成了征服世界论；山县有朋的海外扩张论，是集以往开发论之大成者，为日本的军事扩张提供了理论依据。而明治政府的领导者们继承了他们的思想并付诸实践，逐渐确立了吞并朝鲜，侵占中国，进而称霸世界的"大陆政策"。

客观而言，幕末时期的日本人开始较多地了解到与中国文化截然不同的西方文化及更广阔的外部世界。开港后，当这些知识分子宏观地了解了日本的国土、政治、经济、文化等诸种状况和特点，并与其他国家尤其是周围国家的广袤阔大进行对比后，悲哀、怨叹自己国土狭小的失落感便油然而生，一种不满意感、改变现状的要求遂不可抑制。特别是那些"尊王攘夷"的倒幕分子，"由于认识了外国的存在，特别是视为敌人的外国的存在，便从潜伏的反封建意识里面，唤起了明确的民族自觉心"。② 他们在艰难的与西方国家的交往中，倍感日本生存空间的有限对于抵御西方列强进攻时的无所转寰与缺乏腹地依托。吉田松阴的侵华思想事实上就来自于他对内外形势的对比和构建日本未来时的担忧。当然，在倒幕派的思想深处更多的是想要借助领土扩张来冲击日本社会阶级和阶层的现状，改革日本政治现实体制的意识。③

沙俄远东政策的制定可以分为四阶段：（1）蚕食周边领土；（2）武力威胁和外交讹诈；（3）资本输出；（4）军事统治。这主要是根据沙俄各个时期政策实施的方法来划分的。鸦片战争以前沙俄的主要侵略方式是蚕食周边领土。自16世纪末，沙俄便向东扩张、越过乌拉尔山、吞并西伯利亚、进而侵占我国东北黑龙江流域，力图打通一条东方的出海口。鸦片战争后，沙俄的主要侵略方式是战争威胁和外交讹诈。沙皇看到了清政府的腐败后，尼古拉一世决心要实现约200年以来历代沙皇梦寐以求的目标，即侵占黑龙江地区并在东方获得出海口。政策实施的主要人物是穆拉维约夫，他一上台

---

① ［日］大山梓：《山县有朋意见书》，原书房，1972年，第196—197页。

② 参见［日］野吕荣太郎《日本资本主义发展史》，吕明译，生活·读书·新知三联书店1955年版，第29—41页。

③ 渠长根：《幕末、明治时代日本侵华思想检证》，载《许昌学院学报》2003年第1期。

就制定了一系列争霸远东的政策，其宗旨是：利用一切有利时机侵占中国黑龙江和远东的出海口。穆拉维约夫在任期间，通过武力威胁和外交讹诈，于1853年强占库页岛，1857年利用第二次鸦片战争的机会占领黑龙江及其北岸。在此基础上，于1858年强迫清政府签订《瑷珲条约》，之后还有《北京条约》、《勘分东界约记》等。穆拉维约夫通过卑鄙的手段，夺取中国东西部150多万平方公里的领土。

19世纪末期，资本主义发展到帝国主义阶段，这一时期的主要侵略手段是资本输出，俄国也不例外。自1895年起，沙俄远东政策的领导权逐渐落到财政大臣谢·尤·维特的手中。维特在任期间，首先完成了西伯利亚大铁路的修筑，是中东铁路的缔造者。其次，成立华俄道胜银行，维特利用法国资本建立法俄同盟的第一个工具，更重要的它是对华资本输出的垄断机构，也是维特推行远东政策的一个重要工具。再次，签订《中俄密约》，通过这个条约，沙俄掌控了我国东北的铁路修筑权，使我国东北进一步沦为沙俄的势力范围。对于远东政策的实施，维特反对占领全满洲，主张通过银行和铁路逐渐控制满洲的经济大权。正是在维特的精心策划和操纵以及沙皇的全力支持下，俄国远东政策进入一个全盛时期。[1] 进入20世纪，别佐布拉卓夫掌握沙俄远东大权，他之所以能取代维特是因为沙皇尼古拉二世相信别佐布拉卓夫对待远东事务的手段——武力征服，也相信他不会再使俄国丢掉南满和朝鲜。别佐布拉卓夫上台后积极扩张军备，加强远东的陆海军，他曾说过："俄国的兴起是靠刺刀，不是靠外交，解决中国和日本争执的问题，我们必须靠刺刀，而不能靠外交笔墨。"[2] 这段话充分表明了别佐布拉卓夫的军事扩张思想。他的这一思想也加速了日俄战争的爆发。

日本"大陆政策"的形成是继承与不断完备的一个过程，从丰臣秀吉侵朝开始，到本多利明、佐藤信渊、吉田松阴、山县有朋，他们的思想都是在继承前者的基础上发展而来的，为日本的侵略扩张提供了强有力的依据。而沙俄远东政策由于沙俄政府内部的分歧而使政策的实施缺乏连贯性。维特掌握远东政策的时候主张以经济渗透为主，进而控制满洲的经济大权和控制中国的财政大权，然而佐别布拉佐夫掌管远东的策略却是以军事扩张为主的政策。

---

[1]　参见周启乾《日俄关系简史》，天津人民出版社1985年版，第106页。
[2]　[美]亨利·赫坦巴哈：《俄罗斯帝国主义》，吉林师范大学历史系译，生活·读书·新知三联书店1978年版，第375页。

（三）"大陆政策"与"远东政策"的实施过程

1868年，日本开始了通向资本主义的明治维新。在经过大约30年的奋斗之后，终于完成了自己的近代化，随之日本就开始了向亚洲大陆扩张的生涯。整个明治时代（1868—1912），日本的侵华思想发展的总体态势是：形成了以民族优越论为实质、以"大陆政策"为主线，同时飘浮着"大东合邦"、"脱亚入欧"、"大日本主义"等思想观念的格局。[①] 日本推行"大陆政策"的第一个目标是征服朝鲜。其原因在于这不仅是日本资本主义对外经济扩张的需要，还在于具有极为重要的战略意义。日本对朝鲜的侵略可以上溯到16世纪丰臣秀吉的两次侵朝，由于明朝政府的干涉而未能得逞，但是"征服朝鲜"却成为日本后来的历代统治者的"使命"。自明治政府成立以来，"征韩论"的呼声再次高涨，这充分说明了日本的侵略野心和扩张欲望。1875年4月，日本副理事官广津弘信提议，派遣军舰在对马岛和韩国之间测量海路，进行示威，以此方式声援外交活动。[②] 根据这一建议，同年5月，日本"云扬"号等舰只先后侵入韩国海域炫耀武力。"1876年1月，日本在釜山作了一次海军示威；在探悉中国必像1871年那样地置身事外以后，日本就强迫那位满心不愿意的朝鲜国王接受一件友好通商条约……"[③] 日本入侵朝鲜并逼迫朝鲜王朝签订了第一个不平等条约——《江华条约》，它不仅是朝鲜沦为半殖民地和殖民地的起点，也是日本大陆政策实施的起点。其次，甲午战争是日本推行大陆政策的重要步骤，日本趁朝鲜东学党起义，以维护《江华条约》为借口，向中国挑起了甲午战争。这场战争是日本蓄谋已久的，日本在发动战争之前做了大量的准备工作，如扩充军队数量、发展军事工业、进行军制改革、提倡"武士道"教育、灌输忠君思想、等等。日本通过这场战争获得辽东半岛、台湾全岛以及附属诸岛和澎湖列岛，中国承认朝鲜独立，并赔偿日本战费2亿两白银。日俄战争之后，日本取得了对"关东州"的统治权益、南满铁路及其附属要地的经营权和控制权。1931年"九·一八"事变后，日本占领东北地区。1937年"卢沟桥事变"的枪声标志着日本逐步走向全面侵华，由此踏上了征服中国、征服世界的狂妄征程，直至第二次世界大战结束，日本战败投降为止，大陆政策才打上了休止符。

---

① 渠长根：《幕末、明治时代日本侵华思想检证》，载《许昌学院学报》2003年第1期。

② 参见日本外务省编《日本外交文书》第8卷，第72页。

③ ［美］马士：《中华帝国对外关系史》第3卷，张汇文等译，第9页。

　　沙俄推进"远东政策"的措施之一是修筑西伯利亚大铁路，把侵略矛头指向中国东北，以便"在东方海口中造成它的坚固支点"。俄国修筑这条铁路的动机是：一方面是为此地所蕴藏的丰富天然资源所深深吸引，希望以当地丰富的矿产及天然资源为诱因，刺激国内的工商业前往投资发展；另一方面，可以将俄帝国的版图扩展到乌拉尔山脉以东，借由西伯利亚大铁路的兴建，可以将军队输送到阿穆尔区，以此掌控远东地区的版图，并阻止中国势力扩张。早在 1890 年 3 月，山县有朋就曾指出"西伯利亚大铁路竣工之日，即俄国对朝鲜开始侵略之时"。日本有关人士认为沙俄修筑西伯利亚大铁路是用作"席卷日、清、韩，逐英国于太平洋之外，以囊括亚洲之武器"。由此可见，西伯利亚大铁路的修建对日本争霸远东的"大陆政策"构成严重威胁。① 沙俄为推行"远东政策"还实施移民政策。沙俄政府于 1861 年颁布《阿穆尔州和滨海州移民法令》和 1882 年《关于向南乌苏里边区官费移民法令》。1861 年颁布《阿穆尔州和滨海州移民法令》主要提倡俄国人及外国人移居于阿穆尔州和滨海州，并给予土地和部分税收的减免，同时鼓励具有一定财产的俄国人和外籍侨民到阿穆尔州和滨海州各城市落户。但是移民的结果很不理想。1882 年，沙俄颁布了《关于向南乌苏里边区官费移民法令》，政府设立移民局、政府出资支持移民、加强移民的管理部门、免交移民税并给移民者土地等政策。1882—1901 年，远东地区共迁来 99773 人。而且与前一阶段移民活动出现断流的情况相反，这一时期移居者的数量不断增加。1892—1901 年间，移居远东者的年平均数是 80 年代的 2.8 倍。② 纵观沙俄半个多世纪的远东移民政策，始终都是为沙俄对内巩固统治、对外争夺霸权的目的服务的。

　　沙俄还极力维护朝鲜现状，扩大自己在朝鲜的势力，以阻止日本和英国对朝鲜的占领。甲午战前沙俄政府接到俄国驻华大使关于中国政府请求沙俄出面劝告日本政府从朝鲜撤军的报告后，沙俄政府马上向日本提出劝告并恫吓日本"如果违背朝鲜以独立政府资格与各国间所缔结之条约时，俄国政府决不能认为有效"，但日本向俄国保证对朝鲜"绝无侵略领土之意"时，沙俄政府才不积极干预。此外，沙俄还加紧对中国进行资本输出。华俄道胜银行的建立正是沙俄进行资本输出的典型工具。1895 年沙俄利用中国借贷赔款的时机，强迫清政府签订《四厘借款合同》，插手中国的海关管理和干

---

① 参见林敏《试论甲午战争前夕英俄的远东外交》，载《四川大学学报》2002 年第 3 期。
② 王丽恒：《沙俄远东移民政策》，载《北方文物》2001 年第 1 期。

预中国财政。与此同时沙俄还积极筹办银行，即华俄道胜银行，它在中国拥有办理税收、发行货币、经营铁路等特权，这充分说明沙俄企图从财政、金融上控制中国。①

日本通过签订《江华条约》开始干涉朝鲜事务，从此控制了朝鲜的内政和经济权利。沙俄政府在远东的实力还很薄弱，只能维持朝鲜现状。1896年，俄国与朝鲜签订《朝俄密约》，使其在朝鲜半岛实力不断扩大。日本在甲午战后攫取中国辽东半岛，极大损害俄国远东的利益，因此策划"三国干涉还辽"事件。日本无法与俄法德三国对抗，遂宣告放弃辽东半岛，这也是两国在东北亚地区的首次正面交锋，为日后的日俄战争埋下了伏笔。"三国干涉还辽"的节外生枝，阻挠了日本对外扩张领土的侵略野心的实现，使日本朝野上下受到了强力的刺激。于是，日本政府对内则把发动侵略战争所得的赃款全部用于扩充军备；对外则以同盟外交争取英国等列强的支持，来限制和打击俄国在中朝两国尤其是在满洲的侵略势力。与此同时，俄国政府也以打败日本为目标，竭力加强自己的军事力量。到1900年时，俄国已有常备军110万人，经过训练的预备役人员有350万人。俄国太平洋舰队的大部分舰只集结在旅顺，驻扎在远东地区的地面部队也逐渐向辽南地区转移。到1903年年底，在辽南地区的地面兵力已达到24万多人，海军舰只总数约有60余艘，总计193000多吨。同时，他们还夜以继日地重点加强了对旅顺要塞的修筑。到战争爆发前，在清朝所建水陆炮台22座的基础上，又修筑了海防永久性炮台22座；陆防永久性炮台8座；半永久性炮台24座；永久性堡垒8座；半永久性堡垒6座。旅顺要塞工程量已相当于俄国国内最大的军事要塞塞瓦斯托波尔工程量的16倍。同时，俄军还在金州南山、大连湾一带也修筑了许多炮台，以固旅顺要塞的后路。

1903年6月23日，日本政府召开内阁会议，决定直接与俄国进行谈判，以划定两国在远东的各自的特殊利益。1904年2月5日，日本外务省召见俄国驻东京公使罗森宣布两国断绝外交关系。2月8日，东乡平八郎的联合舰队驶抵距旅顺口东南40余海里的圆岛海区。2月9日清晨，东乡平八郎亲率舰队驶到旅顺口外，对停泊于港内的俄国军舰再次进行猛烈的炮击。日本联合舰队偷袭旅顺口，揭开了日俄战争的序幕。2月9日、10日，俄、日两国分别下诏宣战。日本海军联合舰队所确定的基本战略任务是要夺取制海权，护送陆军部队安全渡海，并为陆军的战事布局提供保障补给和火

---

① 参见黄定天《论日本大陆政策与俄国远东政策》，载《东北亚论坛》2005年第4期。

力增援。为了夺取制海权，日本海军联合舰队相继对旅顺港口进行了闭塞作战和在旅顺港口外进行航道布雷作业。从 2 月 24 日起至 5 月 3 日，先后对旅顺港口进行了三次堵塞港口作战。8 月 10 日，俄国太平洋分舰队试图从旅顺港口突围，开往海参崴。但以失败而告结束。日本完全控制了制海权，保证了其海上运输线的畅通无阻，也有力地支援了陆地战斗的进行。

1904 年 5 月 1 日，日本陆军第一军约 3 万人渡过鸭绿江，攻入中国境内。5 月 5 日起，日本第二军约有 4 万人分为 3 个梯队先后在金州猴石登陆。第二军的主要任务是占领金州蜂腰地带和大连港，切断驻守旅顺的俄军后路，然后北上占领辽阳。5 月 26 日，日军占领金州城。27 日，日军占领了南关岭。5 月 30 日，日军在没有遇到任何抵抗的情况下，便顺利地占领了大连。日军获得大连港后，为军需物资的运输取得了极大的方便，使大连成为日军进攻旅顺的前进基地。5 月 31 日，日军大本营又新组建了第三军，承担攻占旅顺的任务。第三军的司令官是日本陆军大将乃木希典。7 月 26 日，开始对驻守旅顺的俄军防御阵地发起全面攻击。8 月 18 日开始，向旅顺发起全面攻击。日军在快速强攻不成的情况下，遂改变战术转入长期围困。9 月初，日军决定实施第二次总攻。之后，日军改变攻击方向，以俄军东线为目标，而且将主要矛头指向东鸡冠山和二龙山一带。11 月 26 日，日军开始第四次总攻击。27 日，参谋总长儿玉源太郎命令集中兵力进攻西线的 203 高地，其理由之一是从那里可以看到泊于港内的俄舰。这次战斗非常的残酷，历时近十天的时间，直至 12 月 5 日，方见分晓。俄军这次"在该防御地段的伤亡共 5000 余人，日军伤亡超过 1 万人"。1905 年 1 月 1 日，驻守旅顺的俄军陆防线最后一个制高点"望台炮"炮台被日军占领。至此，日俄战争在大连地区的战事全部结束。日军攻占旅顺口，使日俄战争发生了重大转折。

（四）小结

19 世纪末 20 世纪初，日俄两国关系日趋恶化，由明争暗斗最终走向兵戎相见。日俄战争中旅顺的陷落，使俄国政府清楚地感到战争的天平已经倾斜，战争的失败似乎已成定局。日本虽然距离全面取得战争的胜利已为时不远，但自身财力和人力的损失已经达到了最大限度。战争在此时对双方而言，都难以继续支撑下去。1905 年 5 月 31 日，日本政府抓住对马海战获胜的有利时机，加速谋求和谈的活动。正式邀请美国政府出面为结束日、俄间的战争进行"友好斡旋"。9 月 5 日，日俄双方签署了以牺牲朝鲜和中国根本利益为主要内容的《朴茨茅斯和约》。《和约》共包括了有正款 15 条，附款 2 条，主要内容是：俄国承认日本在朝鲜的特殊利益；俄国从满洲撤兵；俄国将辽东半岛的租借权转让给日本；俄国将长春宽城子至旅顺的南满铁道及其附属权利不受补偿地转给日本。俄国将库页岛北纬 50 度以南的一半割让给日本。自此中国东北成为日俄两国共同的势力范围，日本在大连开始实施长达 40 年的殖民统治。列宁曾经指出："俄国人民从专制制度的失败当中得到了好处。旅顺口的投降是沙皇制度投降的前奏。战争还未结束，但战争每一步都将大大加强俄国人民的不满和愤慨，都将促使新的伟大的战争、人民反对专制制度的战争——无产阶级争取自由的战争的时刻早日到来。"[1]沙俄远东政策的失败，导致 1905 年革命的爆发，为统治俄国三百多年的罗曼诺夫王朝敲响了覆亡的丧钟，一定程度上导致了罗曼诺夫王朝的最后崩溃。日本在日俄相争中暂时占了上风，然而正是这场战争使日本大陆政策得到恶性膨胀，在此后的半个世纪内走上了军国主义的不归路。1945 年，日本战败投降，标志着大日本帝国的最终崩溃。

五 "诺门罕事件"的缘起与实质

"九·一八"事变之后，日本关东军全面占领中国东北三省，并于 1932 年策划成立傀儡政府——伪满洲国。中国的外蒙古则在苏联的支持下，于 1921 年宣布独立，成立蒙古人民共和国。1939 年 5—9 月，日苏双方的军队分别代表伪满洲国及蒙古国在中蒙边界诺门罕一带发生军事冲突，是为"诺门罕事件"。战事以日本关东军大败宣告结束，日本从此放弃北攻苏联的计划，苏联也因应付欧洲战场的军事行动而无暇东顾。本节主要以"诺门罕事件"当时各方的情报分析及各国的新闻报道为素材，梳理和辨析"诺门罕事件"、"哈拉哈河战役"等名词概念，考察事件相关各方对事态发展的宣传和对应措施；分析日苏冲突中的伤亡数字统计等细节，并对所谓"边境问题"的论争及各种观点提出一点浅见。

（一）"诺门罕事件"的由来及不同表述

诺门罕（Nomonhan）位于中国内蒙古与蒙古国交界地区，是内蒙古呼伦贝尔盟与外蒙之间的一片半草原半沙漠的荒原。1939 年日本关东军和苏联军队之间的武装冲突——"诺门罕事件"即发生在该地区。"1939 年 5 月11 日，驻扎在贝尔湖东南、哈勒欣河以东 20 公里地方的蒙古人民共和国边

---

① 中共中央编译局：《列宁全集》第 9 卷，人民出版社 1987 年版，第 141 页。

防军遭到日军的突然袭击。……蒙古边防部队同日军发生了战斗"①。但日苏双方并没有向对方正式宣战。7月2日,日军再次进攻,强渡哈拉哈河。事后又多次进攻,均被击退。8月20日,苏蒙联军转入反攻,至31日大获全胜。9月16日双方停火。"诺门罕事件以日本军队惨败停止,标志着日本对苏联武装挑衅策略的失败,实际上对苏联强硬政策已经无法坚持下去了"②。

诺门罕曾译为"诺门坎",因此,在有些文献资料及研究著作中,"诺门罕事件"亦称为"诺门坎事件"。当然,除上述两种说法外,还有把这次武装冲突称为"哈拉哈河事件"或"哈拉欣河事件"的。哈拉哈河发源于大兴安岭西侧摩天岭北部的达尔滨湖,弯弯曲曲流入贝尔湖,全长399.5公里,位于今内蒙古兴安盟的阿尔山市,是中国和蒙古国的界河。"哈拉哈"是蒙语,意为"屏障",在20世纪30年代那场冲突中确实成了阻挡日本关东军前进的屏障。因为蒙语"哈拉哈"第二个"哈"字后面有个语尾,相当于中文"的",蒙语发音则为"欣",所以哈拉哈河亦被译为哈拉欣河。在俄国(苏联)方面的地图上,哈拉哈河(Halha River)被叫作哈拉欣河(Khalkhyn Gol),故苏联方面也把"诺门罕事件"称为"哈拉欣河事件"。当然,汉语中也有将其音译为"哈勒欣河事件"的。总之都是指同一事件。

值得注意的是,"哈拉哈河事件"(诺门罕事件)毕竟是一场颇具规模的武装冲突,所以许多文献中称其为"哈拉哈河战役"或"诺门罕战役"、"诺门罕之战"等。有的文献甚至称其是"1939年5月4日—9月16日,当时的日本关东军和伪满洲国军队与苏联和蒙古人民共和国军队在诺门罕布尔德地区和今蒙古共和国境内哈拉哈河中下游两岸,爆发的一场激烈战争"③。将"诺门罕事件"称为"诺门罕战争"似乎有些夸大了其规模,这或许是由于这场冲突曾经引起世界瞩目的缘故。日本某些学者认为,日本方面把这场冲突称为"诺门罕事件",苏联也将其定义为"哈拉欣河事件",是因为日苏两国都是大国,定位比较准确;蒙古是个小国,近代以来很少发生大规模战争,因此才将其称为"战争"。④ 对此,我们不能完全苟同。因为在历史上,日本也曾经把一些局部军事冲突称作"战争"。例如,1863年

---

① [苏]茹科夫:《远东国际关系史1840—1949》,世界知识出版社1959年版,第485页。

② 李凡:《日苏关系史1917—1991》,人民出版社2005年版,第101页。

③ [日]松本草平:《诺门罕,日本第一次战败》,李兆辉译,山东人民出版社2005年版,第1页。

④ [日]堀江雅明:《"诺门罕事件"与蒙古》,日本河合塾世界史研究会论文(未刊),2002年。

7 月，英国东洋舰队与萨摩藩之间进行了一场海战，是为日本史书上记载的"萨英战争"。另外，还有一场日本与西方列强之间发生的军事冲突被日本人称为"下关战争"。就是说，日文中战争的概念除了指"民族与民族之间、国家与国家之间、阶级与阶级之间或政治集团与政治集团之间的武装斗争"之外，也可以指规模不大的、历时较短的军事冲突。

"诺门罕事件是 1939（昭和一四）年在满、苏国境诺门罕附近发生的日满·苏军之间的冲突和战斗。"①"诺门罕事件"，历时 135 天。双方投入战场兵员 20 余万人，大炮 500 余门，飞机 900 余架，坦克、装甲车上千辆，死亡数万余人。"无论从日本侵华战争的全局看，还是从诺门坎事件本身看，仅能说诺门坎事件是日苏之间一场大规模武装冲突，还不能说是一场真正意义的两国之间军事战争"②。因此，我们认为将其定位为一场"战役"是较为恰当的。

（二）关于"满蒙"边界问题

众所周知，伪满洲国是在日本关东军策划下在极短的时期内强行成立的傀儡政府，因此，其边界线也极为混乱，各方难以达成共识。"张鼓峰事件以后，由于日满军队小规模地侵犯边界，日苏间一直保持着紧张情况，特别是满洲西北部与蒙古人民共和国接壤的诺门坎附近，因为国境线不明确，满洲国（实际是日本）与蒙古之间主张不一，因而是容易引起边境纠纷的地区"③。可以说，"诺门罕事件"的直接起因，是对规定该地区边界线的解释有矛盾。"日本主张诺门罕地区的边界是在哈拉哈河一线上，苏联则主张国境线在距该河东部 13 公里的诺门罕一带"④。具体而言，日本方面主张的根据是 1918 年出版的中国军方参谋部地形考察队绘制的比例尺为十万分之一的外蒙古边界图和 1906 年沙俄外贝加尔测量队绘制的比例尺为八万分之一的地形图。苏联及外蒙古方面主张，哈拉哈河归属外蒙古，双方的分界线是通过哈拉哈河东侧和北侧。根据是在 1734 年哈尔加族人与哈拉哈族人相互争夺地盘时，由清政府裁决而划定的分界线。实质上，此时中国政府尚未正式承认外蒙古为独立国家，所以也就不存在什么所谓边界线划定问题。⑤

最初的边界纠纷是 1935 年发生的"哈拉欣庙事件"。伪满洲国认为外

---

① ［日］河出孝雄：《日本历史大辞典》第 15 卷，1964 年，第 60 页。
② 李凡：《日苏关系史 1917—1991》，第 100 页。
③ ［日］信夫清三郎：《日本外交史》下卷，天津社科院日本问题研究所译，第 640 页。
④ ［日］河出孝雄：《日本历史大辞典》第 15 卷，第 60 页。
⑤ 李凡：《日苏关系史 1917—1991》，第 97 页。

蒙古方面越过了边境，要求蒙方撤出境外，外蒙古方面则主张哈拉欣庙附近一带自古以来就在其境内。有学者认为日本关东军对这些情况并不了解，而且也没有考虑明确划分边界线。"满洲国把哈拉欣河作为国界是基于日本在日俄战争期间从俄军手中缴获的俄国绘制的地图。故最初俄国曾经把哈拉欣河视为外蒙古的边境线。然而满洲国成立后，蒙古要求苏联重新测量，苏联遂于 1934 年之前把国境线向哈拉欣河东部作了调整，并将其标注在地图上"①。另一方面，1924 年成立的蒙古人民共和国的国境处于中华民国蒙藏院确定的外蒙古范围之内。为了处理"哈拉欣庙事件"的善后问题，伪满洲国与外蒙古根据蒙方的提议，1937 年之前就划界问题在满洲里进行了五次会谈，其间伪满洲国作了实地测量和文献调查。蒙古方面也对调查工作给予协助，甚至希望与伪满洲国建立外交关系。日本关东军不希望满蒙双方划定国界，认为对日方不利，苏联也不希望伪满洲国与蒙古接近。在日苏双方干涉下，"满蒙"交涉失败。

有学者认为蒙古人民共和国所主张的"哈拉欣庙"与"哈拉欣河"均属于外蒙古是正当的。对此我们不能认同。我们知道，蒙古原称外蒙古或喀尔喀蒙古。1911 年蒙古王公在沙俄支持下宣布"自治"。1919 年放弃"自治"。1921 年蒙古发生革命，同年 7 月 11 日成立了君主立宪政府。1924 年11 月废除君主立宪，成立蒙古人民共和国。1945 年 2 月，英、美、苏三国首脑雅尔塔会议规定，"外蒙古（蒙古人民共和国）的现状须予维持"，并以此作为苏联参加对日作战的条件之一。1946 年 1 月，当时的中华民国政府承认外蒙古独立。问题的关键在于，"诺门罕事件"发生的当时，中国政府并没有承认外蒙古独立，而伪满洲国作为日本的傀儡，更没有资格代表中国谈判边界问题。因此，其他各国对此妄加干涉和评论，似有越俎代庖之嫌。值得关注的是，苏联在其中扮演了并不光彩的角色。苏联在"诺门罕事件"之前极力支持外蒙古独立，之后又于 1941 年 4 月与日本签订《日苏中立条约》，同时声明："苏联政府和日本政府庄严地声明，苏联保证尊重满洲国的领土完整和不可侵犯，日本保证尊重蒙古人民共和国的领土完整和不可侵犯。"② 对此，罗荣渠教授指出，"斯大林在战争前夕关键时刻从长期以来的反法西斯统一战线的正确策略向企图侥幸自保的机会主义策略方向转

① ［日］堀江雅明：《"诺门罕事件"与蒙古》，日本河合塾世界史研究会（未刊），2002 年。
② 《国际条约集》（1934—1944），世界知识出版社 1961 年版，第 303—304 页。

变，从维护和平的正义立场向沙俄大国主义的立场回归"①。以往我们探讨这段历史时，过分强调了苏联对我国的援助，而忽略了对其大国沙文主义的揭露和批判。这一点，我们应该有清醒的认识。

（三）传媒等各界对该事件的分析及报道

1939 年 5 月 22 日，从伪满首都新京（今长春）发往日本的电文透露了满蒙战事扩大，双方紧急调遣兵力的状况："5 月 20 日下午 3 时满洲国。外蒙国境诺门罕南部地区的外蒙军队增加兵力，出动机械化部队。目前，在哈拉哈河间地区开始局部作战，警备军一部出动，事件呈扩大状态。警备军顾问为与日本军队联络，22 日上午 3 时从海拉尔赶赴现场。"② 苏蒙军队在装甲兵支持下，以优势兵力击败日军。之后的整个六月，苏联向诺门罕附近，哈拉哈河两岸增兵，并攻击伪满洲国士兵。"地面战斗始终胶着于哈拉哈河两岸地区。敌人渐次增加兵力，战局时紧时松"③。

6 月 2 日香港发出的"同盟来电"反映了中国方面对情况的分析："关于本次满蒙国境冲突事件，据重庆方面消息观测如下：诺门罕事件最近关系到参加德意同盟的问题，在日本政府内部引起激烈的对立，因此，对此企图加以隐瞒，对日本一般国民只不过是一种宣传。接下来，结局必定是被军部的主张所压倒，首相同意参加同盟。但是，平沼（首相）主张日本同盟的目标仅限于苏联。由于这一冲突，日本要强化对苏联的有效防御大概只能与德意结成联盟。而苏联迫于其西部边境防备问题，特别是与英国的交涉处于非常微妙的阶段。对满洲国还不会做出直接的挑战。另外，日本引起这一事件包含意欲向世界显示日本实力的意向，这与张鼓峰事件之际是一样的。"④通过后来时局的发展来看，该情报的分析还是比较准确的，如苏联迫于其西部边境的压力，到 1945 年之前对日本没有做出直接的挑战。

莫斯科塔斯通讯社认为，许多外国报纸根据关东军司令部错误的表述报道了外蒙军队与日满两国军队的冲突，即日本报纸主张此等国境冲突事件系由外蒙军队侵犯国境引发而致的虚构事实，同时，还夸大报道了外蒙军队及空军蒙受很大的损害。对此，塔斯社根据所掌握的情报对"诺门罕事件"

---

① 罗荣渠：《辉煌、苦难、艰辛的胜利历程》，载《北京大学学报》（哲学社会科学版）1995 年，第 4 页。

② JACAR（アジア歴史資料センター）：Ref. A03024455700，各種情報資料・情報（国立公文書館）以下略，"外蒙戦事拡大の模様"（http：//www. jacar. go. jp，以下略）。

③ ［日］堀场一雄：《日本对华战争指导史》（内部发行），军事科学出版社，1988 年，第 288 页。

④ JACAR（アジア歴史資料センター）：Ref. A03024462900，"ノモンハン事件と重慶側観測"。

报道如下："诺门罕及哈拉哈河一带的外蒙边防警务军突然遭到日满两军攻击，不得不从国境内外线向哈拉哈河西部退却，翌 12 日起至 21 日的十日内，在此地每天都发生国境冲突，其结果是双方均出现死伤者。5 月 22 日，日满军队得到援军支援，对外蒙军队发动进攻，企图比以往更进一步，侵入外蒙共和国境内，但受到外蒙军反击，损失颇大，被击退到国境线外。5 月 28 日、29 日两天，日满军队从满洲国海拉尔得到战车、装甲车、炮兵及由多数航空部队组成的有力的日军增援，再度侵入外蒙国境，然而被紧急赶到现场的外蒙军很快击退，遗弃很多死伤者和武器，败退到本国境内……6 月 24 日，日满军队再度以 60 架飞机来袭。外蒙及苏维埃空军立即同样以 60 架飞机应战。结果，击落日本及满洲国空军飞机 25 架，本次战斗中，外蒙及苏联空军只损坏了两架飞机。"① 而日方则认为苏联利用这种虚构的长篇报道，将事件的责任转嫁给日本。

苏蒙联军司令部还发布消息声称，日满军队到 7 月 2 日止，在诺门罕一带集结步兵、骑兵、炮兵等相当一部分兵力及战车百余辆。日满军队在轰炸机及战斗机掩护下再次侵犯蒙古边境，7 月 3 日拂晓从诺门罕及更北部的地方开始攻击。日军企图攻击哈拉哈河东岸的苏蒙军阵地，突破哈拉哈河西岸。苏蒙军队全部击退日进攻。与此同时，7 月 2—5 日期间，苏蒙、日满两军的航空部队进行了大规模空战，在这些战斗中苏蒙军队均获得全胜。7 月 2—5 日的空战中日军飞机被击落 45 架，苏蒙军队损失 9 架。而且据苏蒙军司令部情报说，河原关东军报道部长由于发表日本空军大胜这一虚伪、夸大的报道而被罢免，由加藤中佐代替。② 其实，苏军的报道并不完全属实，后来的一些研究资料证明，苏军在冲突中也付出了很大代价。据日本的苏联战史书籍记载，苏军损失（估计）为："阵亡 9824 人，损失飞机 207 架（缩小记载?）。"③ 苏联方面还指出日军存在的军纪等问题："至于关东军及战车队，比步兵更为薄弱。……日本师团这般脆弱地败退说明了日本步兵部队士气低落这一状况愈加深刻。这一事实也由日本军司令部屡屡指责那些士兵常陷于烂醉如泥而得到证明"④。而日本学者则认为日军"在这艰难困苦的环境中，各部队仍保持良好的纪律，一直勇敢地战斗到最后一刻"⑤。日

---

①　JACAR（アジア歴史資料センター）：Ref. A03024472900，"ノモンハン事件ソ聯側発表"。

②　JACAR（アジア歴史資料センター）：Ref. A03024477500，"満蒙国境衝突一タス発表"。

③　[日] 桑田悦、原田透：《简明日本战史》，军事科学出版社 1989 年版，第 102 页。

④　JACAR（アジア歴史資料センター）：Ref. A03024482600，"満蒙国境衝突事件一タス"。

⑤　[日] 桑田悦、原田透：《简明日本战史》，第 100 页。

方与苏方报道的内容相去甚远。"据新京（长春）发布的同盟通讯，日本军队过去的两个月里，在满蒙国境地带的战斗中击落苏联飞机共计 691 架。而且在过去的三天里，在诺门罕上空展开了空战，在这次战斗中又击落苏联飞机 130 架。然而这是来自日本方面的报道，特此说明。"① 苏联和日本的报道某种程度上可以说是在打"宣传战"。

有关日方参加作战及伤亡的人数，媒体和学界有不同的披露。当时，路透社据"可靠情报"对此事件进行了描述，指出日本军队在诺门罕地区吃了大败仗，由于苏联的攻击，日本军队出现 25000 名死伤者，苏军在多数地点越境，哈拉哈河东岸的日本阵地陷于崩溃，苏军收复了哈拉哈河东岸丢失的阵地。② 苏联学者指出，"1939 年 8 月 20 日，苏蒙军队转入反攻，并在战斗中全歼日本第六军五万人"③。日本学者提到，"……关东军还无视参谋本部的方针，更进一步投入兵力，扩大了战争。其结果，包括死伤、失踪和战病的人员在内，牺牲达两万人之多。主力军二十三师团等死伤率近八成，到了近乎全军覆没的打击"④。林三郎认为，在诺门坎事件中，日军参战人数为 15975 人，共战死 4786 人、伤 5455 人、失踪 639 人、患病 1340 人，损失率达 80%。⑤ 当时的《朝日新闻》在对"诺门罕事件"进行说明时也曾经指出伤亡过大之事："……对于牺牲者达到意外的多数之事实禁不住表示同情。向 18000 名勇士递呈衷心感谢之辞。军方当局应以此为契机，从该事件中汲取活生生的教训，军队的精神训练自不待言，在本次说明之时，可以窥出，要充分研究以期充实军队的机械化等物质上的战备。为何将陛下之军队处于四个月之久的不利地位，并不得不付出 18000 名战死及伤病者。而今不应再追及此事，但此事之教训应铭记在肠，该警惕则警惕，该紧张则紧张，物质及精神两方面是高于一切的要务。相信这是上对圣明，下慰牺牲之英灵的独一无二之道。"⑥ 中国学者王颜昱认为，"1939 年 6—8 月，……关东军曾出动兵力达 6 万之众，伤亡占其三分之一，遭到惨败"⑦。厉春鹏等

---

① JACAR（アジア歴史資料センター）：Ref. A03024488000，"桑港英語放送（二十六日）"。
② JACAR（アジア歴史資料センター）：Ref. A03024514300，"重慶ロイテル新聞電報放送（十一）"。
③ ［苏］维格兹基：《外交史》第 3 卷（下），生活・读书・新知三联书店 1979 年版，第 1070 页。
④ ［日］信夫清三郎：《日本外交史》下卷，天津社科院日本问题研究所译，第 641 页。
⑤ ［日］林三郎：《关东军与苏联远东军》，转引自李凡《日苏关系史，1917—1991》，第 98 页。
⑥ JACAR（アジア歴史資料センター）：Ref. A03024524800，"本日の新聞論調"。
⑦ 王颜昱：《日本军事战略研究》，军事科学出版社 1992 年版，第 205 页。

人认为，"根据参战的日军第 6 军军医部编制的诺门坎事件日军伤亡调查表，日军死亡为 7696 人、负伤为 8647 人、失踪为 1021 人，共计为 17364 人。据 1966 年 10 月 12 日，日本靖国神社举行诺门坎事件战役慰灵祭的报道中，阵亡日军为 18000 人"①。总之，日本学者尽量缩小日方伤亡数字，而苏联（俄国）学者则往往夸大日方损失。客观而言，日军在冲突中伤亡明显大于苏方，"不败的帝国陆军"这一神话也彻底被打破了。②

（四）结语

1939 年 9 月 15 日，日本驻苏大使东乡与苏联外交部长莫洛托夫在莫斯科签订《诺门罕协定》，规定双方于 9 月 16 日凌晨 2 时停止一切实际军事行动。为追究责任，日军大本营在战役后期撤换了关东军司令官植田谦吉陆军大将、参谋长矶谷廉介陆军中将；战后一个月内又陆续免去了参谋本部次长中岛铁藏陆军中将、作战部长桥本群陆军中将及关东军司令部作战部长和所有作战参谋等将佐的职务。③ 虽然我们不会忘记抗日战争时期苏联对我国提供了一定的支援，但也应该看到，苏联在施以援手的同时，也侵害了中国的权益。因此，有学者指出，"苏联二战史研究抬高苏联在亚洲太平洋战场上的地位和作用，掩盖其转售中东铁路给日本及订立苏日基本条约等民族利己主义与机会主义政策，造成了极为恶劣的影响"④。这是不无道理的。

---

① 厉春鹏等：《诺门坎战争》，吉林文史出版社 1988 年版，第 353 页。

② ［日］林茂：《太平洋战争》，《日本的历史 25》，中央公论社，1967 年，第 128 页。

③ ［日］堀场一雄：《日本对华战争指导史》（内部发行），军事科学出版社 1988 年版，第 289 页。

④ 徐勇：《论日本在二战中的北、南进战略抉择》，载《北大史学》1997 年第 4 期。

第四章 思想文化篇

一 二宫尊德报德思想的传播与影响

在日本静冈县挂川市 JR 站前广场上伫立着一尊身背木柴认真读书的少年铜像，此即日本家喻户晓的人物——二宫尊德。铜像的碑文上有如下一些文字："二宫金次郎① （1787—1856），出生于小田原市柏山，是一位一生向学、勤勉、积蓄的模范，地区建设、财政重建的专家，报德运动的始祖。"二宫尊德的弟子冈田佐平治是挂川市仑真人氏，因而在挂川市建有"大日本报德社"。于是，在"终生学习都市"挂川市的站前广场上，作为好学精神的象征而设置了这一铜像，作者为冈崎雪声。其实，在日本很多地方都有二宫尊德的塑像。但是因冈崎所作塑像原件深得明治天皇喜爱而更为有名，现今收藏在明治神宫宝物馆中。那么，二宫尊德在日本历史上扮演了什么角色，其报德思想有何影响则是个值得探讨的问题。

（一）二宫尊德其人

二宫尊德是日本江户时代末期著名的农政家和思想家，也是幕末时期的村藩财政改革和农村复兴的成功指导者和实践家。他出生于一个较为富裕的农民家庭，是家里的长子。起初家境殷实，后来因家乡的酒匂川洪水泛滥，田地被毁，导致败落。为此，二宫 13 岁时即买来 200 棵松树苗，种植在酒匂川堤边，用以防洪。二宫 14 岁时家父过世，16 岁时母亲亦亡故，命运多舛的二宫兄弟三人只好各奔东西，尊德则被伯父一家领养。正所谓"自古雄才多磨砺"，二宫自幼即勤奋好学，尽管寄人篱下，仍然自强不息；白天结束繁重的田间劳动后，每晚总是自学到深夜。由于夜间读书需要照明，为节约起见，二宫遂在荒地上种植油菜，以取得菜子油充作夜读的灯油。这种

---

① 二宫尊德亦称二宫金次郎。

家贫而读书刻苦的精神堪称"凿壁偷光"、"囊萤映雪"等中国典故的日本版。二宫还捡拾被遗弃的秧苗栽种到自己开垦的荒地上，因精心培育，到了秋季，竟然收获一"俵"①的粮食。通过劳动，他学习并实践了"积小为大"的道理；而长期研读《四书》、《五经》等中国古代经典，则为二宫日后事业的发展奠定了思想基础。

天道酬勤，二宫开垦的荒地越来越多，后来用积攒下的钱赎回自家田地，到了24岁时竟然使家业再次复兴。他还帮助小田原藩家老服部氏重整家政，25岁时，成为服部家年轻的侍从武士。由此受到小田原藩主的重用，先后受命从事多达605个村町的复兴工作。在就任樱町官员时期，他曾经将自己的家产全部变卖，将所得金钱用于樱町的复兴事业。作为应付歉收年的对策，二宫的做法是把收获的三分之一储备起来用于接济灾荒。在日常工作中，二宫创建了以中国传统思想"仁、义、理、智、信"五常为伦理基础的"五常讲"②，还创立了旨在实现农村复兴的"报德仕法"并指导组建了报德社组织。"报德仕法"基本是从日本关东地区北部的荒废农村开始的。江户幕府末期从关东地区到东北地方，由于农村的骚动、饥馑、村人脱逃等事件频繁发生，出现许多荒废的村落。这些极端贫困的村落纷纷加入报德社，最终凭借不懈的努力使村落得以复兴。"把荒废的村庄复兴，并发展成模范村，而这些模范村则成为了形成近代日本地域秩序的最为典型的模式"③。当然，二宫的报德思想不仅在日本关东地区得到广泛认同与推广，在明治新政府推行"殖产兴业"、"富国强兵"的过程中亦发挥了不可估量的作用。

虽然二宫尊德在世期间以"报德仕法"整理负债，振兴和重建一村一藩的经济，但是那时候他的声名尚未远播，还仅限于与他的实践活动有关的地区。报德思想在二宫尊德去世后得到发扬光大，其中他的弟子们起了较大作用。由于富田高庆、福祝正兄、安居院庄七等弟子们在理论和实践两方面始终不懈地诠释二宫尊德，终使明治政府认可其思想和人物。例如，尊德弟子富田高庆将自己撰写的《报德记》献给明治天皇，使二宫尊德受到明治天皇的赏识，追封二宫尊德"从四位"爵位。明治天皇赞赏二宫尊德的作为，似乎与当时教育方针的重大转变相关。当时以智育教育为中心的教育被

① "俵"：日文指装谷物、木炭、砂糖等用的草袋，每"俵"谷物约80公斤。

② "讲"：意为"学习会"。"五常讲"一词为专有名词，故采用原文的说法。

③ ［日］安丸良夫：《二宫尊德思想研究的课题》，载《报德思想研究的过去与未来》，学苑出版社，2006年，第14页。

以德育为中心的教育所取代。明治十二年颁布的《教学圣旨》中指出："仁义忠孝之心人皆有之，然幼少之始，若非浸入脑髓而教，但等他事他物已经入耳，成先入为主之时，则为时已晚矣。故应准照现今小学设绘图之制，挂古今忠臣、义士、孝子、节妇之画像与照片，于幼年生入学之始，先示此画像，说喻其行事之概略，以使忠孝之大义牢记心中，是为要务。"[1] 因此，需要推出一个国民形象代言人，而二宫尊德首当其选，不失时机地出现在日本教育史的舞台上。于是，二宫尊德手捧《大学》、背柴读书的形象被写入教科书，成为"勤勉、节俭、孝行、忠义"的国民道德典范。另外，一些弟子们和受过帮助的群众为他修建了二宫报德神社，将他作为祭神供奉在神社之中，至今仍香火不断。

日本报德社暨日本笔会会员鲸海游先生曾经赋诗来描述二宫尊德的"人间像"："负薪十里闻鸡鸣，莳种荒田五谷生，积小无休自为大，少年独力众民惊。"我们从中不难读出一位不畏艰辛，发愤图强的少年形象。以勤劳、分度、推让、至诚为原理的报德伦理和二宫尊德的形象，在信息化的今天，极具日本本土特征，也显得有些古色苍然，但绝没有失去现实意义。

（二）二宫尊德报德思想之内涵

二宫尊德根据日常所学与躬身实践的积累，融神、儒、佛三教思想之长，建构了以"报德"为主要内容的思想体系。"报德思想"是报"天"、"地"、"人"三才之德，主要包含"一圆融合"、"天道人道论"、"勤劳、分度、推让论"道德经济一元等内容，对于解决当时社会的政治经济危机具有重要的理论意义和实践价值。[2]

"一圆融合"的根本原理依据于儒家的"仁"思想，即德，而在理论上则具体体现为天人合一的"天道人道论"。以仁德为基础所开发的实践途径，恰好是在"以和为用"的范畴中构建的。是以仁和思想为出发点，实现"修齐治平"实践中"和而不同"之开阔胸襟之体现。关于"勤劳"一词，并不难以理解。尊德的目的在于劝告人们勤于耕作，认为人世间所有的动力，均来源于人民的耕作，来源于人民的辛勤劳动。关于"分度"的含义，一般认为这个词并非来自于中国，而是二宫独创的。[3] 所谓"分度"，

---

① 日本文部省：《学制八十年史》，大藏省印刷局，昭和二十九年三月，第716页。

② 周冬梅：《二宫尊德思想的非宗教性》，载《报德思想研究的过去与未来》，第178—179页。

③ 新村出编《广辞苑》第五版中解释为："分限度合之意。乃二宫尊德始创的报德仕法，了解自己的社会、经济实力，据此确定相应的生活限度。"

并非一般人所理解的单纯的"知分"含义，其中还包含着谋求事物间关联性的意义。毕竟人活着就要依存自然，依存社会，而"分度"正是这种人与事物之间的依存度的指针。质言之，分度是分配财富的法则，是"报德仕法"的基础。尊德在其《贫富训》中指出支出大于收入则产生赤字，支出少于收入则会盈余。变贫穷和变富裕的差别也在于此。"推让"则是指推荐别人，自己礼让三分。亦即二宫提倡的"人道在于谦让"。没有互相谦让这一公共精神的话，人类社会秩序必将陷于混乱。报德思想极为重要的特点是重视实践，为此极力倡导"至诚与实行"，要求社会成员"勤劳、分度、推让"。通过"勤劳"创造财富，通过"分度"确立社会秩序，通过"推让"建设美好、和谐的社会。具体而言，二宫在重建乡村社会秩序时，向村民们倡导新型的经济伦理："比如每年一百石收入的家庭，应该努力节俭，使支出减少至五十石，让出五十石以利领国利益，这实在是易行之事，愚夫愚妇亦可实行。实行此道，不须学习，就是仁、义、孝。……多积蓄粮食而减少消费，多积蓄木柴于仓房而尽量减少用量，应当尽量留意保管好衣服，以备需要时有衣穿。这是使家庭富裕起来的诀窍，领国经济的根源。使天下富裕起来的大道也不过如此。"① 内中提倡的均是"报德仕法"中的基本理念和方法。

日本学术界对二宫尊德思想的性质与主旨存在不同意见。或许是因为二宫尊德曾经自称其思想为"报德之教"，进入日本近代资本主义和帝国主义阶段以后，关于二宫尊德思想与"宗教"关系的见解层出不穷。二宫的门人、《二宫翁夜话》的编者福住正兄认为先师所创乃宗教，他认为"若欲亲得报德教之主意，宜先（将其）看作神道之宗门一派。若论宗门本尊如何，则为天祖四柱之大神，其宗门开祖为先师二宫翁"。福住正兄还曾一度改"报德社"为"报德教"。基督教者留冈幸助认为"论及于我国发生之宗教，非佛教，非神道，非耶稣教，我认为乃二宫先生开创的报德教。我相信报德教定会作为将来日本的宗教而引起社会有志之士的瞩目"②。原关西学院大学教授大江清一则认为，二宫的教诲中包含了宗教式的信念，具有宗教与道德一体的综合性特性。但是，尊德的另一门人、报德社的创立者之一冈田良

① ［日］奈良本辰也：《二宫尊德大原幽学》，《日本思想大系》52 卷，岩波书店，1973 年，第 128—129 页。

② ［日］留冈幸助：《二宫尊德及其伦理思想》，载《大日本报德学友会报》36 号，1905 年，第 5 页。

一郎则认为，"报德非宗教，乃道德学"。报德思想研究者井口丑二亦认为，"无论如何看待报德教，虽被种族国民接受，受到供奉，此断非神拜之仪式。全无有关祭葬、祈祷等规定。因此，不是宗教"①。中国的儒学思想在海外一些华人地区被尊奉为"孔教"抑或"儒教"。实际上，儒学不是严格意义上的宗教。具有现实主义精神既是二宫尊德思想的特征，同时也是日本幕末维新时期思想界的一个共同的特征。二宫尊德的思想与行动体现着他对"现世"生活的一种追求。②

　　二宫认为人们只重视来世而不重视现世是不对的，想获得来世的安稳，才更要注重现世的行为，人本性在于天命、身体受之父母，所以要先报天德、报父母之恩。对于佛教倡导的来世极乐净土，尊德指出："现在遍看世上，撒网入海可得鱼鲜，提斧入山可得材木，耕耘田地可得百谷，岁岁年年无穷尽也。此皆可换得金银珠宝，即使不可换，其价值亦高于金银珠宝。其实，我们今日居住之现世这般富饶，此乃真正的极乐净土。"③小田原报德博物馆研究员周冬梅女士通过对二宫思想中的"天人"、"神人"观的考察，认为二宫尊德思想是非宗教性的，原因在于报德思想中并不存在宗教性的信仰对象。在二宫尊德思想中，"神道"与佛教、儒学一样，皆为认识宇宙的运行规律"天道"的"大道入口"之一。二宫的"天道人道论"虽然肯定了"天"及"天道"的地位，但是与其相比更为重视"人道"的作用，其报德思想的主旨均是围绕如何"立足于道，发挥人道作为"而展开的。二宫本人虽然被作为现人神被供奉在神社中，但是与民众宗教的活神信仰不同，它并非二宫尊德本身"神圣性"的体现，也并非其思想本身宗教性的体现，而是日本民俗宗教的特质和现人神祭祀的特点使然的。

　　历史上，中国儒家思想对东亚各个民族的历史自觉和社会发展进程起了极其重要的作用。而这种儒家思想在视古代中国为其文化"母国"的日本和韩国尤其得到了发扬光大。例如朝鲜李氏王朝前期的李退溪即是中国朱熹思想的集大成者，其学说被称为退溪学；退溪先生的为学和为人已经成为东方人成就人生意义和人格价值的典范，他所表现的东方人的理性和理想相结合的人生观值得现代人借鉴和效法。而日本自应神天皇十六年（公元285

---

①　[日] 见城悌治：《日俄战后——大正前期 道德与宗教的思想史位相》，载《日本史研究会大会特集号》，2002。

②　周冬梅：《二宫尊德思想的非宗教性》。

③　[日] 斋藤高行：《二宫先生语录》，《二宫尊德全集》第3卷，龙溪书社，1977年，第342页。

年）百济人王仁将《论语》携入日本，即揭开了日本儒学的发展史。① 日本儒学长期与佛教、神道等其他思想共存；日本儒学的不同流派（朱子学派、阳明学派、古学派、考证学派、折衷学派等）也长期并存，这也许是中、日儒学的不同之处。日本儒学的共存性，实际是日本文化的多元共存性格的表现。从这一意义上说，主张神儒一致或神儒合一，也可理解为主张儒学与日本固有思想的共存与融合。追溯二宫尊德报德思想的根源，可以发现大部分内容都是中国儒家思想的原型。儒学在江户时期盛极一时，而二宫根据自己独特的理解将儒学思想活用到现实生活当中，并取得丰硕成果。明治三十七年（1905 年），日本政府借二宫逝世 50 周年之机，开始着手运作二宫尊德思想的"有效性"。在"报德"实践方面，二宫后裔与弟子们继承了"报德"事业，在日本广泛开展"报德仕法"活动与"报德社运动"。"在兴办信用事业、改良和普及农业技术、振兴农业方面起到了先驱作用。"② 鉴于二宫尊德及其报德思想在幕末以及明治维新时期的重大影响，内材鉴三在其著作《代表性的日本人》中选取二宫为"具有代表性的日本人"之一。在日本的江户时代虽然产生了众多的思想家，但其思想仍可沿用至今的却寥寥无几。二宫尊德应该算是一个典型代表。

（三）二宫尊德报德思想之影响

客观而言，对于统治阶层，二宫经常是顺从与合作的。他并不反抗体制一方的压迫，还一味地为其服务。"他毫不保留地肯定原始的农业技术，依靠肉体劳动的强化和统治阶级的温情，来推进他的农村复兴运动。"③这可能是二宫受到统治阶层欢迎，被祭为国民教化代言人的重要原因。"二战"前，二宫被赋予的德目是孝行、友爱、立志、忍耐、仁慈、勤俭、廉洁、公益、改过、刚毅、诚实等。战争结束后，由于仍然需要立志、忍耐、公益、诚实等伦理要求，所以二宫尊德在二战期间虽然被日本军国主义所利用，但并不为美国占领当局所厌恶。"这是美国占领当局政治布局的巧妙一步，是为其控制远东国际局势的政策服务的，是为其缓和与日本国民的紧张关系服务的。毋庸讳言，尊德既没有生活在民主主义社会，他也不可能是具有民主主义理念的人，但这件事却是尊德在任何时代都能保持强大生命力的无可辩

---

① 王家骅：《儒家思想与日本的现代化》，浙江人民出版社 1995 年版，第 23 页。
② 刘金才：《二宫尊德及其报德思想》，载《日本学刊》2005 年第 2 期，第 153 页。
③ ［日］家永三郎：《日本文化史》，岩波书店，1995 年，第 232 页。

驳的最好证明。"① 具有讽刺意味的是,二宫的铜像并非是"二战"后被清除的,而是在战争期间被当作制造武器弹药的金属回收而逐渐销声匿迹的。尽管二宫尊德及其思想具有历史局限性,但是应该看到,其中也蕴含了诸多近代资本主义精神的要素,反映了当时受商品经济渗透和冲击的农民本身的内在要求,因而具有进步意义。

　　二宫尊德思想在日本对外侵略期间成了舆论工具,确实起到麻痹人们思想、美化侵略的消极作用。这诚然是一种"恶用",对此理应加以批判分析。而今天在平等友好、互利合作的前提下探讨其思想中的积极因素,无疑具有正面意义,亦可称为是一种"善用"。日本自20世纪90年代以来,经济长期不景气,于是人们再次提起二宫尊德,将日本经济复兴的希望寄托在这一精神之上。另一方面,中国自改革开放以来经济高速发展,人民生活逐步得到改善。但是近年来也出现了能源短缺、环境污染、贫富分化等诸多问题。从建设和谐社会的立场出发,二宫尊德的报德思想或可给我们提供某些启示。中国学者汤重南先生认为,包括二宫尊德思想在内的日本文化中积极的优秀的因素,是日本现代思想结成硕果的基础和前提。在日本军国主义猖獗时期,二宫尊德及其思想遭到"恶用"。但是,"我们可以坚定地说,其责任不在于尊德思想本身,而在于日本军国主义的恶用。……我相信尊德及其思想的优秀成果是具有普遍性的,并能够永远延续下去。尊德思想不仅属于日本,也属于中国、韩国、东亚乃至全世界,它是世界人民的宝贵财富"②。诚哉斯言。笔者以为,这也是中国学界对研究二宫尊德思想情有独钟的原因所在。

　　21世纪初以来,近年来,中国的日本学领域掀起一股介绍和研究二宫尊德思想的热潮,一些高校、科研院所的相关学者纷纷参与其中。尽管国内研究成果逐年增多,但是应该看到,许多文章的作者因为受语言的制约,不能完全读懂日文参考文献,或者限于手头缺少原典资料和基本研究文献作参考,从而难以正确理解和把握二宫尊德报德思想的内涵与外延,结果导致重复介绍的多,深入探析的少,一段时期内研究水平徘徊不前。令人欣喜的是,2010年6月,吉林大学出版社出版了《日本学术名著系列丛书》暨《报德思想与实践译丛》的第一部著作——《二宫翁夜话》。对于国内的二

---

① 胡连成:《国民形象的变迁及其原因》,载《报德思想研究的过去与未来》,第48—49页。
② 汤重南:《国际二宫尊德思想学会第二次学术大会开幕式致辞》,载《报德思想研究的过去与未来》,第7页。

宫尊德思想研究者而言，该书无异如雨中伞、雪中炭般及时而珍贵。该书由以大连民族学院国际语言文化研究中心主任王秀文教授为代表的几位专家花费大量宝贵的时间，殚精竭虑、字斟句酌地翻译而成。诚如译者所言，"自2007 年初开始筹划，经过与日本方面进行沟通、协商，组织翻译人力，制订翻译方案到第一册《二宫翁夜话》的中文版面世，历经了大约 3 年时间。"① 据《二宫翁夜话》一书的译者介绍，《报德思想与实践译丛》基本研究文献中文版翻译出版乃是中国二宫尊德研究的始创性工作，其主要宗旨有二："其一，为中国研究者，尤其是为不谙日文的中国研究者提供研究支持和帮助，这也是学术研究的迫切需要；其二，促进中日民间文化交流，增进中日文化的相互了解，促进相互学习，相互借鉴，共同发展。"② 专家翻译此套丛书，实为国内二宫尊德研究者解了燃眉之急。细读译文，不仅内容通俗易懂，且文字优美，读起来朗朗上口。例如该书第一篇《诚之大道》中有如下译文："翁曰：诚之道不学亦可自然知晓，不习亦可自然掌握，即使无书籍，无记载，无先生，人们也可以完全领会而不忘。这即是诚之道的本质。（一、诚之道）"阅读这种译文犹如温习中国古典文献一般，处处充满了格言警句，每每给人一种精神享受。再如，"翁曰：——天地之真理，需从不书之经文中领悟，要读此不书之经文，需首先用肉眼静观，然后需闭上肉眼睁开慧眼认真领悟。无论多么细微的道理，没有看不见的。能用肉眼看到的是有限的，但用慧眼看到的却是无限的。——大岛勇助说：先生的话十分深远。在此冒昧赋和歌一首，即'闭目详观这世界，晦夜可见黎明月。'翁曰：——这应该说是你一生的佳作。（三、用慧眼领悟不书之经文）"译文可以说真正达到了达、雅、信的境界，其中"闭目详观这世界，晦夜可见黎明月。"③ 这段和歌的翻译与中文的古诗词的平仄押韵亦很合拍，反映了译者极高的语言文学修养。值得一提的是，在王秀文教授统筹策划下，《报德思想与实践译丛》的第二部著作《二宫先生语录》也已经公开出版（2011 年 6 月），第三部著作《报德记》也即将在近期出版，这项艰辛而重要的工作必将对在中国宣传、介绍和研究二宫尊德思想产生积极而广泛的影响。

　　再来关注一下《二宫翁夜话》的作者。该书被收入《二宫尊德全集》

---

①　参见［日］福祝正兄《二宫翁夜话》"前言"，王秀文等译，吉林大学出版社 2010 年版。
②　同上。
③　［日］福祝正兄：《二宫翁夜话》，王秀文等译，第 4 页。

第 36 卷，作者为福住正兄。说起该书的书名，福住正兄在"著者后记"中曾经透露："我不肖且身份低微，未能亲耳聆听翁与诸藩家老们对话时的高谈阔论。我所听到的并非那种重要的谈论，而是夜间无拘无束时对我们的教诲，因为都是一些零散的话语，所以取名为夜话。"① 由此观之，该书的成书过程与形式有些类似于江户时期的武士道修养之书——《叶隐闻书》，那本书是以山本常朝口述的武士行止内容为基础，由其门人田代陈基笔录，用了 7 年时间写成的。而对于福住正兄来说，"因为是先师的说话笔记，写得如说话一样肯定是其本意。另外，因我才疏学浅，唯恐信笔而书有误传道之虞，所以尽可能地忠实记述，以不悖先师之言为宗旨"。在这一背景下，《二宫翁夜话》诞生了。我们知道，福住正兄与富田高庆、安居院庄七等人均是二宫尊德的得意门生，他们在报德理论和实践两方面始终不懈地诠释二宫尊德思想，终于使其得到明治政府的认可，亦为后世留下了一笔宝贵的精神财富。还有一件不可忽视的事情，就是将《二宫翁夜话》原版翻译成现代版的问题。鉴于原著由近代文言写成，对于普通读者而言难免晦涩难懂，于是佐佐井典比古对其作了现代文译注。"要将脍炙人口的名著翻译为通俗本则需要很大的决心。尤其是与一气呵成的《报德记》以及将先生本人的教诲凝结于汉字的语录不同，它既是先生的教诲，同时也是著者耗费心血的著作。"在某种意义上，佐佐井典比古先生也是二宫尊德报德思想的忠实拥趸，他完全是出于兴趣和爱好而完成了对二宫尊德先生高足的三部名著的翻译，同时也将此"作为（他）自己研究报德（思想）的一个转机"。客观上，正是因为有了佐佐井典比古的通俗译本，《二宫翁夜话》才被更多的二宫尊德研究者和爱好者所熟知。②

2002 年 6 月，在中国北京大学召开了首次国际二宫尊德思想研讨会，与会成员主要由中日两国学者组成。会议期间，有人提议成立国际二宫尊德思想学会，并得到与会者一致赞同。于是，2003 年 4 月，在二宫尊德的故乡——神奈川县小田原市举行了国际二宫尊德思想学会成立大会。2004 年 7 月，在日本东京召开第二次国际二宫尊德思想学术大会，此次出席者除了中日学者及各界人士外，又增加了韩国、美国、英国、加拿大等国的专家、学者。2005 年、2006 年在中国大连，2008 年在中国上海，2010 年在日本京都

---

① ［日］福祝正兄：《二宫翁夜话》，王秀文等译，第 348 页。
② 张晓刚：《中日对译版〈二宫翁夜话〉》，载国际二宫尊德思想学会《报德学》第 9 号，报德文库 2012 年，第 161 页。

亦召开了类似的国际研讨会，凸显了二宫尊德思想的学术价值和社会意义。由此观之，二宫尊德思想中的积极因素仍然具有鲜活的生命力，而且走出日本国门，影响到中国、韩国，乃至世界。

（四）小结

如前所述，二宫尊德是日本江户时代末期著名的农政学家和思想家，也是幕末时期的村藩财政改革和农村复兴的成功指导者和实践家。二宫创建了以中国传统思想"仁、义、理、智、信"五常为伦理基础的"五常讲"，还创立了旨在实现农村复兴的"报德仕法"，并指导组建了报德社组织。二宫尊德根据日常所学与躬身实践的积累，融神、儒、佛三教思想之长，建构了以"报德"为主要内容的思想体系。"报德思想"是报"天"、"地"、"人"三才之德，主要包含"一圆融合"、"天道人道论"、"勤劳、分度、推让论"道德经济一元等内容，对于解决当时社会的政治经济危机具有重要的理论意义和实践价值。当然，二宫的报德思想不仅在幕末时期的日本关东地区得到广泛认同与推广，在明治时期维新政府推行"殖产兴业"、"富国强兵"的过程中亦发挥了不可估量的作用。二宫尊德思想在不同时代所扮演的不同角色和对社会及世人的影响怎么估计都不过分。我窃以为，对于处于转型时期的中国人而言，研究二宫尊德的主要现实意义在于他的自强不息、勤奋好学、积极向上的人生态度，这种励志模范对当今的年轻人确实能起到正面的导向作用。

二　《海国图志》的流布与日本世界观念的重构

1840 年的鸦片战争是东西方两种完全不同的文化与观念的第一次正面冲突。清政府的惨败使一批先进的中国人从天朝的迷梦中醒来，在愤悱中睁开了眼睛，懵懂地打量面前已经完全陌生的世界。魏源的《海国图志》正是这一时期中国思想界开始重新认识世界的成果之一。《海国图志》传入日本前，日本以"日本型华夷秩序"的方式看待日本与世界的关系。虽然日本的洋学对西方的地理情况作过介绍，但其对世界的认识存在偏差和不足，也没有能够深入到人文社会与政治等领域。《海国图志》传入日本之后，相较于中国产生了更加巨大的影响，日本传统的世界观念因此为之改观。日本通过该书内容的介绍开始了对于世界的探索，并且在对书中所传达的观念的运用与批判中开始了对《海国图志》思想的超越。在对于《海国图志》中的思想不同层次的运用与超越之下，日本在开国后的早期现代化进程中将中国甩在了身后。在新中国实行改革开放 30 年后的今天，重新审视这段历史，对思考如何坚持深化改革，进一步加快自主开放的步伐或有些微裨益。

（一）《海国图志》传入前日本世界观念之概观

日本在海国图志传入前，比较明显地存在着基于儒学体系与基于"洋学"体系两种不同的世界认识。由于儒学与洋学在研究对象、研究方法以及社会地位等方面存在诸多差异，二者对于世界的认识也分别偏重于不同的领域。日本的儒学者深受中国传统思想的影响，甚至曾一度设想将中国式的儒学思想体系嫁接在日本的文化土壤之上，其标志之一就是以藤原惺窝及林罗山为代表的日本朱子学确立其作为官学的地位。①

在朱子学的思维框架下，日本儒学者力图建立起类似中国"天下"、"华夷"概念的世界认识体系。而在这一过程中，儒学者深陷于这样一种两难的境地：这一体系即是对中国"天下"概念的模仿，同时，又必须极力排除掉"中国因素"。林罗山在 1610 年起草的给福建总督的表文中将日本描述为"其教化所及之处，朝鲜入贡，琉球称臣，安南、交趾、占域（以上今属越南）、暹罗（泰国）、吕宋（菲律宾）、西洋、柬埔寨等蛮夷之酋帅，无不分别上书输贡"②。林罗山在这里罗列的所谓"蛮夷诸国"，大都列于万历十五年重修的《大明会典》之上。③ 暂不论这种描述是否与当时事实相符，单就这种明显的模仿痕迹来看，无疑是"从过去华夷秩序的保护伞下独立出来的日本，反过来又在培植由日本统治周围小国的以日本为中心的华夷秩序观念"④。当这种试图将日本与中国置于同等位置的努力归于失败之后⑤，也伴随着儒学在日本的不断"本土化"（日本的古学与国学的兴起，既是对儒学研究的深化，也同样在逐渐排除朱子学中的"中国因素"），日本的儒学者开始构建一个新的世界认识模型，即中日两国不是分处不同（但存在交集）的"天下"的顶点，而是日本居于唯一的世界的最高端。

山鹿素行在其 1668 年所著《谪居童问》中对比中、日、朝鲜三国，认为中国历经王朝更迭，正统性难以延续，朝鲜则更是两度亡国，而唯有日本

---

① 这种尝试是服务于幕府权力在江户时代初期的空前集中与强化的，并随着幕府权力的衰弱而遭到了批判。儒学体系内部也产生了分化，这种分化在某种意义上也导致了日本"自我"观念的复苏。丸山真男在《日本政治思想史研究》中以朱子学思维方式的解体来解释这种批判与分化产生的原因。

② ［日］信夫清三郎：《日本政治史》第 1 卷，周启乾译，第 10 页。

③ 参见《大明会典》卷一百五十，"东南夷"，上。

④ ［日］信夫清三郎：《日本政治史》第 1 卷，周启乾译，第 10 页。

⑤ 暂无记载表明当时的中国统治者对于林罗山的信函作出了回应。

"人皇正统相继未尝异姓"，从正统性观点来看，唯有日本才可称为真正意义上的"中央之国"，其"屹立巨海，疆域自有天险，自神圣继天立极以来，四夷终不得窥伺藩篱。皇统连绵而与天地共无穷"①，至于邻国，则为藩为属，不能与日本比肩。水户学者会泽正志斋也认为称明清为华夏中国是昧于名义，不得不为之事。而值得注意的是，会泽正志斋曾亲身参与过对于1824年英国船员在水户藩家老中山信守的封地多贺郡大津滨登陆事件的处理工作。这在实施"锁国"的日本是难得的与外界接触的经验。然而在他次年完成的《新论》中，会泽正志斋却认为"西欧的冲击所带来的危机，关系到日本的'国体'，这是有关'戎狄之道'与'神圣之道'存亡的斗争"②。而为了抵御"戎狄之道"则必须拒绝通市，拒绝夷教，维持锁国以维护日本国体的神圣与"纯洁"。这种论断不但是对日本应与世界隔绝的锁国论的重申，更是成为了江户幕府末期攘夷派的理论渊源。

相较于儒学，最先诞生于医学领域的洋学则更倾向于运用实证的方式去了解世界，这就使得洋学者在某些领域不但可以接触到，也更易于接受新的观念。司马江汉很早就在《地球全图略说》中介绍了日心说，"近来西洋人之说中有一种学说，即日在正中，地在天中转动，月是一个世界而以地为中心转动。五星亦皆一地也"③。杉田玄白也在其1775年所著《狂医之言》中说："夫地者一大球也，万国配置焉，所居皆中，何国为中土？"④ 然而，洋学的发展却始终无法摆脱时代的桎梏，无法超脱其赖以存在的立场。洋学者一方面对于西方的科学知识求之若渴，一方面却又不得不身处幕藩体制的牢笼为维护体制作出同儒学者一样的努力。洋学者足立左内作为幕府处理外交问题的专门人才参与了1812年对俄国人戈洛弗宁的扣留和询问（足立左内作为翻译于1813年开始与戈洛弗宁接触）。在戈洛弗宁的《日本幽囚记》中谈到了与足立左内等人就开放与锁国等政策问题展开的辩论，足利等人以了解世界的姿态看待问题却奇怪地得出了应当继续锁国的观点，认为"对于日本来说，与其同西方交往，倒不如坚守从来的立场（即锁国），不是反能使各国人民少遭不幸吗？"⑤ 足立左内的领导者，官方洋学的代表人物高

---

① ［日］山鹿素行：《谪居童问》。
② ［日］信夫清三郎：《日本政治史》第1卷，周启乾译，第146页。
③ 李存朴：《18世纪以前中日对西方新世界观念的回应》，载《烟台师范学院学报》2004年第21卷第1期，第37页。
④ 同上书，第38页。
⑤ ［日］信夫清三郎：《日本政治史》第1卷，周启乾译，第121页。

桥景保（高桥作左卫门）更是在总结处理大津滨事件的教训后向幕府上书将外国船只抵达日本比作"饭上之蝇驱之复来"。而在经历过 1828 年的"西博尔德事件"和 1839 年的"蛮社之狱"后，洋学在日本的生存空间更是进一步受到挤压。1839 年，幕府颁布了"洋学取缔令"。不但禁止药店的招牌中出现"兰字"，更通知天文方"翻译之蛮书，如历书、医书、天文书以及穷理之书籍，仅由有关官署使用，不得泛滥流传于世"①。其后，幕府又于 1850 年再次采取了等于"禁止洋学"的压制洋学政策。② 原本就已经羸弱不堪的洋学经此一再打压，探索世界的脚步最终没能迈过幕府划下的鸿沟。

（二）《海国图志》在日本的流布

当西方冲击迫在眉睫而日本又在了解世界的道路上裹足不前之时，带着中国对鸦片战争失败教训的总结，《海国图志》传入了日本。《海国图志》成书于 1842 年，初为 50 卷，逾 57 万字，地图 23 幅，洋炮图式 8 页。1847 年补充为 60 卷，1852 年又增至 100 卷。百卷本近 88 万字。全书除介绍五大洲数十国历史地理政治情况之外，还包括总结鸦片战争经验教训、海防战略战术和关于仿造西洋船炮等方面知识的论述及图说 10 余卷。经日本学者考证，《海国图志》初次传入日本的确切记录是在 1851 年（日历嘉永四年）。首批舶入为三部，时价为日币 130 目③。这三部《海国图志》并没有流入市场，而是全部为官方收藏。1853 年培理舰队抵日让日本各界产生前所未有的危机感，在这样的背景之下，日本对于《海国图志》的需求与日俱增。1854 年，舶入日本的《海国图志》骤增到 15 部，除官方御用之外，有 8 部流入市场。④ 而其后，仅自 1854 年至 1856 年的短短三年间，日本出版的《海国图志》选本、和解本和训点本竟达 21 种之多。

应当承认，《海国图志》在介绍世界诸国基本历史地理情况方面，与原本流播于日本的洋学刊物颇有几分"异曲同工"之处。《海国图志》或可在介绍的广度上略胜一筹，但也在细节上存在某些谬误。然而，《海国图志》的最大意义在于，它为绝大多数不了解洋学的儒学者打开了世界的大门。因

---

① ［日］信夫清三郎：《日本政治史》第 1 卷，周启乾译，第 162 页。
② 法制史学会编：《德川禁令考》三，转引自［日］井上清《日本军国主义》，姜晚成译，第 1 册，商务印书馆，1985 年版，第 30 页，注释部分。
③ 目是江户时代银货币单位，相当一两金货币的六十分之一。
④ 王晓秋：《近代中日文化交流史》，中华书局 1992 年版，第 28 页。

而在更大的范围内起到了一定的思想启蒙作用。学者杉木达在《海国图志美理哥国总记和解跋》中说"本书译于幕末海警告急之时，最为有用之举。其于世界地理茫然无所知的幕末人士，此功实不可没也"①。日本学者大谷敏夫也指出，《海国图志》"成为幕末日本了解列强实力的必备文献，供作随手翻查之用"，以至于"私塾也从此用作教材"②。通过《海国图志》在日本的广泛传播，世界的真实情况突破了幕府的封锁成为尽人皆知的事实。这一点，是传播范围被局限于特定文化圈内的洋学所无法比肩的。

最早记录《海国图志》输入情况的底账上，留有时任书物改役（负责书籍审查工作的幕府官员）的向井兼哲这样一段话："此项内有御禁制文句，向井外记（即书物改役向井兼哲）为此向御役所报告，御所令全部交出。向井外记于子十一月十八日告知商人（不得出售），并将信函附于帐籍之上。"③ 在下级官僚看来，含有介绍西洋情况等内容的《海国图志》违背了思想统制的要旨，无疑是应当被查禁的。但是，含有"御禁制文句"的《海国图志》却在幕府上层备受重视。三部《海国图志》并没有被毁禁，而是分别为御文库、学问所各收藏一部，另一部被担任海防挂④的幕府老中牧野忠雅买去。这两种迥然有异的态度，不但是幕府对于知识信息垄断的明证，更"恰好反映了决策者与在下位者对时局认识的差异"⑤。这种差异，也证明了在日本最早开始重构世界认识的，并非领导了明治维新的中下级武士，而是被倒幕运动推翻的、往往被认为迂腐反动的幕府。应该说，这种重构并非始于《海国图志》的传入，而更多是基于鸦片战争中国惨败的警示。

1841 年，主持政务的老中水野忠邦在寄给川路圣谟的信中说："（鸦片战争）虽属外国之事，亦即我国之鉴。"⑥ 佐藤信渊也在《海防余论》中谈到水野忠邦对于清政府的战败深感"唇亡齿寒，我国虽全盛，亦非晏然自佚之时"⑦。而魏源编纂《海国图志》的目的之一，就是总结鸦片战争失败的教训。正如魏源在《海国图志》的序言中所说："是书何以作？曰：为以夷攻夷而作，为以夷款夷而作，为师夷之长技以制夷而作。""制夷"才是

---

① 王晓秋：《近代中日文化交流史》，中华书局 1992 年版，第 38 页。

② ［日］大谷敏夫：《海国图志》对"幕末"日本的影响，载《福建论坛》1985 年 6 月。

③ ［日］大庭修：《江户时代日中密话》，徐世虹译，中华书局，1997 年版，第 182 页。

④ 设立于 1845 年，专门负责海防与对外事务的幕府机构。

⑤ ［日］大庭修：《江户时代日中密话》，徐世虹译，第 182 页。

⑥ ［日］川路宽堂：《川路圣谟之生涯》，转引自井上清《日本军国主义》第 1 册，姜晚成译，第 24 页。

⑦ ［日］佐藤信渊：《海防余论》。

魏源编纂此皇皇巨著的最终归结。虽然，"制夷"的提出并非基于一个正确世界认识，相反，"制夷"的思想，在某种角度来看，仍是旧世界认识的余烬。但是，"师夷"却开启了重构世界认识的大门，这一点在中日两国具有同样深远的意义。而魏源在《海国图志》中明确界定夷之长技"一战舰，二火器，三养兵练兵之法"。并对其进行了尽可能详尽的介绍。这一点，也是使幕府重视《海国图志》的原因之一。

　　柯林伍德在《历史的观念》中说："历史的过程不是单纯事件的过程而是行动的过程，它有一个由思想的过程所构成的内在方面。"① 研究日本幕末史似乎应该注意到这样的一系列事件：1853 年 6 月培理"黑船"舰队抵日；7 月，幕府命令佐贺藩铸造大炮；8 月，幕府在汤岛修建枪炮制造厂并释放此前被囚禁的高岛秋帆令其充任江川太郎左卫门（江川英龙）的部下，教授枪炮技艺；同月任命专人为"内海炮台修筑专员"；9 月，沿袭了 200 余年的大船建造禁令终于被撤销；10 月，幕府向荷兰订购大量蒸汽军舰和带刺刀的步枪；11 月设置大船建造专员，命令水户藩建造大船，命令萨摩藩士在江川太郎左卫门的指导下试制轮船；12 月，水户藩在石川岛设立造船厂；1854 年正月起，正式开始建造船舶；1854 年 5 月，幕府计划设立"校武场"（即"讲武所"前身）；同年 7 月 24 日起用德川齐昭为总裁，任命筒井正宪、川路圣谟、井户弘道等人为军制改革专员，发布"军制改革布告"开始军制改革。② 由此，在探索并试图找出这一过程中"由思想的过程所构成的内在方面"的时候，我们就无法忽视《海国图志》对这一系列事件的参与者所构成的巨大影响。在盐谷宕阴 1854 年训点的《翻刻海国图志》序中有"此书为客岁清商始所舶载，左卫门尉川路君获之，谓其为有用之书也，命亟翻刊"③ 的语句。盐谷宕阴这里提到的"左卫门尉川路君"既是前述被任命为军制改革专员，老中水野忠邦的核心幕僚，同时也担任海防挂一职的川路圣谟。从文句中看，川路圣谟至迟 1853 年便已读到《海国图志》一书。而 1851 年首批舶入的三部《海国图志》皆为官方收藏，甚至为幕府最高决策者所获，1854 年舶入的《海国图志》更是近一半为官方征用。

（三）《海国图志》对日本世界观念重构的影响

　　毋庸讳言，《海国图志》对于那一时期日本命运的掌舵者们的世界认识

---

① ［英］柯林武德：《历史的观念》何兆武、张文杰译，商务印书馆 1994 年版，第 302 页。
② ［日］井上清：《日本军国主义》第 1 册，姜晚成译，第 31—32 页。
③ 王晓秋：《近代中日文化交流史》中华书局 1992 年版，第 30 页。

的重构，起到了某些积极的作用。但是，需要着重指出的是，对于西方的冲击，魏源是站在现存体制的维护者的立场来思考应对之法与解决之道的。这也是魏源的主张得以如此之快的被幕府消化吸收的原因之一。然而，不触及问题核心，简单的修修补补并不能从根本上改变局势，强行"嫁接"形成的"无本之木"也无法实现政策制定的初衷。1867年幕府招募的以夏诺万大尉为首的法国教官团抵日后，居然发现不但日本所造大炮"其膛线多属错误"，军令军制方面则更是"疏漏遗憾之处甚多"。对于日本军事方面的改革，夏诺万尖锐的批评说："日本人以前所进行的改革，既无目的又无远见"①。

如前所述，魏源一直思考的是如何在西方冲击下维持现有体制，这也是魏源"师制"之策的目的所在。不能因为《海国图志》在正确认识世界之路上的筚路蓝缕，就人为地赋予其本身所不具有的意义和高度。魏源在晚年所作的《默觚》中说："乾尊坤卑，天地定位，万物则而象之，……是以君令臣必共，父命子必宗，夫唱妇必从。"儒学伦理才是魏源认识世界的根本出发点。传统儒家思想，从哲学观念到政治理论无不是对"天地尊卑"的"象之"，既无改变必要，又无改变可能。但是在《海国图志》中，魏源对于没有实行君主制的诸国多给予正面评价，介绍瑞士时称其"不设君位，惟立官长、贵族等办理国务"而民政"皆推择乡官理事，不力王侯"为"西土之桃花源也"。在介绍美国时，他盛赞美国的民主制度："议事听讼，选官举能，皆自下始，众可可之，众否否之，众好好之，众恶恶之，三占从二，舍独徇同，即在下预议之人，亦先由公举，可不谓周乎！"而美国宪法更是"可垂奕世而无弊"。这些描述，无论其正确与否出发点为何，客观上确实起到了向各界介绍西方近代化政治思想和政治制度的作用。

日本得以在短短十数年间逐渐开始近代化转型，走上开国与立宪之路，《海国图志》在思想领域的影响实不可小觑。被后世与佐久间象山并称为开国论"东西双璧"的儒者横井小楠原本坚持锁国的观点，坚决主张皇国论，认为"我神州百王一代，三千年来独立于天地之间，世界万国无可比拟"②。但是在1855年，横井小楠看到了魏源的《海国图志》，该书遂成为不识洋文的横井小楠的"世界百科全书"。正是通过《海国图志》的介绍，横井小

① ［日］井上清：《日本军国主义》第1册，姜晚成译，第75页。
② ［日］山崎正董：《横井小楠遗稿》，转引自李少军《魏源、冯桂芬与横井小楠对外观之比较》，载《武汉大学学报》，1998年第3期。

楠认识到锁国不可为之，其思想也一变而为开国论。在其著于 1860 年的名篇《国是三论》中指出，"当今航海大开，成不可拒纳诸国之时势"、"天地之气运与万国之形势，非一己之好恶所能改变之事"①。而魏源在《海国图志》中对美国民主选举的描述更是让横井小楠看到了"可比尧舜的禅让政治"，横井小楠甚至视华盛顿为"白面碧眼之尧舜"。西方的三权分立观念与民主共和政体，在横井小楠看来，正是儒家政治理想"三代之治"在西方的"复兴"。这也成为了横井小楠"三代之学"思想观构建的支点之一。于今天看来，横井小楠的认识难脱对西方政治制度进行曲解，甚至穿凿附会之嫌。但是笔者认为，在西方挑战逐渐具象化，日本政治与思想界未知如何应对的时代，横井小楠在政治观念上以托古的方式所进行的超越是应当给予正面评价的。对"可比尧舜的禅让政治"的推崇，使横井小楠思想上的"复归"在某种程度上得以超越儒学政治伦理的窠臼，在明治维新前就提出两院制的议会制度。也因此，横井小楠在日本的宪政道路上留下了不可磨灭的足迹。

被梁启超称为"新日本之创造者"的幕末著名思想家吉田松阴在因于野山狱期间读到了《海国图志》，在高度评价魏源提出的攻夷、款夷、制夷等"凿凿中窥"的同时，他也批评了魏源对于世界认识的局限。他指出魏源联合美俄对抗英国的以夷制夷之策是基于对国际关系的错误认识，认为"凡夷狄之情，见利不见义，苟利与，敌仇为同盟；苟害与，同盟为敌仇，是其常也"②，而事实也证明了他的判断。此外，他对魏源以"师制"试图维护旧体制的思想的批评更是一针见血，"清之所宜为虑，不在外夷，而在内民也。何以默深于此不及一言耶"③。吉田松阴对魏源的诘问正指向魏源强调"师制"而掩盖掉的更深层次的矛盾。而这一矛盾也恰是"师制"无法真正解决西方冲击的根源之所在。1857 年实施开放政策的老中阿部正弘暴卒，大老井伊直弼主政后幕政重归保守。施政路线的转变，正是幕府所虑者同样"非在外夷，而在内民"的表现。旧有体制在西方冲击之下无法担当起团结与领导的重任。有鉴于此，曾深入研究《海国图志》并在魏源思想基础上得以超越的吉田松阴于 1858 年公开号召尊王讨幕，提出著名的

---

① ［日］山崎正董：《横井小楠遗稿》，转引自李少军《魏源、冯桂芬与横井小楠对外观之比较》，载《武汉大学学报》，1998 年第 3 期。
② ［日］吉田松阴：《野山狱文稿》，转引自鲁霞《吉田松阴的近代化意识》，载《日本研究》2005 年第 3 期。
③ 同上。

"草莽崛起"口号，成为幕末思想界的旗帜。他在松下村塾培养出的弟子木户孝允、伊藤博文、井上馨等人也正是在他的思想指引下领导倒幕力量推翻了幕府的统治，并且实现了真正意义上的日本开国，为应对西方冲击找到了一条适合日本的道路。

《海国图志》在中日两国都起到了开拓眼界之闭锁、启迪思想于鸿蒙的作用。日本传统的世界认识在《海国图志》舶入后发生了明显的转变。通过《海国图志》对世界诸国史地情况的描述，日本的思想界才真正意识到西方国家的先进性，传统的华夷观念荡然无存，新的世界认识逐渐形成，这也为日后日本大规模学习西方奠定了基础。在幕府参考魏源"师制"思想力图维持旧体制应对西方冲击的努力归于失败之时，另一批学者却在研习《海国图志》，甚至是在对《海国图志》的批判中开始摆脱传统观念的束缚，努力将日本推向另一个未来。日本有学者将《海国图志》比作"幕末决定日本前进道路的指南针"，此非虚言。

三 武士道生死观的古典渊薮

日本是一个特殊的国度，对于这位近邻，我们似乎有多少熟悉就相应的有多少陌生。来自东方与西方的无数因子造就了今天的日本，要理解这个国家和民族殊非易事。而如何去理解日本，恰恰体现了我们对于日本的态度，决定着日本与我们的距离。我们在"体"和"用"的争辩中一再错失近代化的良机，日本却在"汉才"与"洋才"之间毫不踟躇地把握着自己的所谓"和魂"。"和魂"者究竟为何？这确是个值得进一步探讨的问题。日本著名国学者本居宣长曾经说过"如果问什么是宝岛的大和心？那就是旭日中飘香的山樱花"。[1] 日本谚云："花是樱花，人是武士"，樱花在日本自古便是武士道德的象征。新渡户稻造也曾用"美丽而易散落、随风飘去、放出一阵芳香便永久消失的这种花"[2]，来指代武士道。武士道作为一种规范化的道德体系如同樱花的美是由彼此矛盾的，狂热的"血色"和冷静的"雪色"构成的一样，充斥着相互抵触又相互关联的理性与非理性因素。这种"调和的矛盾"在武士道对于生死的态度上表现的尤为明显。明治维新之后，随着旧武士阶层退出历史舞台，"带刀"、"苗字"等武士特征逐渐失

① ［日］新渡户稻造：《武士道》，张俊彦译，商务印书馆1993年版，第92页。
② 同上书，第93页。

去其象征意义，武士的道德与价值体系似乎失却了往日的地位。但事实上，古典武士道经过人为的修正与改造，成为了明治昭和时代日本精神支柱之一。鉴于近代以来日本军国主义的野蛮侵略给东亚各国造成重大损害，长期以来，人们对武士道的缘起、发展特征及不同时期的影响抱有诸种疑问，进而对其产生考察的欲求。

（一）武士道的内涵与外延

武士道，日本辞书中解释为："在我国阶层中发展起来的道德。从镰仓时代开始发达，到江户时代被糅合进儒教思想等，集为大成，遂成为封建统治体制观念的支柱。注重忠诚、牺牲、信义、廉耻、礼仪、洁白、素质、简约、尚武、名誉、情爱等。"① 在竹内理三博士编撰的《日本历史辞典》中将其解释为："随着武士的出现，同时产生称为'武者之习'、'武士之道'的规范，如由施恩和效劳的契约形成的主从关系，血缘地缘的结合，以及战斗中表现的忠义勇武等。"② 这种关系自武士作为一个特殊的阶层登上历史舞台的平安时代起历经演化，至江户时代最终蜕变为武士必须遵循的终极法则。何者为"道"？在武士阶层内也众说纷纭。"弓马之道"、"兵者之道"的说法只是强调了对以战争为职业的武士的技能要求。而江户时期的大剑豪宫本武藏所说："务必体认千行百业之要谛，文武皆精，始称合乎'武士之道'"。也不过是将武士超人化，且未脱就"术"而探讨的境界。完成从术向道的飞跃，"武士之道"方始为"武士道"。其筚路蓝缕以启山林者，当推山本常朝与山鹿素行。二人对于武士生命意义的不同解读也正是武士道非理性生死观与理性生死观分道扬镳之肇始。

"所谓武士道，即是武士的行为规范、道德修养和精神情操。……而就其包含的内容而言，它是儒、道（神道）、释（主要是禅宗）三位一体的复合型意识形态"③。神道是日本固有的精神力量，外来的释或儒从来没有在日本的思想道德体系中真正居于其上。武士道也是如此。而较为极端的凸显其中的"释"或者"儒"的因素，就是两种武士道彼此区别的要旨。在山本常朝的武士道思想中可以轻易发现平安以降"武士好禅"的影子。作为武士道非理性主义的典型，山本常朝对于儒教思想基本上是持排斥态度的，他曾说："行中道，那不是武士道，武士道要求武士在任何情况下都必须敢

---

① [日] 新村出编：《广辞苑》（第五版），岩波书店，1998 年，第 2328 页。

② [日] 竹内理三：《日本历史辞典》，沈仁安、马斌等译，天津人民出版社 1988 版，第 138 页。

③ 刘毅：《悟化的生命哲学——日本禅宗的今昔》，辽宁大学出版社 1996 年版，第 183 页。

为天下先。武士道的精神是狂，不是仁。"① "仁"的地位在儒家思想中具有超然性，是居于"忠"、"孝"等道德标准之上的。山本常朝将"狂"与"仁"对立，使其道德体系与儒家道德体系形成根本的对立。而在山本常朝的逻辑中，"狂"是对理性思考的否定，是与人生的最终归宿——"死"并列的。其所著《叶隐闻书》中便充斥着"死狂"的观念，"武士道者，死之谓也"是其名言。

在理解"死狂"之前，首先要了解武士道的传统生死观。武士道的传统生死观来源于对禅宗"空无观"的受容。"禅宗的'空无观'要求人们顿悟真如，首先要摒弃一切固有的观念，认识到这世界'本来无一物'、'生死皆妄念'……这种'死生如一'的思想自然会迎合武士'勇武'、'无畏而死'的心理"②。新渡户博士也认为作为武士道的渊源，"佛教给予武士以平静地听凭命运的意识，对不可避免的事情恬静地服从，面临危险和灾祸像禁欲主义者那样沉着，卑生而亲死的心境"③。这种生死观念的产生最早可以上溯到平安时代的武士所强调的"献身道德"。然而，"这种'献身道德'有为主君的'恩'而献身和为主君的'情'而献身两种表现形式，或者是两者兼而有之……而主从的结合首先是建立在物质利益的给予和获得的基础上。武士的忠诚与武勇也正是建立在这种利益之上"④。这时期的武士思想中"死得其所"在实质上主要是以"获取主君的恩赏，以此为家族和子孙谋取长远利益"⑤为考量基础的。这种对于死的功利主义态度和山本常朝的认识有着本质不同。在《叶隐闻书》开篇的"叶隐闲谈"中，山本常朝提出了武士的四条誓文，第一条为"奉武士道者绝不迟疑"，第二条才是"应为主君所用"⑥。而生死两难之境毅然求死正是武士遵循"绝不迟疑"这一道德要求的体现。在山本常朝这里，"死"已经被提升到了道德的高度，是生命的终极意义，山本常朝说："所谓武士道，就是看透死亡。于生死两难之际，要当机立断，首先选择死。没有什么大道理可言，此乃一念觉悟而勇往直前。"⑦这种对死的崇拜甚至不能用追求"死得其所"来加以解释。虽

---

① ［日］山本常朝：《叶隐闻书》，李冬君译，广西师范大学出版社 2007 年版，"导读"第 16 页。

② 刘毅：《悟化的生命哲学——日本禅宗的今昔》，第 184 页。

③ ［日］新渡户稻造：《武士道》张俊彦译，第 18 页。

④ 王志：《日本武士道的演变及其理论化》，载《东北师大学报》（哲学社会科学版）2007 年第 4 期。

⑤ 同上。

⑥ ［日］山本常朝：《叶隐闻书》，李冬君译，"叶隐闲谈"，第 8 页。

⑦ ［日］山本常朝：《叶隐闻书》，李冬君译，"叶隐闲谈"，卷 1，第 1 页。

然"叶隐"一词的由来,"隐于叶下,花儿苟延不败,终遇知音,欣然花落有期。"的诗句似乎将武士生的意义指向为寻觅死的价值,"苟延不败"的生与"花落有期"的死之间,"终遇知音"是二者相联系的纽带。但是,山本常朝的《叶隐闻书》中却处处体现出生的意义在于等待死的时机的观念。"死"是一种个人修为的体认,知遇的恩或者情只是"死"的触媒而非意义所在。"死狂"就应当"为死而死","或生或死,先取死也"。如山本常朝所言:"武士每天早晨一醒来想的第一个问题,就是该怎样死、彼时死还是此时死,想着身着盛装的死姿,这样就会抛弃对生的执迷。"① 类似的表述,在《叶隐闻书》中毫不鲜见。在第十一卷中,山本常朝说:"死之彻悟,就是每天都在死中。每天清晨,安静身心之后,在擦拭弓箭、洋枪、太刀锋刃的过程中,想象着自己被卷入大波涛、跳进大火、身体被雷电击中、大地在脚下震动,或从数千丈的悬崖上跳下来、病死、暴卒等,那时,就胸怀必死之心了。最好是每天早晨还未起床就准备着死。"② 在其看来,对于生死问题的任何思考都是懦弱的借口,都是对武士"觅死"这一职责的逃避。甚至于只要是有目的的选择生或选择死都是对于死的意义的扭曲,而无论这目的是"义"还是"忠"。对常朝而言"生死两难时,人哪里知道能否按原定的目标去死? 以目标来考量生死,就会以死了不值来解脱自己,从此变得怕死"③。"赤穗四十七士"事件发生之后,儒者大都目为义举,德川时期的大儒林罗山甚至作诗咏赞。但山本常朝对其评价却迥异于常人,他说:"浪士复仇,错在没有力断。"④ 在常朝看来,为主君复仇而忍辱偷生远不如不顾一切立时复仇来的有意义,哪怕因没有周密计划而毫无价值的死,也是武士道德的实现。山本常朝念兹在兹的是众武士纠缠于死亡的价值,便侮辱了死亡本身。山本常朝说:"死就是目的,这才是武士道中最重要的。每朝每夕,一再思死念死决死,便常住死身,使武士道与我身为一体。"⑤ 这样的人生态度明显可以看出佛教"厌离"、"弃世"、"舍身"观念的影子。

(二) 山本常朝与山鹿素行的武士道论

山本常朝的"死之道"在日本学界被称为旧武士道,被认为是在江户的文治时代中被遏制了自由意志与个性的武者,对旧时代尚武精神高扬的缅

---

① [日] 山本常朝:《叶隐闻书》,李冬君译,"叶隐闲谈",卷2,第82页。

② 同上书,卷11,第364页。

③ [日] 山本常朝:《叶隐闻书》卷1,李冬君译,第1页。

④ [日] 山本常朝:《叶隐闻书》卷1,李冬君译,"导读",第15页

⑤ 同上书,第1页。

怀。我们要意识到《叶隐》的核心内容是对死亡的看法，尤其是对以切腹为代表的武士自杀方式的看法。正如《叶隐》里关于死亡的一句名言："武士道者寻觅前往死亡之路"。常朝的"死之道"代表的是循规蹈矩的所谓"下方"的自我保护意识和对"上方"的社会新变化及与之相应的新武士道的嗤之以鼻。一个有趣的对比也恰恰能体现出两种不同武士道的人生观念：山本常朝写作《叶隐闻书》之时已经削发为僧，隐于草庵，遁离俗尘。而新武士道之祖山鹿素行"基本上是居住在江户，结交诸侯，一生热烈关心政治"。① 二人出世与入世的对立，是释与儒思想的对立，在某种意义上，也是非理性思维与理性思维的对立。

山鹿素行提倡的学说被后世称为"古学"，是建立在对当世流行的朱子学进行批判的基础之上的，所强调的是对古典儒学思想的复兴。他在其遗嘱中说："夫罪我者，罪周公、孔子之道也。我可罪而道不可罪，罪圣人之道者，时世之误也"。② 山鹿的思想源于对儒家典籍的考究，又深深打上了江户初期日本社会巨大变革的烙印。他的思想注重实用性的政治学说而非人的精神国度的自修，注重于人伦纲常的建构而非对世界本源的哲学探索。山鹿素行警惕于朱子学对于人性的性善论的乐观主义思想所易陷入的安易性，而朱子学人性论中的规范主义对自身的纯化"在素行那里，……是以为武士道赋予基础的方式加以发展的"③。儒学对于现世生活意义的追寻，使山鹿素行为武士建构了一套完整的伦理规条，为武士日常行为提供了规范标准。与山本常朝对于死的狂热相较，山鹿素行更多地着眼于作为社会结构的基本因子的人的存在意义。他的"士道"理论包含立本、明心术、评威仪、慎日用四部分。④ 而其核心，便是"知己之职分"的职分论。"知己之职分"的意义就在于自我了解，以身份或"职分"作为自身存在于世的价值。而对于武士的职分，也就是武士生的意义，山鹿素行说："凡所谓士之职，在于省其身，得主人而尽奉公之忠。交友笃信，慎独重义。"⑤ 需要指出的是，职分论是随着四民身份制的出现而出现的。这种身份制度是为保持幕藩体制的稳定性而对各阶层的固化。否认身份的自由变通也就保证了"士"（即武士）可以牢固的居于四民之首的地位。山鹿素行的职分论正是试图"模仿

① ［日］丸山真男：《日本政治思想史研究》王中江译，三联书店 2002 年版，第 32 页。
② 同上书，第 25 页。
③ 同上书，第 29 页。
④ 李泉岳，宋继和，范宝臣：《论日本武士道》，载《日本学刊》1987 年第 6 期。
⑤ 娄贵书：《武士道嬗递的历史轨迹》，载《贵州大学学报》（社会科学版）2003 年第 33 期。

职业分工的原理，论证幕藩制度下"士农工商"之身份差别的正当性，以及与武士阶级的特权地位相应的道德要求"①。对于这种身份差别的必然性，山鹿素行认为："三民虽共起，苟专己所欲，农者欲怠业而全养，或凌弱侮少，百工欲粗器利高，商贾擅利而构奸曲。此皆纵己欲而不知其节，盗贼争论不得止，任其气质而失人伦之大礼，故立人君为其性命之所受，教化之所因"。② 武士居于三民之上，这一身份的职责就在于以天下为己任，辅佐人君统治三民。基于此，武士道的意义也从自身的内省自查而转向经世致用。从这一点来说，山鹿素行的武士道思想积极入世的态度是毋庸赘言的。此外，山鹿素行在其《士道》中也一再强调武士作为"人伦之师"的职分，要为三民树立道德楷模。在 19 世纪的武阳隐士的《世事见闻录》中描述往昔武士"行为乃社会之镜鉴，其功能为明辨人之善恶邪正，执掌赏罚，不可稍有奢侈，不谄不骄，毫无私欲，应以身报国，尽忠尽孝"③，恰是对三鹿素行对于武士"人伦之师"职分要求的准确解释。从职分论出发，武士的一切自我都必须从属于其外在的身份，从属于主君面前"为下者"的身份，从属于三民面前"人伦之师"的身份。而身份，正是封建社会中社会化的人存在于世的基本属性。从这一属性出发，即便是对生命的放弃，也要从属于某一身份所具有的义务或者义理。山鹿素行说："生或死，在瞬间之时，在君父或比自己重要者有危险时，应速死而不顾，而比我重要者无危险时，则应妥善保全性命。"④ 从山鹿素行职分论的角度出发去理解面对生死时应作出的抉择，相较于山本常朝的"思死念死决死"，其生死观的理性与积极的意义是显而易见的。

（三）江户武士道对明治武士道的影响

作为一种系统的思想体系，应该说，在武士道中，"释"的观念与"儒"的观念的对立，出世与入世的对立，积极理性与消极非理性的对立并不是绝对而不可调和的。从对待生死的态度来说，山本常朝对于求死唯曰孜孜的态度并不妨碍他"如有一日，我终于进入死的自由自在的境界，那么

---

① 唐利国：《论吉田松阴对山鹿素行武士道的重新解释——以学问方法和职分论为中心》，载《华中师范大学学报》第 47 卷第 3 期。

② 同上。

③ ［日］信夫清三郎：《日本政治史》第 1 卷，姜晚成译，第 93 页。

④ 王志：《日本武士道的演变及其理论化》，载《东北师大学报》（哲学社会科学版）2007 年第 4 期。

一生都不会失败，更不用说恪尽武士家臣之职"① 的愿望。而山鹿素行的箴言，"士以一日为极"的意义也不外是要求武士"常将死放在心上"。实际上，在武士道作为道德伦理存在的层面之外，作为思想统制的工具，武士道一直以"复合型意识形态"的整体面貌随着统治的需要在理性与非理性中自由转换和凸显。山鹿素行的武士道思想，特别是职分思想成为贯穿江户时代武士的主流思想，甚至在明治维新四民身份制被废除之后，也仍然可以从明治新政府颁布的《军人敕谕》中寻觅到这一观念的影子。相较于古典武士道，明治维新之后的武士道其内涵和意义均发生了变化，私道德基础的主从关系基本被打破，忠诚成为臣民对于天皇的义务。山本常朝与山鹿素行对于武士阶层的道德要求，在《军人敕谕》中变成了针对全部军人的要求，军人应当"不惑与舆论，不拘于政治，专心一途，恪守忠节之本分，深悟义重于泰山，死轻于鸿毛"②，军人应当"对于皇室要有其为我民族之大本家与大宗亲之觉悟，君臣之义如同父子之情"③。在颁布的《教育敕语》中，则要求全体臣民"一旦缓急则义勇奉公以扶翼天壤无穷之皇运"④。从私道德的主从关系到皇国臣民关系的调整，使得明治武士道"认为国家是先于个人而存在的，一个人在国家出生并且是国家的一部分，因此个人必须为国家或者执政者而生而死"⑤。生死之事原本的个人道德属性变为国家属性，个人也就异化为国家工具。"为国事而献身"这一具有鲜明军国主义色彩的口号成为鼓动明治日本青年投身军队的动力。而随着军国主义思想的膨胀，原本被目为禁书一直默默无闻的《叶隐闻书》也于1906年正式刊行。因其对于求死和不惜死的推崇一度被狂热的日本青年奉为"圣典"。受其思想影响而为明治天皇殉死的乃木希典更是被当作军人的楷模，武士道从"最初产生的社会阶层经由多种途径流传开来，在大众之中产生了酵母作用，向全体人民提供了道德标准。武士道最初是作为优秀分子的光荣起步的，随着时间推移，成为了全体国民的景仰和灵感"⑥。这种全体"国民的景仰和灵感"，成为推行军国主义教化的工具。以至于当学校的教师问学生们，最大

---

① ［日］山本常朝：《叶隐闻书》卷1，李冬君译，第1页。
② ［日］明石为次：《明石丛话》第七，1926年，第8页。
③ ［日］加藤宽治：《裁军会议与国民的觉悟》，日本精神协会，1935年，第11页。
④ 国民教育振兴会编纂局：《四大诏敕释义》，尚文堂，1930年，第9页。
⑤ ［日］新渡户稻造：《武士道》，张俊彦译，第54页。
⑥ 同上书，第100页。

的抱负是什么的时候，居然会得到"为天皇而死"的回答。①

众所周知，日本传统的武士道把刀视为力量和勇敢的象征，少年武士在开始佩带新刀时，往往要在树和石头上试验刀刃是否锋利，此即所谓的"试刀"。然而，"它经常放在手一伸就够到的地方，因此对它的滥用就有极大的诱惑力"，"滥用的顶峰，有时竟用无辜者的头颅来试那新到手的刀。"② 在旧日本军队中充斥着这种所谓的"武士道"精神，并与对外扩张的军国主义结合在一起，也可以说是日本军人滥杀无辜的原因之一。由是观之，日本学者所说的"道的觉悟"（山鹿素行的理性武士道）和"死的觉悟"（山本常朝的非理性武士道）之间实际上并不存在泾渭分明的界限，也无法人为地加以割裂。本尼迪克特曾说："日本人生性极其好斗而又非常温和；黩武而又爱美；倨傲自尊而又彬彬有礼；顽梗不化而又柔弱善变；驯服而又不愿受人摆布；忠贞而又易于叛变；勇敢而又懦怯；保守而又十分欢迎新的生活方式。"③ 这种矛盾的民族性格在某种意义上正是武士道思想冲突而又调和的特点在日本国民身上的体现。而这种"冲突而又调和的特点"如前文之所述，仅从武士道的生死观上便可窥一斑。

总之，我们应该了解，日本武士道的特殊文化有精华也有糟粕。"其精华，构成现当代日本人的人生观、价值观之一。其糟粕，在 20 世纪中叶被日本军国主义当局恶用，成为鼓动侵略战争的精神支柱，给东亚各国人民带来了挥之不去的梦魇。"④ 新渡户稻造在《武士道》一书中说："武士道所刻印在我国国民特别是武士身上的性格，虽然不能说构成'种属的不可分离的要素'，但他们从此保有其活力，是毫无疑问的。"⑤而这种活力，毋庸置疑包含着理性和非理性两个方面，受军国主义毒害，疯狂叫嚣着"玉碎"的亡灵便无法从理性层面加以理解，这种非理性的所谓"活力"给世界带来了无法愈合的伤痛；而日本在近代化之路上取得的成就又处处可见"理性活力"的功绩。在以开放的态度积极吸纳日本"理性活力"的经验之余，我们也应当警惕非理性的所谓"活力"再一次沉渣泛起，是为探析日本武

---

① 唐奇芳：《疯狂的岛国》，中国社会科学出版社 2004 年版，第 15 页。

② ［日］新渡户稻造：《武士道》，张俊彦译，第 76—77 页。

③ ［美］鲁思·本尼迪克特：《菊与刀》，吕万和，熊达云，王智新译，商务印书馆 1990 年版，第 2 页。

④ 张晓刚，国宇：《从"叶隐"中的格言蠡测日本人的处世之道》，载《文化学刊》2010 年第 2 期。

⑤ ［日］新渡户稻造：《武士道》，张俊彦译，第 95 页。

士道文化的基本原则和立场。

四　孙中山的"大亚洲主义"与安重根的 "东洋和平论"之异同

2002 年，东南亚 10 国与东北亚三国（中日韩）领导人参加的"10＋3"会议通过了东亚研究小组（EASG）提出的建立"东亚共同体"（又称亚洲共同体）的报告。东亚共同体是效仿欧洲国家在第二次世界大战后所建立的欧洲共同体（欧盟），试图同样地在东亚地区建立亚洲共同体的一种构想。然而，在东亚建立一个利益共同体的想法并非始自今日，而是由来已久。20 世纪初叶，中国民族民主革命的先行者孙中山先生"在与各国革命者相互支持与合作的过程中形成了'大亚洲主义'思想，以及只有坚持民族主义、爱国主义才能走向世界大同主义的思想，是那个时代带有国际主义性质的光辉思想"①。一方面，韩国②著名民族英雄安重根义士针对当时东北亚地区动荡不安的局势，提出了中、日、韩三国在内的亚洲各国，应该以"和合"思想为指导，"实现亚洲各国的合纵连横"，"对付以沙俄为代表的西方殖民势力的入侵"，从而实现东亚的和平。孙中山与安重根的思想和观点既有相同点，又有不同点，同时客观上也有一定的历史局限性，但均是两人革命生涯的经验总结，与日本军国主义不遗余力宣传的"大东亚共荣圈"有着本质的区别，亦给今天倡导世界和平和东北亚经济一体化的人们留下了宝贵的精神财富。从某种意义上讲，孙中山的"大亚洲主义"与安重根的"东洋和平论"也是 20 世纪初叶建立亚洲共同体的一种构想。

（一）孙中山的"大亚洲主义"概观

孙中山是中国民族民主革命的先行者，正如列宁所言，也是"亚洲人民向着自由与光明奋斗的领导者"。孙中山自 1895 年起长期流亡海外，日本是他的主要滞留地。19 世纪末和 20 世纪初，正是日本"大亚洲主义"兴盛之时。1897 年他第二次旅居日本时，结识了宫崎寅藏，并把他们引为同志和挚友。除宫崎寅藏等人外，他与日本许多朝野人士有过交往。其中也不乏标榜"同文同种"、"日中提携"而暗藏殖民扩张野心的其他各派大亚洲主

---

①　吴剑杰：《从大亚洲主义走向世界大同主义——略论孙中山的国际主义思想》，载《近代史研究》1997 年第 3 期。

②　朝鲜王朝自 1897 年 10 月 12 日起，改国号为"大韩帝国"。

义者，如犬养毅、头山满等。他们心中的大亚洲主义，是要亚洲各国首先是中国、韩国等国在日本的统领下，"戮力攘夷"，排除欧美在亚洲的势力，进而"布皇道于全世界"。"这种思想与孙中山酷爱自由平等、素怀使中国能与欧美并驾齐驱甚至超乎欧美的抱负，是格格不入的"①。

1911 年辛亥革命以后，由于中华民国的建立，孙中山先生颇为热衷于大亚洲主义的宣传，因为他觉得中国已经有资格与日本进行合作了，加之日本朝野给予他以国宾一样的待遇，使他以为通过日中结盟，建立亚洲新秩序的时机已经成熟。1917 年孙中山指出："日本与中国之关系，实为存亡、安危两相关联者，无日本即无中国，无中国亦无日本。为两国谋百年之安，必不可于其间稍设芥蒂。"② 事实证明，孙中山是过于一相情愿了，他以为同文同种、一衣带水的日本真的会与中华民国结为兄弟，外御其侮了。然而，无情的现实给了孙中山深刻的教训，使他聪明起来，从而对日本"大亚洲主义"的侵略扩张本质有了渐趋清醒的认识。1920 年 6 月，他致函日本政府陆相田中义一，揭露日本"对于东亚之政策，以武力的、资本的侵略为骨干……而对于中国，为达日本之目的，恒以扶植守旧的反对的势力，压抑革新运动为事"，进而奉劝日本执政当局改变侵略扩张方针，"以缓和民国人民对日之积愤"③。

1924 年 11 月 28 日，孙中山出席神户商业会议所等五团体举行的欢迎会，在神户高等女子学校面对 3000 余名日本各界人士阐述了自己对大亚洲主义的认识和见解，此即孙中山先生的"大亚洲主义"著名演说。孙中山指出，"日本真有诚意来和中国亲善，便先要帮助中国废除不平等条约"④。根据演讲的内容，可将其思想主要归结为以下几个方面。

第一，大亚洲主义实质是文化问题。"我们现在讲大亚洲主义，研究到这个地步，究竟是什么问题呢？简而言之，就是文化问题，就是东方文化和西方文化的比较和冲突问题。东方的文化是王道，西方的文化是霸道；讲王道是主张仁义道德，讲霸道是主张功利强权。讲仁义道德，是由正义、公理来感化人；讲功利强权，是用洋枪大炮来压迫人。受了感化的人，就是上国衰了几百年，还是不能忘记，还像尼泊尔至今是甘心情愿要拜中国为上邦；

---

① 赵军：《孙中山和大亚洲主义》，载《社会科学战线》1988 年第 4 期。
② 孙中山：《孙中山全集》第 4 卷、第 5 卷、第 6 卷、第 11 卷，中华书局 1985—1986 年版。
③ 同上书，第 276—277 页。
④ 尚明轩：《孙中山传》，北京出版社 1982 年版，第 370 页。

受了压迫的人，就是上国当时很强盛，还是时时想脱离。像英国政府灭了埃及，灭了印度，就是英国极强盛，埃及、印度还是时时刻刻要脱离英国，时时刻刻做独立的运动"①。

第二，大亚洲主义要为一切被压迫民族打抱不平。"从日本战胜俄国之日起，亚洲全部民族便想打破欧洲，便发生独立的运动。所以埃及有独立的运动，波斯、土耳其有独立的运动，阿富汗、阿拉伯有独立的运动，印度人也从此生出独立的运动。所以日本战胜俄国的结果，便生出亚洲民族独立的大希望。……这种独立的事实，便是亚洲民族思想在最近进步的表示。这种进步的思想发达到了极点，然后亚洲全部的民族才可以联络起来，然后亚洲全部民族的独立运动，才可以成功。……我们讲大亚洲主义，究竟要解决什么问题呢？就是为亚洲受痛苦的民族，要怎么样才可以强盛民族的问题。简而言之，就是要为被压迫的民族来打不平的问题。……我们讲大亚洲主义，以王道为基础，是为打不平"②。

第三，肯定日本民族独立的积极影响。"亚洲是最古老的文化发祥地，但近几百年来，亚洲各民族渐渐萎靡，亚洲各国渐渐衰落，先后受到欧洲各国的侵略压制。日本明治维新后，渐成为亚洲第一个独立国家，随后又战胜沙俄，这两件事对亚洲各国民族的震动和影响巨大，……要脱离欧洲人的束缚，不做欧洲的殖民地，要做亚洲的主人翁。这种思想，是近三十年以来的思想"③。在这种思想支配下，亚洲各国先后发生争取民族独立的运动，而作为东亚最大民族的中国和日本应当作为这种运动的原动力。

值得一提的是，孙中山还对日本当局提出警告："你们日本民族既得到了欧美的霸道的文化，又有亚洲王道文化的本质，从今以后对于世界文化的前途，究竟是做西方霸道的鹰犬，或是做东方王道的干城（捍卫者之意），就在你们日本国民去详审慎择。"虽然孙中山没有公开批评日本，但是"西方霸道的鹰犬，或是做东方王道的干城"的寓意显然是对日本的霸权主义的批判。④

关于孙中山"大亚洲主义"演讲的研究，此前学者们关注的目光仅局限于孙中山演讲的事情本身，以及他本人的对日态度，由此得出的结论对孙

---

① 孙中山：《孙中山全集》第 11 卷，第 407 页。

② 同上书，第 401—403 页。

③ 同上。

④ 蒋翰廷：《略论孙中山"大亚洲主义"与日本"大亚洲主义"的本质区别》，载《东北师大学报》1982 年第 6 期。

中山的负面评价居多。然而应该注意到，孙中山一直是把中国问题的解决放到世界局势中看待的，孙中山绝非投日本人所好演讲大亚洲主义。孙中山在演讲中，以日本遭遇美国的排日法案为契机，积极为当时日本殖民统治下的台湾和韩国人民争取权利，并希望日本的国民进行反省，促使日本政府放弃侵略政策。事实上，孙中山的演讲在当时，尤其是在台湾、东南亚等地，产生了非常积极的反响。孙中山"大亚洲主义"的精神实质在于"反西方帝国主义殖民统治、反霸权主义、追求被压迫民族的独立与自由"①。可以说，"孙中山崇尚的大亚洲主义，与日本当局推崇的大亚洲主义有本质的区别。孙中山从救国策略需要出发，推崇的只是大亚洲主义中中日携手和亚洲国家联合的形式"②。他这最后一次长篇讲话以《大亚洲主义》为题，却批判了日本军国主义的大亚洲主义，表现了一个伟大的爱国者和民主革命家的鲜明反帝立场和他晚期的光辉思想。孙中山在苏俄和中共的帮助下，"把联合亚洲国家抵御欧美列强侵略的大亚洲主义思想发展为联合全世界被压迫人民反对压迫者的战争理论，具有重要的外交意义、深远的历史意义和现实意义"③。

（二）安重根的东洋和平论述评

安重根字应七，天主教教徒，1907 年流亡到俄罗斯远东滨海州，投身反日义勇军，官至参谋中将。安重根在获知致使朝鲜丧权辱国的《乙巳条约》的始作俑者伊藤博文将去哈尔滨与俄罗斯财政大臣戈果甫佐夫进行会谈之后，遂前往伏击。1909 年 10 月 26 日，伊藤博文在哈尔滨火车站一下车，即被安重根连击数枪，不治身亡。关于安重根刺杀伊藤博文的一些细节，目前尚无一致的意见。有描述从欢迎人群中开枪的，也有考证是从俄国军队队列后面开枪的；有说射出 3 发子弹的，也有认为发射了 6 发或 7 发子弹的。④安重根当时被俄国宪兵逮捕，后被移送到旅顺监狱。在旅顺的日本关东都督府高等法院的法庭上，安重根痛陈伊藤博文 15 条罪状。其中第 12 条罪状是："伊藤扰乱了东洋和平。理由是从日俄战争时，他就扬言要维护东洋和平，然而他废黜韩国皇帝，结果与当初的宣言截然相反，两千万韩国国

　　① 王道：《论孙中山"大亚洲主义"的精神实质》，载《浙江师大学报》（社会科学版）1999年第 6 期。

　　② 茅家琦等：《孙中山评传》，南京大学出版社 2001 年版，第 843—844 页。

　　③ 李本义：《论孙中山的大亚洲主义思想》，载《江汉论坛》2005 年第 11 期。

　　④ 宋成有：《中国人士所见安重根义举的视角和反应》，载《大连近代史研究》第 7 卷，辽宁人民出版社 2010 年版，第 127 页。

民无不为之愤慨"①。安重根申明："我的目的是正大光明的。我是作为一个国家的人民，尽了自己应尽的义务。"1910 年 2 月 14 日，关东都督府高等法院判处安重根死刑。面对即将来临的死神，安重根坦然挥笔著述了遗作。同年 3 月 15 日脱稿个人自传《安应七历史》之后，又开始写作计划已久的政治宣言《东洋和平论》，但是由于日方将刑期提前执行，他只写下了"序文"和"前鉴"。同年 3 月 26 日，安重根在旅顺监狱内身着其母亲为他缝制的传统韩国服装英勇就义，年仅 32 岁。临终前他留下遗言："我死了之后，希望把我的遗骨埋在哈尔滨公园旁，等我们恢复国家主权后返葬到祖国。"②表达了爱国志士的拳拳之心。然而，安重根死后却埋葬在中国的旅顺，"安重根的遗骸最终也没有被返还韩国，那是因为日本殖民统治者惧怕安义士的墓地会变成反日斗争的场所"③。

在《安应七历史》中有这样一段文字："日俄开战的时候，日本在宣战书中声称要维持东洋和平，巩固韩国的独立。今天日本不信守大义，放纵他们的野心，大肆侵略，这都是日本政治家伊藤博文的政略。首先强行缔约，其次剿灭有志之党，然后并吞疆土，这正是现代的灭国新法。如果不尽快想出对策，势必难免大祸。"④ 表明了对日本背信弃义的愤慨和对国家前途命运的担忧。安重根在"序文"中首先指出 19 世纪帝国主义列强在弱肉强食、适者生存的社会达尔文主义原则下为了各自的利益，大力发展军备，研究、制造了许多新式杀人武器。而且训练无数的青壮年赶赴战场，致使生灵涂炭。他指出：虽然近百余年来欧洲各国丧尽了道德之心，但是其中最惨无人道的帝国主义国家还是沙皇俄国。"他认为沙俄向东北亚的扩张是中、韩、日三国面临的最大问题。显然，安重根也没有摆脱东西对抗论的时代局限性"⑤。他刺杀伊藤博文的目的是"为阻止暴政，在哈尔滨，在万人面前举枪怒射，声讨伊藤老贼之罪恶，以唤起东洋有志青年的觉醒"。安重根的"阻止暴政"，就是阻止日本通过甲午战争和日俄战争，把侵略战火逐步扩大到东北亚地区的"大陆政策"的实施。⑥

---

① 金宇钟、崔书勉：《安重根：论文、传记、资料》，辽宁人民出版社 1994 年版，第 271 页。

② 华文贵：《安重根研究》，辽宁人民出版社 2007 年版，第 54 页。

③ 刘秉虎：《大连地区的韩国人民族独立运动及研究的重点》，载《大连近代史研究》第 5 卷，辽宁人民出版社 2008 年版，第 299 页。

④ 金宇钟、崔书勉：《安重根：论文、传记、资料》，第 88 页。

⑤ 刘秉虎：《安重根的"东洋和平论"之研究——兼谈柳麟锡的"三国联合论"》，载《经济社会发展与传统文化》，辽宁大学出版社 2006 年版，第 357 页。

⑥ 车霁虹：《安重根与 20 世纪初叶的东北亚》，载《北方文物》2009 年第 3 期。

　　"前鉴"是"以史为鉴"的韩国式用语,也是安重根总结历史教训,主张建立东北亚和平体系的部分。首先,安重根通过甲午战争和日俄战争为例,说明了东北亚国际形势的发展趋势。指出骄傲自满和权威主义、国家意识分裂、统治阶层腐败、政治混乱是清政府在甲午战争中败给日本的原因。其次,安重根表示了对沙俄政府远东政策的忧虑。"(俄国)不过数年,敏(狡)滑(猾)手段,旅顺口租借后,军港扩张,铁道建筑,推想事根,则露人十数年以来,奉天以南大连、旅顺、牛庄等地,温港一处,勒取之欲,如火如潮"①。再次,安重根对日俄战争的原因和性质,西方列强的对策以及中韩两国的反应等问题作了分析。他说:"此时,日兵幸有连胜之利,然咸镜道犹未过,旅顺口姑不破,奉天尚未捷之际,若韩国官民间一致同声,乙未年日本人韩国明圣(成)皇后闵氏无故弑杀之仇,当此可报。"② 最后,安重根对日本帝国主义进行严重警告,指出虽然同属黄色人种,但执意侵略和统治韩国的日本早晚会付出应有的代价。他慨叹:"噫! 故不顾自然之形势利害,同种邻邦者,终为独夫之患,必不免矣。"③ 以上是安重根《东洋和平论》的代表性观点。

　　1910 年 2 月 17 日,安重根与关东都督府高等法院院长平石的谈话中,亦涉及了其东洋和平论的有关内容:"韩国、清国、日本是世界中的兄弟国家,应该比任何国家更亲密。但是,现在不仅是兄弟之间不亲,而且让世人看见的是没有相助之情而是不和之恨。向世界宣布改正其至今为止的政策,显然对日本来说是耻辱,但这是不可避免的事情。新的政策是,开放旅顺,把它当作日本、清国、韩国共同管理的军港,尔后三国派代表召开和平会议。如果这样做,日本可以表明自己并没有野心。对日本来说,把旅顺还给清国之后,把它当作和平基地是最高明的政策。……返还旅顺对日本来说暂时是痛苦的,但从长远来说是对日本更有利的事情。世界各国被其英明举动感动,而日本与清国和韩国一起享受永恒的和平。"④ 安重根主张把东洋的中心港口旅顺建设成永世中立的成市,而后设立中、韩、日三国代表参加的常设委员会,推行如下政策:"(1)成立东洋和平会议,在三国国民中招集

---

　　① 安重根:《东洋和平论》,转引自华文贵主编《安重根研究》,辽宁人民出版社 2007 年版,第 139 页。

　　② 同上书,第 140 页。

　　③ 同上书,第 141 页。

　　④ 安重根:《听取书》,转引自《二十一世纪东洋和平论》,韩国国家报勋处,1996 年,第 55—57 页。

会员，收会员费一元。（2）三国共同出资成立银行并发行流通三国的货币，以此推动金融、经济的共同发展。（3）在三国的主要城市设立和平会议分会和银行支行的方法来图谋财政稳定。（4）为保护永世中立地旅顺，把五、六艘日本军舰停泊于此地。（5）招募三国青年组建和平兵团，至少用两国语言培训。（6）在日本的指导下韩、清两国发展工商业，共同为经济发展而努力。（7）韩、清、日三国的皇帝为了国际社会的信任，一同接受罗马教皇的加冕。"① 安重根提出在旅顺召开有关东洋和平问题国际会议的倡议，不仅是近代以来最早有关东洋和平问题国际会议的倡议，实际上也应该是最早有关在旅顺召开国际会议的倡议。② 安重根所说的"夫合成散败，万古常定之理"是其东洋和平思想的精髓所在，体现了一种"和合"思想与文化精神。"安重根之所以受到全体朝鲜人民的敬仰，受到广大中国人民的同情和赞扬，是因为他具有崇高的爱国主义精神和意义深远的东洋和平思想，并且他能够为此而从容献身"③。

今天的旅顺监狱博物馆中建有安重根义士纪念馆，其中展示了很多安重根的书法遗作。值得一提的是，孙中山先生为安重根题词也赫然在列："功盖三韩名万国，生无百岁死千秋。弱国罪人强国相，纵然易地亦藤侯。"中国革命先行者对安重根义士表达了深深的敬意。那么，孙中山的"大亚洲主义"与安重根的"东洋和平论"相比有哪些异同？这是个值得进一步讨论的问题。

（三）"大亚洲主义"与"东洋和平论"之异同

孙中山和安重根无论是家庭出身，社会影响，还是人生经历都有很大差异。最大的不同之处在于，安重根是军人出身，严酷的敌后环境和斗争现实决定了他必须采取"以暴制暴"的方式来反抗日本殖民主义者侵略他祖国的暴行，并献出宝贵的生命；而孙中山是个革命家、政治家，他更是站在全局的立场上领导着中国民族民主革命，因而未能亲自拿起武器反抗外来侵略。尽管如此，作为倡导东亚和平与合作，"一致对外"的代表人物，两个人的思想观念和对时局的分析及策略有很多相似之处，值得我们探讨。

客观而言，孙中山在早期对大亚洲主义有一些认识还较为模糊，说明他

---

① 安重根：《听取书》，转引自《二十一世纪东洋和平论》，韩国国家报勋处，1996 年，第358 页。

② 权赫秀：《安重根倡议在旅顺谈判东洋和平》，新商报，2006 年 4 月 2 日。

③ 金宇钟、崔书勉：《安重根：论文、传记、资料》，第 7—8 页。

对日本这个国家的认识经历了一个长期而曲折的过程。"孙中山的大亚洲主义思想与日本左翼大亚洲主义的主张十分接近，但与右翼大亚洲主义则有本质区别。日本右翼大亚洲主义者强调亚洲国家大联合，共同驱逐欧美侵略势力但却主张建立以日本为霸主的新的殖民体系，带有浓烈的侵略色彩"①。直到 1924 年"大亚洲主义"讲演为止，孙中山通过一系列言论加强了对日本侵略扩张政策的揭露和批评。例如，其领导的同盟会机关报《民报》曾经先后刊载韩国义兵领袖李麟荣的反日檄文和义士安重根击毙伊藤博文的照片，"在对朝鲜丧失独立痛惜之余，表达了中国人民对朝鲜人民的反日斗争的支持、钦佩与极大的关切"②。孙中山认识到日本帝国主义政府是中国之患，也是日本以无数侵略罪行起了反面教员作用的结果。从信任日本到怀疑日本乃至批判日本，这一点和安重根的对日思想转变具有相似之处。

而安重根把当时的世界看成是"西力东渐"即西洋列强向东洋扩张以及因此而产生的白色人种和黄色人种的对抗。他认为在东北亚三国中拥有阻止沙俄扩张能力的唯一国家是日本，因此，中国和朝鲜人民在日俄战争中曾经帮助日本打败俄国。这与孙中山的某些主张极为相似。得知日本在日俄战争中获胜后，孙中山亦感到欢欣鼓舞并给予积极的评价。即他们站在亚洲人（黄种人）的立场上，希望日本承担起对抗欧美（白种人）殖民主义对东亚侵略和扩张的责任。当然，这不仅仅是孙中山与安重根两个人的观点，也是东亚各国的民族民主主义者带有共性的看法。但是，孙中山与安重根都过高地估计了日本人，或者说他们的想法都是一相情愿的。因为，从后来的时局发展看，日本军国主义者根本没有考虑中韩两国人民的感受和期待，在打败沙皇俄国后，对中朝两个邻国始终没有停止侵略的脚步。这样，孙中山与安重根两人的对日思想和看法自然也逐渐发生了变化。

日本战胜俄国之后，不仅侵略了韩国而且还占领了长春以南的东北。对此，安重根严厉谴责说："故世界一般人脑疑云忽起，日本之伟大声名正大功勋，一朝变迁尤甚于蛮行露国也。呜呼！以龙虎之威势，岂作蛇猫之行动乎。"③ 在安重根第六次受审记录中有这样一段对话："（日本法官）问：日本曾经声明，进行日清战争是为了东洋和平，你知道吗？（安重根）答：是

---

① 李本义：《论孙中山的大亚洲主义思想》。

② 彭怀彬：《孙中山与朝鲜独立运动》，转引自李宗勋主编《中朝韩日关系史研究论丛》，延边大学出版社 2007 年版，第 264—265 页。

③ 安重根：《东洋和平论》。

的，说是为了维持东洋的和平，为了谋求韩国的独立。问：声明缔结日韩协约也是为了谋求朝鲜的独立，你知道吗？答：我知道发表过这样的声明，但我不相信它。"① 表明安重根对日本当局的假和平真侵略嗤之以鼻的态度。最后，安重根警告日本政府，如果日本继续侵占和统治中国和韩国的领土，破坏东洋和平，两国的领导者和百姓决不会袖手旁观，并宣称自己在哈尔滨击毙伊藤博文仅仅是一个信号而已。

从某种角度看，最初孙中山的潜意识中有"华夷之辨"的影响，这从其早期提出的革命口号"驱除鞑虏，恢复中华"中即可初窥端倪。这也反映了孙中山早期思想的局限性。另外，孙中山的"大亚洲主义"中也有日本亚细亚主义的影子。换言之，早期的日本亚细亚主义亦表现出对中朝等邻国的友好态度。正因如此，才引起中朝两国民族主义者的共鸣。孙中山倡导东亚国家团结一致，努力维护亚洲的和平，强调亚洲是亚洲人的亚洲。这和安重根的思想也有一定的共性。

而安重根的思想中还残留了福泽谕吉的"亚细亚连带论"影响。1882年3月，福泽谕吉通过在自己担任主编的《时事新报》社论，主张对抗击西方人侵略东亚三国应当齐心协力，组成亚细亚联盟。尽管福泽谕吉后来把其主张改为"脱亚入欧论"，但其思想对韩国的金玉均、朴泳孝等开化派的思想认识起了很大作用。总之，安重根的东西对抗论思想是受东亚国家传统的"华夷思想"和福泽谕吉的"亚细亚连带论"的双重影响而形成的。②安重根与平石的交谈中，奉劝日本政府把旅顺口及辽东半岛返还给清政府，并说把旅顺返还给清政府对日本来说暂时可能是痛苦，但从长远来说是对日本极其有利的英明决策，只有这样日本才能与清国和韩国一起享受永久和平。

如前所述，由于孙中山与安重根把包括日本在内的西方列强的殖民地争夺和殖民地、半殖民地人民的民族独立斗争简单地看成"人种之间的对抗"，因此不可避免地对日本报有了幻想。例如，孙中山不仅对日本表示友好，对韩国独立运动也给予了高度关注和积极支援。他曾经指出："中韩两国，同文同种，本系兄弟之邦，素有悠久的历史关系，辅车相依，唇齿相依，不可须臾分离，正如西方之英美。对韩国独立，中国应有援助义务。"③

---

① 金宇钟、崔书勉主编：《安重根：论文、传记、资料》，第346—347页。

② 刘秉虎：《安重根的"东洋和平论"之研究——兼谈柳麟锡的"三国联合论"》。

③ ［韩］闵石麟：《中韩外交史话》，东方出版社1942年版，第26—27页。

而安重根曾经把中韩日三国比喻为三兄弟，"把中国称为老大，韩国为老二，日本为老三。如果三兄弟同心协力一致对外，就能维护三家的安全。如果内斗，则东亚永无安宁"①。这个例子很生动，也很形象。问题是，安重根有的场合认为日本政府是好的，只是伊藤博文等佞臣坏了东洋和平的大事。这实际上反映了他的观点的局限性。而实际上，明治维新之后日本逐渐走向了帝国主义道路，根本无心考虑其邻国的生死存亡，反而把"唇齿相依"的中韩两国当作其首要侵略目标。由于孙中山与安重根当时的看法带有这种局限性，两者的主张严重脱离了客观现实，三国联合起来一致对外只能是一种美好的政治理想。

　　当然，孙中山既是一个民族主义者，又是一个世界和平主义者。"孙中山大亚洲主义与日本大亚洲主义早期的'亚洲联盟'论和'中日连携'思想，以及由此演绎出的文化亚洲观基本近似，但对日本大亚洲主义最后异化为侵略主义理论则是排斥的"②。孙中山在《建国方略》中曾经指出："世界三大问题，即国际战争、商业战争与经济战争是也。在此国际发展实业计划中，吾敢为此世界三大问题而贡一实行之解决；即如后达文而起之哲学家之所发明人类进化之主动力，在于互助，不在于竞争，如其他之动物者焉。故斗争之性，动物性根之遗传于人类，此种兽性当以早除之为妙也。"③表明了其和平建国，发展实业的理想。对和平的向往及建立区域同盟的设想也是孙中山与安重根的共同理想和愿望。安重根在"东洋和平论"中把中韩日三国关系看成是平等的关系，建立平等协力的同盟关系具有积极的意义。而其他人则主张以日本为中心或以中国为中心，建立上下从属关系的同盟。这表明，安重根不仅具有平等、民主的新思维，而且更具有一定的远见卓识。其次，虽然安重根只写了《东洋和平论》的"序文"和"前鉴"，但是可以知道其建立三国同盟、实现东洋和平的基本构思。安重根建议日本把东洋的火药库——辽东半岛返还给中国，同时在旅顺口设立三国的维和机构和军队，而且还建立银行发行统一货币，实现区域经济一体化。在还没有联合国，更没有像"欧盟"和"东盟"那样的区域经济共同体的当时，安重根已经构思在东北亚成立"东北亚区域共同体"，实现东北亚的真正和

---

① 金宇钟、崔书勉主编：《安重根：论文、传记、资料》，第350—351页。
② 张军民：《孙中山大亚洲主义思想再认识》，载《学术研究》2002年第10期，第88页。
③ 孙中山：《孙中山全集》第6卷，第412页。

平①，这一点实在是难得的。

正如历史上的所有伟人与英雄都无法摆脱时代的局限性一样，孙中山与安重根也不能例外。但是，他们倡导的反对外来压迫的爱国主义精神与民族平等互助合作的思想却具有普世价值，意义重大，影响深远。孙中山逝世前曾经留下政治遗书："余致力国民革命，凡四十年，其目的在求中国之自由平等。积四十年之经验，深知欲达到此目的，必须唤起民众，及联合世界上以平等待我之民族，共同奋斗。现在革命尚未成功。凡我同志，务须依照余所著《建国方略》、《建国大纲》、《三民主义》及《第一次全国代表大会宣言》，继续努力，以求贯彻。最近主张召开国民会议及废除不平等条约，尤须于最短期间，促其实现。是所至嘱。"②该遗书反映了孙中山的政治遗愿，激励着后来者为未竟的革命的事业前仆后继，一往直前。安重根在刺杀伊藤博文前夜亦曾作汉诗留念："丈夫处世兮，其志大矣。时造英雄兮，英雄造时。雄视天下兮，何日成业。东风渐寒兮，壮士义烈。愤慨一去兮，必成目的。鼠窃伊藤兮，岂肯比命。岂度至此兮，事势固然。同胞同胞兮，速成大业。万岁万岁兮，大韩独立。万岁万岁兮，大韩同胞。"③该诗大气磅礴，体现了"亚洲第一义侠"豪迈的英雄气概。

（四）结语

安重根英勇就义后的1910年8月，日本迫使韩国签订了《日韩合并条约》，强行吞并韩国，至1945年"二战"结束，对朝鲜半岛实施了长达36年的全面殖民统治。1931年，日本帝国主义制造了"九·一八"事件，侵占中国东北，1937年更是发动了全面侵华战争直至1945年战败投降。可见，日本并没有从安重根义士刺杀伊藤博文事件中吸取教训，也没有听从孙中山先生的忠告，更没有把孙中山与安重根分别倡导的"东洋和平论"和"大亚洲主义"当做一回事，在侵略扩张的道路上越走越远，最终导致大日本帝国崩溃的结局。100年前的东亚地区并不具备建立区域合作、和平发展的客观条件，原因在于当时西方列强实力强大，咄咄逼人，而中、韩两国积贫积弱，有心无力，加之日本帝国主义不顾地区和平发展大局，与列强沆瀣一气，对中韩两国进行了长期的侵略和掠夺。历史是一面镜子，安重根在

①　刘秉虎：《安重根的"东洋和平论"之研究——兼谈柳麟锡的"三国联合论"》。
②　孙中山：《孙中山全集》第11卷，北京：中华书局，1985—1986年，第639—940页。
③　安重根：《安应七历史》，载华文贵主编《安重根研究》，沈阳：辽宁人民出版社2007年版，第97页。

《东洋和平论》中所用"前鉴"一词亦是此意，我们真诚希望当今的日本政治家们能从那段侵略历史中吸取一些教训。沧海桑田，时过境迁，今天，中韩两国早已走出殖民地、半殖民地时代的阴影，并不断走向繁荣富强。值得一提的是，2009 年 9 月 21 日，日本新任首相鸠山由纪夫向胡锦涛主席建议，以欧洲联盟为模式，合力构建东亚共同体，实现东亚地区经济、货币一体化。其后中日韩三国领导人又在北京举行了会晤，并于 10 月 10 日发表了《中日韩可持续发展联合声明》。毋庸讳言，中日韩开展全方位合作的伙伴关系，对三国乃至亚洲的和平与发展都具有重要意义，然而，目前在美国战略中心东移、强化美日韩军事同盟的现实背景下，距离实现东亚共同体的目标还遥遥无期。或许在不远的将来，孙中山与安重根所描绘的东亚和平相处，共同发展的美好蓝图将会展现在我们面前。

五　金子雪斋与傅立鱼合作时期的《泰东日报》

19 世纪末至 20 世纪上半叶，中日关系纷繁复杂，两国间的交流与摩擦、矛盾与冲突贯穿始终。在日本蓄意对华发动侵略战争、进行殖民统治的历史进程中，日本人在中国的土地上创办了大量报刊，宣传殖民、奴化思想，欺骗中国以及日本的民众，制造舆论煽动战争，以便于日本在中国的军事占领和奴化统治。某种意义上可以说，中国早期的近代报刊都是由外国人兴办的，而进入 20 世纪后日本人所办的报刊影响尤为显著。《泰东日报》是大连中文报纸的嚆矢，按其生存发展直至消亡的脉络，大致可以分为前后两个历史时期。前期是指 1908 年 11 月创刊至 1925 年 8 月金子雪斋去世，近 20 年间，它在同辽东租借地当局推行的殖民文化的斗争中脱颖而出，很快由地方商报转变成大连市民的日报，成为辽东租借地时期大连本土的爱国爱乡、广纳创新、自强不息、勇立潮头的城市精神同日本妄图以殖民文化灌注大连城市精神博弈的缩影。傅立鱼与金子雪斋二人在办报期间，结下了深厚的友情，这突出地反映了 20 世纪上半叶中日民间交流的一个侧面。对于日本侵华新闻史的研究，不仅可以从新闻史这一崭新的角度了解该时代中日文化交流与摩擦的一个侧面，揭露日本侵华政策的本质，更重要的是可以从中日近代史上媒体与两国关系的相互作用方面警示后人以史为鉴、吸取教训，深入认识大众传媒和记者在国际关系中影响战争与和平的重大责任，以期对当代中日两国的相互认识、中日关系的改善以及未来两国关系的走向提供建设性的、有价值的参考。本节拟以傅立鱼与金子雪斋主政期间的《泰东日报》为视角，探析当时的报纸在大连社会文化生活中的作用及影响，对日本学者提出的"侵略有功论"等歪曲历史的言论进行批判。

（一）金子雪斋与傅立鱼合作之前的《泰东日报》

1905 年日俄战争之后，日本根据《朴茨茅斯和约》获得了俄国在辽东半岛的租借地，设立关东都督府推行殖民统治。在军事占领与经济掠夺的同时，亦不放松对文化的侵略与管制，视新闻言论机关为"贯彻（日本）国策的先锋"[1]。《朴茨茅斯和约》甫一签订，辽东守备司令部便于 1905 年 10 月 25 日批示创办了第一份日本报纸《辽东新报》，其后，南满铁道株式会社又创设了《满洲新闻》。至 1908 年，短短三年间，大连已有 10 种报刊问世[2]。这些报刊大多具有浓厚的官方色彩，秉承殖民地主义精神，既是日本文化与思想在大连的延伸，同时也在事实上割裂了大连与中国本土文化的联系，试图打造更具倾向性与针对性的殖民地文化氛围与舆论环境。

没有中文报刊的局面，使大连地区的本土文化，从塑造到传播都处于极其被动的局面。这是殖民地当局所乐见的，而 20 多万大连市民则对此无不深感焦虑，大连地区的有识之士也不断寻求着"破局之道"。1908 年，由大连华商公议会会长刘肇亿和副会长郭学纯等发起，数十名华商集资，收购了日文《辽东新报》的中文版，于 1908 年 11 月 3 日创刊《泰东日报》。该报是"关东州"（大连地区）内最早的中文日报，社址初为大连南山，后迁至奥町（今中山区民生街）85 号，最后迁至飞弹町 67 号（今新生街 62 号）。创刊之初，报社拥有轮转机 1 台，平盘 2 台，使用 9 磅活铅字。初期每日对开两版，后发展为 4 版，节日有增刊，1909 年增为 6 版，1911 年增至 8 版，广告占 4 版。1938 年增加到 10 版。版面分政治、经济、社会、地方、副刊、少儿等各专栏。发行量一般为 3 万份左右，其中 2 万份销往东北各地。1938 年起，发行量达到 12 万份。1940 年，发行量降至 2 万份，每日改为 4 版。该报设编辑、营业二部（后改局），除面向东三省发行外，还在北京、天津、青岛、烟台、济南和日本东京等地设立了分社。

《泰东日报》创立之初，报社的股东、理事、社长等皆为中国人，首任董事会会长、社长为刘肇亿，原《辽东新报》汉文栏编辑，日本人金子雪斋为副社长，首任主笔为平山武靖。《泰东日报》的诞生，对大连的新闻事

---

① ［日］中村明星：《满洲言论界活动全貌》，1936 年。
② 闻志：《1905—1945：日本对大连的文化侵略和文化专制概述》，载《大连文化艺术史料》第四辑，1988 年，第 131 页。

业有着极其深远的影响，对于"文化殖民"的本土抵御，自此有了坚实的阵地和可依仗的平台。《泰东日报》作为中文日报，其社会意义显然是与殖民地当局所推行的文化方针背道而驰的，殖民地当局的严格管控严重阻碍了其发展；另一方面，在 20 世纪初的大连，中国人对于报业的经营，即缺乏技巧，又匮于经验，单纯依靠华商的民族热情，《泰东日报》亦疏难为继。刘肇亿与郭学纯等爱国华商几经商议，不得不作出决定：将报纸股份全部"转让"于实际主持报社业务的副社长金子雪斋，并由其兼任编辑长，《泰东日报》由此进入了长达 15 年的金子雪斋"时代"。

金子雪斋（1864—1925）名平吉，号雪斋。是日本著名汉学家。出生于日本越前足羽郡。从小就喜欢读中国经史，少年时赴福井求学。初入广部鸟道门下研修汉学，同时于明新中学（原藩校明道馆）学习英文、医学和文学。后赴东京，入中村敬宇的同人社和岛田重礼的双柱塾，在全面深造的同时师从清朝湖南人王治本攻研汉语。当时汉学已颇具造诣的金子平吉自号为"潇湘生"，称其起居之所为"书楼洗耳堂"。1885 年秋，金子雪斋在东京开设"英汉学私塾"，教授诸科课程。1886 年，金子雪斋报考日本陆军学校未果，继而应征入东京镇台。服役期满之后，于东京继续从事教育工作。1893 年 2 月，金子雪斋在札幌担任《北门新报》（北海时报之前身）编辑，主持撰写时事评论，自号"金城猛士"。1894 年中日甲午战争爆发，金子雪斋被征为随军翻译；尔后奉职于台湾总督府，曾任后藤新平的翻译。日俄战争爆发之后，金子雪斋随军参战，任近卫师团本部特殊翻译官，战后，金子雪斋担任关东州民政署的经济情报调查工作，游历东北地区，1906 年回国后，日本外务省拟派金子雪斋赴北京专事情报工作，同时，京都大学亦有意聘请其担任教职。金子雪斋权衡之后，婉拒了双方的聘任，再度回到大连，担任末永纯一郎创办的《辽东新报》汉文版主编。①

金子雪斋深受儒学熏陶，汉学造诣深厚，为人亦颇有名士之风，在台湾任职期间，曾直呼台湾民政长官后藤新平其名，他在大连的日本人中威望也极高，被称为"无冠宰相"、"民众导师"，曾当面指责关东都督福岛安正用官府车马接送子女上学为"蠢行"。对于中日关系，金子雪斋反对赤裸裸的武力侵略行为和强硬的殖民统治政策。"要实现真正的中日亲善……就必须立足于人道，将两国人结合起来，改变历来日本人所持态度，变'强要'

---

① 有说金子雪斋为《辽东新报》创办者，亦有说金子雪斋与友人末永纯一郎共同创办日文报纸《辽东新报》，亲自承担中文栏目编辑工作，而后者说法比较稳妥。

为'给予'"①。虽然此种观点仍不脱 19 世纪末盛极一时的"大亚洲主义"的窠臼，但相较于露骨轻视中国的观念，亦有其进步的一面。也正是在这种观念的指导之下，金子雪斋坚持以儒学的"仁政"、"忠恕"为正义的"天道"，在任《泰东日报》社长后，以"《泰》报乃天之机关，代天立言，非个人专有，亦非一国人所得而私之。凡合乎天道者皆褒之，不问其为日人或华人；凡背乎天道者皆贬之，亦不问其为华人或日人也"②为办报宗旨，不问立场，唯重事实。《泰东日报》也因此颇受中国居民欢迎，报纸发行量与日俱增，令殖民当局始料不及。

　　1913 年，曾追随孙中山革命多年，因在天津创办《新秋报》、从事倒袁运动而被通缉的傅立鱼逃亡至大连，以"笠渔"为笔名向《泰东日报》投稿。其立论之精辟、笔锋之犀利颇为金子雪斋所赏识，更因其"优于文学及办报之学识经验"③，金子雪斋遂诚邀其担任《泰东日报》编辑长（主笔）之职。因大连为日本租借地，报纸公正立论极难，是以傅立鱼思虑再三，乃与金子雪斋约定"泰报既系汉文报，读者是中国人，只能站在中国人立场说话"；"遇有中日两国争端及民间纠纷，是非曲直均服从真理正义，平等对待"。金子雪斋"对此完全赞同"④并将报社关涉编辑业务，包括编辑、记者的任用权，全部放手交与傅立鱼。两人遂开始长达 12 年的合作关系。

（二）金子雪斋与傅立鱼合作期间作为本土媒体的《泰东日报》

　　以"凡合乎天道者皆褒之，不问其为日人或华人；凡背乎天道者皆贬之，亦不问其为华人或日人也"为宗旨的《泰东日报》，虽登记备案为是个人主办的中文报纸，但在殖民地严酷的舆论环境之下，却也不得不登载关东厅的"厅报"和反映"日本国策"的新闻及言论，无法突破新闻管制，达到真正的新闻自由、畅所欲言的地步。但依靠金子雪斋的社会地位与傅立鱼崇高的新闻道德，《泰东日报》也能够秉笔直书，真实反映大连的社会现实，批判殖民地当局的统治，为大连的本土事务鼓与呼。

　　1915 年 1 月 22 日《泰东日报》就曾披露：旅大和南满铁路沿线贫苦的"无业游民"，自当年 1 月 13 日以来一周多时间内，被冻死者达 1200 名之

---

① 《日华之贸易》，大正十二年（一九二三年）五月号。
② 黄本仁等：《中国人民的朋友金子平吉》，载于《大连春秋》1998 年第 5 期。
③ 《居大连十六年之傅立鱼氏还乡》，《满洲报》，1928 年 8 月 16 日。
④ 大连市史志办公室编：《大连市志·人物志》，大连出版社 2002 年版，第 456 页。

多，冻伤者 3000 余名；揭露大连的各种所得税、户别割（挨户捐）、地税、附加税、特别税等苛捐杂税多如牛毛，许多人走投无路，不得不充当"苦力"或流落街头，大人、小孩衣服褴褛，步履蹒跚，蜷卧檐下，严冬酷寒，衣不蔽体，"路倒"比比皆是，这无异于是公开声讨辽东租借地日本统治当局的残酷剥削和野蛮压迫。

在反映社会现实的同时，《泰东日报》以"不问其为日人或华人，不问其为华人或日人"的新闻态度，直面不平等的殖民地民族歧视政策。1919 年 3 月 16 日，《泰东日报》发表社论《对于大连华人教育问题之希望》，揭露辽东租借地当局，所拨教育经费"不平等殊甚，预算中日本人教育费八万三千四百五十二元，华人教育费不过四千九百十四元"，"大连华人子弟就学者最多亦不过四分之一"，针对辽东租借地 90% 以上的中国学龄儿童不能就学，有幸进入公学堂的孩子受到日本奴化教育的严重现实，傅立鱼与沈紫曛等"五四"爱国知识分子在《泰东日报》上发表文章，提倡创办社会教育团体。这一号召得到大连各界中国人特别是得到许多华商的响应。大连的一些具有爱国思想和救国抱负的知识分子纷纷建立中华团体，开办中国人学校。大连中华电铁青年团、大连中华增智学校、大连中华三一小学、大连中华觉民学校、贫民义务学校等民办的中华社会教育机关和大连中华工学会夜校、大连中华印刷职工联合会夜校等工会兴办的学校相继成立。为"向共同目的，一致进行，免得步趋纷乱，贻讥外人"①，他们迅速联合起来，成立了"纯粹中华人组织"——大连中华有志联合会，增强了大连工人阶级和大连人民的凝聚力和战斗力。《泰东日报》对此及时加以报道，扩大了其社会影响。

1920 年 3 月发生的日本人和田笃郎强占了金县三十里堡农民土地。当时农民虽据理力争、联名告状，但法院仍判农民败诉。农民不得已诉诸报社，请求援助。傅立鱼非常同情农民的不幸遭遇，为搞清事实真相，他冒雨来到三十里堡进行调查。回社后，他即以《金州民政署暴行》为题写了报道文章，将金州民政署与日本人和田笃郎相勾结、欺压农民、强占土地、使农民无法生存的事实真相在报纸上予以披露并加以评论，结果引起了社会舆论的关注。同年 11 月，受害农民到大连市游行请愿，要求当局归还他们的土地。游行的次日，《泰东日报》又将农民们游行请愿的情况作了报道。文中写道："聚有百余名；扶老携幼，鸠形鹄面，情令可怜。哀号之声震天动

---

① 《会务记事》，《青年翼》第三卷第六号，1924 年 6 月发行。

地，惨不忍闻。一时道途围观者数百人，无不为之泪下。"① 傅立鱼还在
《泰东日报》写了题为"为三十里堡农民向山县关东长官乞命"的社论。他
写道："三十里堡之三千余亩，皆该处农民亲自开垦耕数十年，持为生活之
源，一旦全部由官宪强收以去，……农民突然失其食粮之大米，彼可怜之农
民将濒于饥饿之悲境，吾人见此惨状，不禁泪下"②。此外，傅立鱼还亲赴
旅顺面见关东厅日本殖民当局进行交涉，并转呈农民请愿书。当局迫于舆论
的压力，最终作出了让步，给予受害的中国农民一定的补偿金。这一事件在
大连社会引起较大反响。此外，《泰东日报》还针对当时南满铁路客车车票
同价，待遇不同，同等车厢里日本人的设备远优于中国人，日本人的车厢不
准中国人进入等进行实地调查，发表了《火车差别待遇实地调查记》和评
论文章《果无差别待遇乎》，对民族歧视政策进行了揭露。

在发挥新闻媒体针砭时弊作用的同时，《泰东日报》也发挥着凝聚本土
精神的积极作用。1921年4月15日《泰东日报》发表题为"论大连各帮宜
组同乡会"的文章，号召大连的中国人加强团结，增强反抗日本统治的力
量。文章说："吾今倡导各帮组设同乡会，亦冀移此一堆散沙，贮诸一器之
内，有此一器相贮，则不致为狂风所卷，不致为汹浪所淘，便欲披砂拣金，
尚有从容之余暇耳……吾侪今日侨居租界内，但负纳税义务，而无选举权
利，若同乡会成立正可试验自治能力，其利一也，有此共同集会机关，以友
辅仁，观摩而善，高尚娱乐胜于冶游，其利二也，爱乡正义，相助相亲，若
有应办义举互相筹划，互相赞助，立即施行。"

以精神为指引，1921年7月，大连中华青年会于老虎滩举行中国人海
水浴竞技活动。《泰东日报》称为"华北大陆民族破天荒之举动"。大声疾
呼："古往今来，民族兴亡，同家盛衰，无一不是国民元气的消长……其国
民皆尚武修道，加强身心锻炼修养，使国民之身体强壮，精神刚健，则国定
欲隆盛。"此后，《泰东日报》对大连中国人每年一次的海水浴竞技活动
（后改称中华水上运动会）和一年一度的大连中华陆上运动会都大加报道，
以振奋大连中国人的国民精神。

1923年12月，"满铁"沙河口工场青年工人傅景阳等发起创立工会组
织，但在大连公开结社，必须有"头面人物"向当局申请批准。听了傅景
阳深明大义的爱国宣传后，金子雪斋和傅立鱼欣然答应出任"工学会"顾

---

① 《泰东日报》1920年11月9日。

② 同上。

问，并帮助他们办理了成立社团的"许可证"，使其合法存在，可以公开活动，这为大连工会组织的发展奠定了基础。

金子雪斋、傅立鱼作为《泰东日报》社的"掌门人"，他们对以《泰东日报》社印刷厂为骨干的大连印刷工人的工作、生活和组织、斗争情况亦特别关注。1923年末，《泰东日报》社工人赵悟尘（1904—1944）与该报印刷厂的中国工人向日本资本家提出增加工资的要求，因没有组织领导，斗争失败了，赵悟尘被印刷厂解雇，傅立鱼出面帮助他得以复职。1924年初，到大连开展革命活动的中共党员李震瀛启发赵悟尘和关向应（1902—1946）等进步青年筹划建立大连印刷工会。4月16日，赵悟尘等邀请大连各报馆和印刷厂的40余位有影响的中国印刷同人开会，决议成立印刷工人团体。对团体的名称和性质，意见不一，几位工资较高、思想较保守的老工人主张称为"印工同乐会"，赵悟尘等进步工人觉得这个名称缺乏进取精神，不利于今后团结全市印刷工人开展爱国反帝斗争。4月27日，《泰东日报》发表署名"印工散人"的题为《忠告中华印工同乐会筹备员书》，指出"印工同乐会"名称及性质的不适宜，建议模仿关内工会组织名称，称为"大连中华印刷职工联合会"，并对该会的任务提出了具体意见，如出版劳工期刊等，得到广大印刷工人的赞同和支持。随即《泰东日报》报道：1924年4月28日，大连中华印刷职工联合会正式成立，选举赵悟尘为委员长，金子雪斋、傅立鱼应聘为顾问。《泰东日报》还全文刊发《大连中华印刷职工联合会章程》，扩大了该会的社会影响。该会很快发展成为大革命时期全国的重要工会组织，1925年5月1日，赵悟尘同刘少奇等共25名著名的全国工人运动领袖当选为中华全国总工会第一届执行委员会委员。而《泰东日报》对大连工人运动的促进作用，由此亦可见一斑。

（三）金子雪斋与傅立鱼合作期间作为民族精神纽带的《泰东日报》

大连地区虽自1899年沙俄与清政府签订《旅大租地条约》时起，先后沦为俄国与日本的租借地。但民族感情与民族文化的紧密联系，是无法人为割裂的。虽然俄国与日本都一再推行殖民地同化宣传，但大连地区的中国人仍然视自己为中华民族的一分子，为民族共同命运的担忧，又反过来不断促进着大连本土精神的凝聚。在这一点上，《泰东日报》扮演着极为重要的角色。

在尚未与傅立鱼合作之前，与同盟会黄兴、宋教仁、张继等交谊深厚的金子雪斋就从同情中国进步事业的考虑出发，帮助大连地区的同盟会会员顾人宜、顾人邦、顾人敏等，从关东州日商天崎枪铺购买大枪1000支、子弹

60 箱，助其打响"辛亥革命东北第一枪"。1915 年 1 月 18 日，日本向袁世凯提出"二十一条"，强迫中国接受，引起中国人民的公愤，金子雪斋支持傅立鱼撰文，指示"该怎样发社论就怎样写"。《泰东日报》曾发表题为《论提倡国货》一文，号召大连的中国人为救国而使用国货。文章指出："中国地大物博开化极早，各种货物久已驰名……中国之衣非不足以御寒也，中国之食非不足以充饥也，中国之文物非不足以壮华美，器具非不足以供使用也。""见外货逐之……利源外溢而不惜，陷入灭亡而不顾"，是不爱国的表现。金子雪斋对此也表明了自己的立场和看法，称"排日排货，固为日本人所不喜，但平心而论，中国人之是举，亦在于不得已者。中国人谓日本为侵略主义，日本是否有侵略主义虽不可知，而朝鲜、台湾及辽东等地，在事实上确已由中国版图而转入日本之手，则谓侵略主义，亦无不可"①。他的人格和气节，已冲破了民族国家的界限，令《泰东日报》赢得了中国同胞的尊敬。

　　"五四"运动之后，"民族自强"的声音响彻中国大地。《泰东日报》也饱含爱国热情，于 1919 年 10 月 10 日，发表题为《庆乎吊乎》的文章，指出："国庆纪念日为吾人反奴为主之日，亦即吾人拨云雾见青天之日……其宝贵尤可念，谓为可庆诚可庆之极矣。"其后，从 1920 年开始，《泰东日报》在每年的"双十"国庆节之前，都大造舆论，号召大连的中国人开展国庆纪念活动，届时对纪念活动跟踪报道。1924 年 10 月 11 日，《泰东日报》以"双十节爱国游行盛况"为题报导："日昨双十节，大连中华团体有志联合会组织爱国游行……八时半鸣炮开会，举行庆祝式及追悼式，由联合会委员长傅立鱼主席致词，略谓今天是第十三个国庆纪念日，大家来此祝贺参与游行都是好国民的爱国表示，我们中国现在虽然有内乱，但是以我五千年之古国，四万万之民众，将来定有发扬光大之日，所以国人大可乐观之。次为升旗、奏乐、行庆祝礼，礼毕下半旗追悼革命诸先烈，九时再升旗整队……军乐洋洋，旗帜飘飘，诚挚热烈之爱国心高逾云表，沿路中外各机关、各大商号各悬挂国旗以表祝贺，南山乐善堂、加贺町裕长栈、伏见台中华青年会、沙河口工学会等均预备茶水或放鞭炮，扬旗高呼，以表欢迎。午间在伏见台中华青年会前午餐，午后三时在沙河口运动场解散，沿途参加者极多，洵未有之盛会云。"文章中对于民族与国家的认同和热爱，拳拳之心，溢于言表。

① 黄本仁等：《中国人民的朋友金子平吉》。

　　按《中俄旅大租地条约》规定，1923 年 3 月 26 日，大连、旅顺租借期满，应归还中国。中华民国政府通过外交途径向日本政府提出收回旅大的要求，遭到日本政府拒绝，从而激起全国人民的极大愤慨。北京、天津、上海、武汉等大城市和东北三省各界人民纷纷举行集会、游行、讲演，以各种形式掀起声势浩大的收回旅大运动。

　　当旅大租借期届满之际，《泰东日报》连续登载收回旅大的消息报道 60 余则，将全国各地开展的收回旅大运动的情况及日本政府"断然拒绝"中国政府合理要求的蛮横态度，告知大连人民，呼吁开展救国行动。1923 年 1 月 23 日，上海报纸刊登《泰东日报》以全体大连人民名义致上海电。电文写道："吾等忍耐已经很久了，当亡国奴已经很久了。今幸本年三月廿六日旅大租借期已满，我金瓯无缺之领土理应收回。然而日本人为欲达到保全满洲进图中原的野心，'五七'胁迫，延长九十九年为有效期……他们暗自欣喜旅大将长久与中国脱离关系，不幸的是生于斯土长于斯土的吾等，难道只有当亡国奴的资格吗!? 全国同胞们！时间紧迫，国会既已否决，国人应一致奋起，督促政府速派大员，接洽收回旅大事宜可也。"这篇电文充分表达了日本辽东租借地的大连人民渴望回归祖国的强烈愿望，促进了各地收回旅大运动的开展。

　　"五卅"惨案发生后，辽东租借地统治当局——关东厅采取紧急措施，防范沪上风潮波及大连。大连民政署和大连警察署对邮局和通讯线路上的印刷品、信函严加检查，发现传播沪案消息的立即扣留，对海陆交通站口的过往行人严加搜查，发现有沪案宣传人员之嫌疑者，即刻"驱逐出境"（强迫离开"关东州"）。但《泰东日报》、《满洲报》和《关东报》等大连的三家中文报社的中国报人不顾压迫，6 月 1 日，便将沪案消息公诸报端，打破了辽东租借地统治当局对帝国主义大屠杀消息的封锁，在"关东州"引起震动。

　　6 月 6 日，《泰东日报》头版头条以《举国愤激之上海，外人无理枪杀华人大事件，各界议决最低提出七项要求，北京学界亦群起作运动示威》为题，大篇幅客观报道"五卅"惨案的真实情况。并在这条消息前的镶边专栏内发表评论，强调指出："肇事当时虽是英人在沪枪杀华人，然不数日间，而青岛日人纱厂之华工亦有遭枪决者，不前不后，两两相映，是以举国人士，既衔英国，复恨日本……列强之得陇望蜀，宰割日甚，压迫我民族，虐待我同胞，深耻大辱，不能不雪！"辽东租借地当局对公开抨击日本，大为恼火，强令禁止发售当日的报纸。6 月 7 日，《泰东日报》头版公布这一高压手段的内幕，文章四周套以醒目的黑框，题为《本报禁止发卖一日》，全文如下："昨日本报为刊载沪上暴动风潮，曾不惜据事直书，唤起阅者同情，而乃突被官署禁止当日发卖。在本报向以正义人道为依归，不加隐讳于国际关系，则尤不能担此抑彼否闻直曲，区区此意应谅为阅者所同情也。"文章揭露了辽东租借地当局对"五卅"惨案消息的封锁和对舆论的操纵，激起广大中国读者和各界民众的强烈民族义愤。同日，《泰东日报》再次发表长篇消息，全面真实地报道"五卅"惨案的经过。

6月11日，《泰东日报》刊登6月2日上海沪江大学暨附属中学全体停课代表的文章，谴责帝国主义者血腥屠杀中国无辜同胞的弥天罪行，表达了上海人民誓死力争的顽强斗志。6月14日，《泰东日报》发表题为"力争沪案"的文章。疾呼："迩来关于沪上英捕之枪杀吾华人风潮，惨矣痛矣。此而不争，其如正义何？此而不抗，其如人道何？以是举国愤激，怀恨莫名，引领南天，不禁血泪交进矣！""今兹京津各地，士子之奋起力争沪案，奔走呼号，声泪俱下，真足以格金石而感豚鱼。果能由此作积极的运动……，为永久的表示，以堂堂之鼓，整整之旗，据理力争，大义相责，纵不足一旦挽回根本外交所失之权力，抑亦足以寒奸人之胆，唤起邻邦同情，制最后之胜利者矣"。文章既公开号召中国民众奋起抗争，又注意在策略上把矛头指向英帝国主义，避开日本，不给辽东租借地统治当局镇压群众运动的口实。

《泰东日报》对于国内诸事件的新闻报道，其仗义执言，疾呼救国，有力挫败了日本关东厅对国内消息的封锁和欺骗宣传，助推了爱国爱乡、广纳创新、自强不息、勇立潮头的本土城市精神同日本统治当局推行的殖民文化的顽强博弈。发挥了连接大连与祖国感情纽带的积极作用。

（四）结语

金子雪斋去世之后，傅立鱼也逐渐淡出《泰东日报》第一线的编辑工作，但仍对《泰东日报》施加有益的影响。直至1928年被殖民地当局"驱逐"出大连。金子雪斋与傅立鱼在《泰东日报》的合作，是近代中日关系中的一段佳话。虽然金子雪斋的立场与身份决定了其对于日本殖民地的根本态度，如其在《大陆主义决定之日即是一切问题解决之时》中谈到的，"只要我努力在支那大陆领有根据地，则我依然可在东亚大天地间阔步自如"，金子雪斋对于大连的地位与价值的看法是存在历史局限性的，本质上是殖民主义的。其与殖民当局的分歧，更多的是手段与方式的差异，但其从"人道"角度理解所谓的东亚民族"提携"，毕竟给《泰东日报》争得了一定的生存空间，为大连人民反抗殖民压迫在客观上提供了重要阵地。《泰东日报》自 1908 年创刊，至 1945 年关闭，三十余年来在大连的舆论界有着举足轻重的地位。而其中金子雪斋与傅立鱼合作的时期，无疑是《泰东日报》最为辉煌的时刻。客观而言，面对恶劣的殖民地文化氛围和严酷的殖民地新闻管制，《泰东日报》的存在意义是有限的，夸大《泰东日报》在此期间的作用，无疑也是不够客观的，但《泰东日报》作为大连地区首份中文报纸，虽然在舆论监督方面存在历史性的欠缺，但该报仍很好地担负起了揭露社会现实、拓展表达空间的重任。此外，作为对抗殖民地文化侵略的重镇，《泰东日报》在极困难的情况下，依然扛起凝聚本乡本土民族精神的大旗，在殖民地文化不断割裂传统民族联系的挑战面前，努力在殖民地人民与祖国之间构筑起坚不可摧的纽带。而上述《泰东日报》的价值与意义，从某方面而言，也正是金子雪斋与傅立鱼合作的价值与意义之所在。

附录一 临时关东州厅官制①

总则

第一条　本条令在辽东半岛及其附属岛屿的俄国政府租借地施行，租借地的范围按照现行的俄清条约之规定

第二条　关东州（含附属岛屿）是指除金州市之外划分的五个行政区，各行政区边界的设定及其变更诸事宜由州长官根据民政部长的提议进行决定

第三条　关东州厅设立以下职员

一、州长官（州长官兼任州陆军司令官和太平洋海军司令官）

二、民政部长、财务部长、外交部长及其其他各部、局长及其职员

三、地方行政厅（区、市、村）所属职员

四、各部司法相关职员

第四条　关东州其行政部及警察部两部的一般施政职员的编成归陆军省管辖

第五条　陆海军、政相关的帝国军管区及海军各港诸官厅制同样适用，另于下条有所变更

第六条　关东州厅设在旅顺市

第一篇　民政及陆海军政

第一章　州长官的权限于任务

第七条　州长官由沙皇陛下根据元老院的诏敕及官吏任免的一般制度进行任免

第八条　州长官在免官、逝去、重病，不在州内且没有州长官委任敕令

---

① 附录一由张晓刚译自《露（俄）治时代关东州法规类集》。

的情况下，由州陆军副司令官代行州长官职务。如在前项情况中，舰队司令官的官级高于陆军副司令官，海军统辖权归舰队司令官，但舰队司令官有协助海军副司令官的义务

第九条 州长官除有高加索民政官的权限外还追加下列各条

第十条 州长官关于陆军各队及军衙民政厅（行政部及警察部）的统辖和职员编成属陆军省管辖

第十一条 州长官可以接受海军大臣命令统领远东海军各衙、军队及船舰处理海军军务

第十二条 州长官对于陆军各队、军衙及其陆军诸学校的统辖权与远隔地军管司令长官一样而且其还拥有直接于黑龙江军管区司令官直接交涉的权利

第十三条 州长官关于海军军务的统理权与联合舰队兼军港司令长官一样，且追加以下各条

第十四条 （一）旅顺及浦斯德港的海军各船舰、军队、军人及军衙

（二）位于太平洋的各船舰、军人、军队及舰队的行政、战列及经理以联合舰队兼军港司令官的名义由州长官直属

注：关于浦蓝斯德港的经费的支出及一般财务，只限必要时，州长官给予军港司令官适当的指挥，军港司令官拥有财务官理权。

第十五条 州长官除拥有联合舰队司令官所享有的权限外其统辖的海军各部职员的权限如下

一、拥有除军港司令官、州参谋部海军课长及军港高级副司令官的补职、转职及免职权

二、部下各职员的工资给付及六个月内停薪权，一年以内的休假、勤务地外的旅行许可权

三、依据海军各条例规定对部下进行惩戒处分

第十六条 州长官享有以海军司令官的名义悬挂联合舰队司令官旗的权利，依据海军法规对悬挂此海军旗帜者鸣十七发礼炮

第十七条 州长官在认为必要的情况下及所属船舰亦可悬挂司令长官旗，并享有相应联合舰队司令官所属权利

第十八条 州长官在特别紧急的情况下可以动用海军物资储备进行便宜行事，可事后将理由报于海军大臣

第十九条 州长官对于司法、财务、外交、会计、检查、邮政电信及矿山的权利适用于一般府县诸管制，但根据本令所载有所变更

第二十条　关于教育事项州长官拥有学务厅兼学校条例的第六十二条至第六十七条的权限

第二十一条　民政部长、财务部长、外交部长及其他各部局长的任命及行赏由各自所属大臣与州长官商议决定

第二十二条　州长官处理对外事务根据由天皇的裁定外务大臣所发训令及命令。州长官处理对外事务，可以与在东京及北京的俄国公使及京城驻在的代理公使及陆海军各代理官进行直接交涉。日本及韩国的俄国领事对于关东州及同州接壤区域的相关情况有向州长官汇报的义务

第二十三条　州长官有权禁止政治上有害于人民的人在州内居住，但对于俄国臣民的禁止居住情况下，需要详细记载理由并报告于陆军大臣

注：如果被禁止居住大连市内，需要事先与财务大臣交涉请求其许可。

第二十四条　州长官对于州内重大政务问题可以提交特别会议审议，特别会议由州长官作为议长，民政部长、财务部长、外交部长、地方法院检查官及主席会计检查官组成，州长官作为会议的议员可以召集陆军副司令官、军港司令官及地方法院长官。以及其召集他可以解释的人员的权利。特别会议的决议仅具有商议的意义

第二章　陆军副司令官、州陆军会议、州参谋部、狙击旅团长、州陆军各部长及州参谋部各课长的权利与义务

第二十五条　陆军副司令官兼任州参谋长根据陆军大臣的奏请进行任免

第二十六条　陆军副司令长官管理州陆军各队及军衙，并拥有非独立军团长的权限，州参谋部各课相关权限在1869年陆军法规类集第二卷第八十三条至第八十六条、八十八条、八十九条及九十四条有规定

第二十七条　由陆军副司令官、州陆军各部长、陆军省员及狙击旅团长组成的州陆军会议与远隔地军管区会议具有同样权限，州长官作为议长，州长官不在的情况下由陆军副司令官代理

第二十八条　州参谋部直属于陆军副司令官（以州军参谋长的名义），有特定职员由陆军和海军两课组成。陆军课处理军官区司令部所管辖的军务，海军课由其州长官直属。海军各队、军衙、职员等船舰相关事项依据海军法规由主要军港参谋部掌管处理军务

第二十九条　炮兵、工兵、经理及军医的各部长根据陆军大臣的奏请进行任免

第三十条　上条各部长与帝国军管区各部长职权一致，各部长管辖各部特定的职员编制

第三十一条　州参谋长陆军课长根据陆军大臣的奏请进行任免，州陆军课长的权限按 1869 年陆军法规类集第二卷第八十三条、九十一条至及九十三条、九十六条至九十九条的规定

第三十二条　州参谋长海军课长根据海军大臣的奏请进行任免，州海军课长拥有除本令第二十六条之外的主要军港参谋长权限，具有本课所辖一切文书的处理权，于军参谋长列席时可向州长官汇报

第三十三条　狙击旅团长（临时旅顺要塞司令官兼任）拥有师团长的权限，州野战军全部直辖于其，旅团长可以决定特定职员的编成并设立旅团司令部

第三章　军法会议

第三十四条　关东州军法会议属沿黑龙江军法会议管辖，关东州设有临时会议所，军豫审判及陆军检查由其派遣，执行审判及军法会议有关的检察事物

第二篇　地方行政

第一章　一般行政

第一项　民政部长的权利与义务

第三十五条　行政及警察两部相关的地方民政由直属于州长官的民政部长掌管，陆军省根据敕令任免民政部长

第三十六条　民政部长生病、不在、免职的情况下，在新的继任者确定之前由州长官选定代行职务者

第三十七条　民政部长的权限适用一般府县制第二百六十四条至六百三十二条，并依下条所记有所变更

第三十八条　民政部长管理州民政相关事项，可向大臣或帝国高级官员申请独断专权，可向州长官申明自己的意见，接受州长官的领导根据规定处理政务

第三十九条　民政部长应向大臣或帝国高级官员进呈民政部政务报告、自我行为相关的报告、信息、民政各部的改善意见书等，各种定期及临时报告书必须经州长官提出

第四十条　民政部长可以独自审查其直属的官厅及职员

第四十一条　民政部长认为有必要发布公共秩序命令时，可以向州长官申请

第四十二条　民政部长对于土人有以下权限

一、基于本令设置人民政厅职员

二、土人（含土人民政厅职员）以及拥有领事裁判权的诸外国臣民，违反法律以及本条附则所规定的违警罪者，处以1个月以下拘留和三十元以下罚金，依据地方惯例对刑罚进行征收，罚金经州长允许后可作为州内看守所设备费用进行支出

附则　经民政部长确认可将以下内容作为违警罪

聚众打架、争吵及对他人施暴，影响公共安宁，侮辱公职人员及暴力相向，另外还有不服从父母、侮辱父母及侮辱军人

第四十三条　民政部长与财政部长及外交部长的关系适用一般府县制

第四十四条　州民政相关的州长与民政部长之间的往来文书，由民政部长官房处理

第四十五条　针对四十四条所述官房职员、区长及警察局长，依据一般府县制第一百八十六条至第一百七十三条及惩罚令，民政部长享有与地方长官相同的权限

第二项　卫生行政

第四十六条　州内卫生事务属陆军医院本部管辖

第四十七条　州内卫生事务由民政部长管辖的特别组成的医务课直接处理

第四十八条　府县检察医生执行职务由旅顺市公医进行掌管

第四十九条　各区公医依据各郡及市的具体情况发布新的各项规则，并依此行使职务

第三项　政区的行政

第五十条　区行政警察事务由区长掌管，区长与警察局长具有同样的职务权限

第五十一条　区长由州长官依民政部长的推荐进行任免

第五十二条　区长所在地由州长官依民政部长的建议决定

第五十三条　区长负责以下事项

（一）村政监督中发现违法事项应向民政部长报告

（二）监督租税及其他税务的准确缴纳和使用，人口调查、租税及其他税务的公平分割及对土人审判的监督

（三）选举联合村团长并向民政部长申请任命

（四）任免村长

第五十四条　区长对支那人或其他土人（含土人民政厅职员）违背了

官府法规或者本条附则，对犯违警罪者处15日以内拘留和15元以下罚金

前项处罚根据区长制定的规则执行，征收的罚金用途依第四十二条规定

附则　区长处罚土人的违警罪参照第四十二条附则

第五十五条　为促进下级警察工作，各区设一定的骑警和巡警

第四项　市行政

第五十六条　关东州内的市有旅顺、大连、貔子窝及金州。大连作为特别市制区，辖区依本条例第四篇规定管辖，金州施行临时的特别行政

第五十七条　旅顺市警察署依照一般现行法规处理事物，署长直属于民政部长。警察署长统辖由警部及职员组成的警察署

第五十八条　州长官依据民政部长的推荐任命警察署长

第五十九条　旅顺自治制度成立之前，由民政部长监督警察署长掌管旅顺市财政及社会秩序的一般政务

市每年的预算由财政部及帝国会计检察院代表参与制定

第六十条　貔子窝市的财政、警务及一般政务由区长临时掌管

第六十一条　警察勤务所需费用作为市费，招募各市志愿者组成巡警队

第五项　村落行政

第六十二条　关东州的土人部落分为联合村团和村

第六十三条　州内的联合村团及联合村团的村的分界根据地形及本条令施行前的惯用分界为基础由民政部长决定

第六十四条　联合村团设立村团长，村设立村长管辖

第六十五条　联合村团长经区长在土人中选拔由民政部长任命

第六十六条　村长由村会选举由区长任命，村长任期为三年

第六十七条　村长用租税及其他公款消费时，选举村长的村会应付连带责任

第六十八条　联合村团长及村长的权限及职责由民政部长制定经州长官裁决制定特别规则

第六十九条　联合村团长及村长的薪金由公共事业费用的征收款中支出，由民政部长申请州长官决定

第七十条　联合村团及村长配备书记、传令等附属人员时，由民政部长定夺，书记及传令等薪金依据地方惯例由民政部长申请由州长官定夺从公共事业费中支出

第二章　外交部、财务部、审计检查部、邮电部、建设部及矿山部的行政

　　第一项　外交官（外交部长）的权限及职责

第七十一条　州长官设置外务部所属的外交官和翻译官

第七十二条　外交官依第二十一条依据外务大臣的奏请任命

第七十三条　外交官依据州长官的命令接洽清国官宪、外务省、北京、东京及京城的俄国公使及清国、日本及韩国驻在的领事间的往返文书

　　第二项　财务部长的权限及职责

第七十四条　财务部长隶属于州长官，依第二十一条依据财务大臣的奏请任命

第七十五条　财务部长之下设立事务官一名及若干名助手，助手依照一般规定由财务部长任免

第七十六条　俄清银行旅顺支行帝国会计局（中央金库）代理官从属于财务部长，帝国会计局代理官与财务部长的关系由外务大臣另有规定

　　附则　帝国会计局事务依据千八百九十八年七月二十四日的命令委任于旅顺支行

第七十七条　财务部长生病、不在、死亡、免职的情况下，特别在新的继任者由财务部长确定之前由帝国会计局代理官代行部长职务

第七十八条　财务部长从属于财务大臣，其与州长官及其他上级、同级、下级的关系依据一般府县制的规定

第七十九条　财务部长的职务如下

　　第一，关东州内一切租税及征收金及国库收入金管理，行使正确收纳等诸般事项以保障国库利益

　　第二，进行工商业及一般经济情况调查

　　财务部长权限及管辖区域参照相关的税收局长、税收会议局、消费税务署长及税务官员的权限及职务

　　附则　财务部长的权限及职务的相关细则由财务大臣制定

　　第三项　审计检查

第八十条　根据 1898 年 9 月 7 日设立的地方审计检查院归帝国审计检查院管辖

　　第四项　邮政通信

第八十一条　1898 年 12 月 24 日敕令设立的邮政局归内务省管辖

　　第五项　建筑道路

第八十二条　建筑及道路（铁路除外）归陆军工务部（第二十九条）

管辖

第六项　矿业

第八十三条　设置直属于州长官的一名矿山技术人员处理矿山调查、与矿业有关的说明测试等相关材料的收集

第三篇　司法制度

第八十四条　1896 年 5 月 13 日颁布的临时规定适用于西伯利亚各州县，亚历山大二世的审判制适用于关东村，但以下有所变更

第八十五条　劝解审判官缺员的情况下预先同州长官商议任命

第八十六条　1896 年 5 月 13 日裁定的规则第六条所述事务由州会掌管

第八十七条　司法官宪对俄国人间、外国人间的一切事件及俄国人与外国人与土人间的事件依据第九十二条及第九十五条进行管辖

第八十八条　关东州劝解裁判官管辖依据千八百九十六年五月十三日裁定的规则的第二十四条事件之外的一般损害赔偿额度在两千元至五千元之间的诉讼事件

第八十九条　前项所述事件地方法院再审的需要按照相关规定向上级法院上报

第九十条　诉讼当事者本着诚信的原则期望解决问题的情况下的民事诉讼事件依照一般规定由劝解裁判官或地方审判所对诉讼事件进行管辖，对于此类事件劝解者做出调解书的事情适用民事审判法第 1368 条至 1379 条及 1387 条，对于此类事件的判决诉讼适用一般规定

第九十一条　州内土人间的民事诉讼案件由地方法院依据土人习惯法进行审理

第九十二条　前条所述规定之外的事项依据一般规定由俄国法院管辖

（一）俄国官宪立会上产生及官宪证明证书发生的诉讼事件

（二）土人间发生的民事诉讼事件经双方同意的由地方裁判所或劝解裁判官审理

第九十三条　刑事案件依据刑事裁判法第 1092 条及 1093 条所载县厅事务由州会掌管

第九十四条　土人犯罪除第九十五条所述之外由地方土人裁判所管辖

第九十五条　以下犯罪事件的土人依据俄国一般法规进行处罚

一、反抗耶稣教

二、反抗官宪

三、反抗政令

四、违反公务

五、违反税法

六、危害政府收入及财产

七、为维护人民健康设立的违反风纪罪

八、危害公共秩序罪

　　（一）聚集及包庇凶犯

　　（二）违反裁判法进行伪诉及伪证

　　（三）包庇逃犯

　　（四）破坏电信及其他交通机关

九、违反法律的职务犯罪

十、损害生命、健康、自由及名誉罪

　　（一）杀人

　　（二）殴打致人死亡、故意致人重伤及因殴打及虐待致人有生命危险

　　（三）强奸

　　（四）强鸡奸或对幼年人鸡奸

　　（五）非法监禁

十一、侵害所有权

　　（一）强占他人不动产

　　（二）对他人财务放火或故意损坏

　　（三）强盗、掠夺

　　（四）违反俄国法律伪造证书

　　（五）窃取政府财产

其他犯罪事项俄国人和外国人一样

第九十六条　州长官拥有以下权限

（一）管内发生特别重大的违反公共秩序事件的时候依据州长官的命令由军法会议进行战时管辖，确定根据诸法规的判罚

（二）可以引渡违反清国法律的土人

第九十七条　存在公证人的关于土地的公证事务由劝解裁判官执行，劝解裁判官不在旅顺或因忙于公务不能履行的情况下由地方裁判所长担任裁判书记执行公证事务

第九十八条　关东州管辖的旅顺地方裁判所及其下的各裁判所属于伊尔库茨克控诉院管辖区

东清铁路南满支线附属地上的裁判事件按俄国官宪管辖由旅顺地方裁判所及其下的裁判所管辖

第四篇　大连市的建设和施政

第九十九条　大连市的建设由财务省委任东清铁道会社管理

第一百条　大连殖民及附属设备用地由财务省直属的特别市制区组成

附则　市街设计图的境界线有财务大臣裁决

第百一条　市长及市厅隶属于州长官

第百二条　市长依据财务大臣的凑请任命，只是需要预先取得州长官的同意

第百三条　市长染病、不在、免职等情况下在后任者到来之前由州长官选定代理市长

第百四条　市长关于市的施政适用一般府县制第九百九十六条至第千条的规定

第百五条　应有定员的警察隶属于市长及市厅

第百六条　市长下设立市参事会掌管市财务及一般施政

第百七条　市参事会以市长作为议长，根据下面第百十条至百十九条的规定选举六名议员，及其三名候补，另由东清铁路公司指派一名，市参事会中的议员要至少有三名以上的俄国人

第百八条　市参事议员及候补议员至被选上起一年，每年将有两名议员、一名候补议员退职

（刚开始依据抽签原则，后来根据就职顺序，即依据先后、顺次退职）同时进行相应的补选

第百九条　市参事会议员和候补议员在期限届满前退职的其拥有到任期完成前的同议院相应资格，可以此参加市参事会，但自我候补者互相取代相应权利

第百十条　以下人员有权竞选市参事会议员

拥有大连市欧罗巴区土地所有权或终身租借权者，交纳市税达到规定金额的各国臣民、官公署、协会、公司及商社。州长官确定纳税人等级并决定其是否有参事会议员选举权

第百十一条　依据市制第二十四条第二项及第二十五项至第三十项，规定以下人士具备选举权

不可分割的土地共同所有者、不满二十五岁者、妇人、监护人或被监护

者、从事不可分开的共同事业的兄弟、官公署、协会、公司及商会

第百十二条 任何人在选举的时候不可以投两票以上（自己的一票，以及受他人委任代投）

第百十三条 虽然符合前述第百十条规定，但以下人员不允许参与选举

一、耶稣教教徒

二、大连特别市制区的警察

第百十四条 以下人员失去自我选举权及其代人选举的权利

一、因犯罪免去公职的官员及被剥夺公权的人员及因刑法第百六十条至第百七十七条由劝解裁判官进行处罚的人员

二、罢免官职尔后三年内的人员

三、因本条第一项所述理由被免官而进行审查及接受家产分家或破产宣告尚未取得复权者

四、分家或破产的情况下不取得此项权利

五、宗教上品行不端又被社会所排斥及退出土族会的人员

六、处于警察监视中

七、买酒店的经营者及店员

八、半年以上没有交纳市税或没有交纳第百三十一条所规定的缴纳金，拖欠东清铁路会社土地租赁费者

第百十五条 每年市长作为会长定期召开选举会，选举会的选举人数、被选人需要达到市参事会议员及候补议员的两倍以上才能依法进行选举

第百十六条 有选举权的人当选市参事会议员及候补议员的需要获得多数投票

第百十七条 参与选举会的人数不够法定人数（第百十五条）的时候由州长官根据市长的申请选定参事会议员及候补者。选举结果未满议员人数或者违反第百七条规定时，也要履行前项手续，补充人员

第百十八条 对选举中出现的非法行为应在选举结束之日七日内向市长提出，市长对事件进行说明，呈送于州长官由州长官裁决

第百十九条 市参事会选举细则（选举人花名册及其公告、选举手续等）依据地方具体情况根据市制第三十四条至第四十一条、第四十三条及第四十六条到第四十八条经州长官同意由财务大臣批准确定

第百二十条 市参事会议员需要在无报酬的情况下履行职务

第百二十一条 市参事会议员的掌管事项需依照地方情况适用市制第二条、第四条、第六十二条、第六十三条、第九十五条至第九十七条及第百八

条须经州长官同意财务大臣批准

第百二十二条　市参事会根据一般民法及法令以大连市的名义进行财产授受并承担缔结条约，拥有法院民事诉讼案件，财产纠纷案件解释权，以大连市名义提起及被提起的诉讼时间按照官厅规定的诸法规进行处理，但民事法院构成法第千二百八十九条附则规定的除外

第百二十三条　市参事会会议参会人员须至少有议长之外的两名议员以上才在法律上有效，议事原则是少数服从多数，人数相同的情况下由议长定夺，市长不同意决议时，市参事会的决议需要有七日的延期，申报州长官进行最终裁决，若未向州长官申请，期限过后立刻生效施行

第百二十四条　大连市公文使用俄语，但面向一般公众的公布的各项规则、公告、命令及其他内容还需附带由州长官选定一门欧洲语言和清文译文。财务大臣规定个人有关的请愿书之类的内容使用外语或清语，需要附带俄语译文的由财务大臣规定翻译费

第百二十五条　东清铁道会社设施的给水、点灯、市内铁路、电话、屠宰场、市场及其他市内营造物由大连市负责买收，买收时间由财务大臣规定

前述营造物在大连市收购之前隶属于东清铁道公司，由东清公司依照经财务大臣许可的特别规则及价格表经营

附则　大连市的广场、大街、人行道、路旁树木、公园等作为公共场所东清铁道会社建设后将使用权应无偿让与大连市。东清铁道会社拥有在本条所载的营造物上进行建设的权利，如铺设轨条、铁管（含土管等其他）电线等，但要交纳土地费及市税

第百二十六条　前条所述营造物必须全部由大连市收购，收购金即公司为营造物投入的资金，投资款要一次性付清或分期付款，分期付款场合需要考虑支付期限、利息、每年还款额及其他条件，大连市和东清铁道会社相互商定后由财务大臣进行批准

第百二十七条　东清铁道会社和大连市之间出现纷争的情况下，不属于民事裁判所管辖的事情应转为财务大臣裁决，民法上的纷争大连市和东清铁道会社相互商定后由财务大臣进行裁决，但是这样的话双方就失去了起诉的权利

第百二十八条　大连市收购的地域内的土地除市内建设用地及建港用地等官公用地外，东清铁道会社依据如下规定可以买卖，也可以依照民法第千六百九十三条的期限内贷与

第百二十九条　地区内俄国人和外国人可以购买、租借土地，但是必须

依照外国人购地相关法规

第百三十条 土地依照财务大臣规定的竞拍方法进行买售，土地买卖、租借条件（包括购买者及租借者应负担的地区开发及房屋建筑相关的义务）拍卖前进行公告，竞拍结束后最高出价者需要进行签名并行使前项规定的相应义务，竞拍底价由财务大臣定夺

第百三十一条 土地购买者可以一次性支付或延期交付土地出让金，延期交付时竞拍后应立即交纳五分之一以上，余额部分将由东清铁道会社作为担保，依照财务大臣规定的条件、利息及期限进行偿还，针对土地金滞纳者，东清铁道会社的索取申请费参照土地银行相关规定由财务大臣定夺

第百三十二条 市长需要给购买者颁发土地购买所有权证明书（依照第百三十条及第百三十一条规定权利和义务）进行办理购买该地区土地的相关手续

第百三十三条 土地所有者履行第百三十条所载房屋建筑和相关义务，依照市长的命令颁发第百三十二条所述证书并记录手册中

第百三十四条 土地购买者及土地继承者未履行使前述义务时，该土地以及建筑物（若存在）依市长命令进行竞拍，前项竞拍所得金额应扣除竞拍费用，余额不足东清铁道会社提出的起价时，余额归土地所有者持有，若拍卖金额高出实际金额，超出部分归大连市所有

第百三十五条 附加房屋建筑条件及开拓条件租借土地者（第百三十条）未履行义务条件时，市长经东清铁道会社的许可，有权动用警察权禁止其使用

第百三十六条 土地所有者土地转卖、让与应依照州长官的规定按照大连市最小份额面积进行分割

第百三十七条 土地买卖费用、租赁所得金额（第百三十条及第百三十一条）作为大连市土地出让金及市区建设费用，由东清铁道会社收取

第百三十八条 委任东清铁道会社经营大连商港，会社由市长推荐州长官任命的港务部长掌管

附录二　日俄战争时期往来电文^①

1363 明治 37 年 8 月 11 日 驻芝罘水野领事发与小村外务大臣（电报）

俄国巡洋舰"诺毕克"号驶入青岛港报告之事

7：40 芝罘发　　10：27 达东京

小村外务大臣　驻芝罘水野领事　第 311 号

本日午后 6 时"诺毕克"号驶入青岛港。

1364 明治 37 年 8 月 11 日 小村外务大臣发与驻德国井上公使（电报）

关于俄国舰艇驶入青岛港向德国政府表明希望之训令一事

8 月 11 日后 12：30 发

驻德井上公使 小村外务大臣　第 219 号

根据从芝罘接到之电报，作为日俄两舰队海战之结果，而今 11 日俄国水雷艇一艘于午时 6 时许驶入胶州湾港云云。贵官员应向德国政府通告上述事实，德国政府对于上述俄国舰艇依据国际法上确立的方针，必须采取适当的措施，以表明日本帝国政府之希望。

1365 明治 37 年 8 月 12 日驻芝罘水野领事发与小村外务大臣（电报）

关于青岛滞留俄舰动向情报之事

8 月 12 日午前 11：10 芝罘发　午后 1：20 达东京

小村外务大臣 驻芝罘水野领事　第 317 号

根据午前 8 时由青岛发来之电报，俄舰正因昨夜转换锚地，"诺毕克"号及驱逐舰补充煤炭之后，于今晨未明时分起航，去向不明。"阿斯克利德"号尚未停泊装载煤炭。

以上传与驻清公使专电

1366 明治 37 年 8 月 12 日 驻芝罘水野领事发与小村外务大臣（电报）

俄国驱逐舰 2 艘入港及巡洋舰 "车萨雷别奇" 号停泊青岛港等报告之事

8 月 12 日午后 1：15 芝罘发　午后 4：07 达东京

小村外务大臣 驻芝罘水野领事

第 318 号 青岛 9 时 40 分发电报

而今敌方之驱逐舰 2 艘入港，据昨夜电报云所谓，在青岛之巡洋舰一艘乃是 "车萨雷别奇" 号，尚在停泊中。据 10 时 20 分电报云，"诺毕克" 号与 "阿斯科尔德" 号同时在港外的海湾中游弋，另有其他大小 7 艘俄舰补充弹药粮食，风传在胶州湾一带等待我舰队以欲决战。

以上为发给内田公使之电文

1367 明治 37 年 8 月 12 日 驻芝罘水野领事发与小村外务大臣（电报）

俄舰伤兵登陆及 "车萨雷别奇" 号状况之报告

8 月 12 日午后 6：20 芝罘发午后 9：05 达东京

小村外务大臣驻芝罘水野领事

第 319 号 青岛午后 3 时半发报

现今舰船并无异同，午前有 9 名伤兵登陆，"车萨雷别奇" 号由海军铁工场派出技师、职工正在修缮。

转发给右内田公使之电

1368 明治 37 年 8 月 12 日驻芝罘水野领事发与小村外务大臣（电报）

驶入青岛港之俄舰情况报告一事

8 月 12 日午后 10：00 芝罘发 13 日午前 1：26 达东京

小村外务大臣驻芝罘水野领事　第 321 号 午后 8：00 青岛

敌之驱逐舰 3 艘今夜有向南出发之态势，"车萨雷别奇" 号当时看似停泊的状况。

发与驻清公使电报完毕

1369 明治 37 年 8 月 12 日驻德国井上公使发与小村外务大臣（电报）

关于入港俄舰对策（措施），德国外相代理言明之事

8 月 12 日午后 5：50 柏林发 13 日午后 1：45 达东京

小村外务大臣 驻德 井上全权公使　第 325 号

关于贵电第 219 号及 220 号，本官于 8 月 12 日会见德国外务大臣代理，遵守执行贵训（令）。

同外务大臣代理云：

接到关于俄舰驶入胶州湾的 "露特尔" 电信，本官（代理大臣）立即

向德国皇帝陛下及帝国宰相发电报。但是到现在（12 日正午），该部（省）尚未从胶州总督处接到任何通报。

1370 明治 37 年 8 月 12 日驻德国井上公使发与小村外务大臣（电报）

有关针对青岛入港俄舰队的措施情况，外相代理言明之事

8 月 12 日午后 8：50 柏林发 8 月 13 日午后 3：40 达东京

小村外务大臣驻德井上全权公使　第 327 号

本官于 8 月 12 日夕刻，再次与德国外务大臣代理会见。同大臣代理对本官如下所述

今早与贵官会见后，有关俄舰胶州入港之事，德国政府给予了迅速且适当的考量。作为其结果，刚刚向胶州总督发出含有下记意思的电训。

应当允许交战国的舰艇入港，全部装载到达其最近本国港所需的煤炭量。但是，从其入港之时起 24 小时以内必须出港。如果该舰艇不足以完成之时，再给予 24 小时的延期。如果拒绝在以上规定的期限内出港之时，则解除该舰艇的武装，抑留其于德国官宪管理之下。

训令胶州总督，应当没有迟滞地向俄舰指挥官通牒以上德国政府决定之宗旨。

同大臣代理进而说明：

前述规定大体上与英国政府作为适应此种情况所维持的主张相同。本官希望日本政府，能够满足针对该问题的以上公平措施。

1371 年明治 37 年 8 月 13 日驻芝罘水野领事发与小村外务大臣

着手"车萨雷别奇"号武装解除的情报等报告之事

8 月 13 日午后 6：20 芝罘发　8 月 13 日午后 8：40 达东京

小村外务大臣在芝罘水野领事　第 321 号

青岛来电　"车萨雷别奇"号系留在栈桥，着手武装解除。入院中的敌之"阿多米拉尔"最终死去。

威海卫来电　一艘搁浅的敌之驱逐舰"布鲁尼"号被英舰"哈姆巴"号救助，应当送至香港。

（右致内田公使的电报完毕）

1372 明治 37 年 8 月 13 日驻芝罘水野领事发与小村外务大臣（电报）

俄国驱逐舰三艘的出入情报之事

8 月 13 日午前 10：16 芝罘发 8 月 13 日午后 2：15 达东京

东京小村外务大臣驻芝罘水野领事　第 327 号

青岛电报　敌之驱逐舰三艘昨夜半与德国水雷"斯戈"（sgo）号一起

出港，但今早又强行入港。

1373 明治 37 年 8 月 13 日驻芝罘水野领事发与小村外务大臣（电报）

青岛俄国驱逐舰的舰名报告之事 8 月 13 日午后 8：40 芝罘发 8 月 14 日午前 1：50 达东京

小村外务大臣 驻芝罘水野领事 第 332 号

在青岛的敌之驱逐舰是 Bessiumnui，Bestra*sinui*，Besposhad*sinui* 的三艘。

致在清公使的发电完毕

1374 明治 37 年 8 月 13 日小村外务大臣发与驻欧美 6 公使驻韩国林公使（电报）

芝罘来电转电之事

8 月 13 日午后 11：05 发

小村大臣 驻德井上公使（五公使） 第 230 号 驻韩林公使 第 330 号

"车萨雷别奇"号系留在胶州湾栈桥，着手武装解除。入院中的敌之"阿多米拉尔"最终死亡。

搁浅于威海附近的一艘敌之驱逐舰"布鲁尼"号被英舰 Humber 救助，应当送至香港。

1375 明治 37 年 8 月 14 日驻上海小田切总领事发与小村外务大臣（电报）

8 月 14 日午后 4：15 上海发 8 月 14 日午后 6：50 达东京

小村外务大臣 驻上海小田切领事 第 291 号

根据德国报纸所接手的 8 月 13 日下午 3 时青岛发的电报，俄国水雷艇超过 24 小时没有出港。以防备其出港的目的，为了必要的时候使用武力，港内的德国军舰及炮台做好战斗准备。但是到当时为止，没有出港的情况。"车萨雷别奇"号完全不堪航海，在水线下穿过一大坑。德国官宪声称，为了使同舰备炮不能使用，取去备炮部分，是否允许同舰的修缮由柏林决定，还未接到关此的任何命令。青岛知事"茨鲁佩尔"13 日从ラプシャン的疗养地归来"福鲁斯俾斯麦"的司令官亦同日到达。

1376 明治 37 年 8 月 14 日小村外务大臣发与驻德国井上公使（电报）

8 月 14 日午后 4：40 发

驻德井上全权公使小村外务大臣 第 233 号

有关针对胶州湾俄舰的中立严守向德国外相表明谢意之事有关贵电第 327 号，了解到德国政府迅速地执行了公平的措施，是帝国政府的满足之处。贵官面会德国外务大臣，应言明帝国政府深深地感谢德国政府之行动。

1377 明治 37 年 8 月 14 日驻德国井上公使发与小村外务大臣（电报）

针对俄舰处理要求的德国外相代理的答辩要领报告之事

8 月 14 日午后 1：20 柏林　发 8 月 15 日午前达东京

小村外务大臣驻德井上全权公使，有关贵电第 226 号，本官于 8 月 13 日傍晚面会德国外务大臣代理，唤起其注意贵训的有关各要点。同代理说：

如此情报从胶州被发电之际，同地总督明显未接到德国政府之训令。到现在为止，应当已经接手之。还命令同总督应当励行右训令。本官（外相代理）丝毫不怀疑其应当诚实地遵行。随着日俄战争的开始，同总督已经命令交战国舰艇，不能在同港停泊 24 小时以上。这回再次给予同总督的训令，即包含有关此等被害舰艇的命令。因此，如果交战国的舰艇超过规定的停泊时间限制之时，无论其武装被解除与否，我政府为了在同地励行以上训令，立即对德国军舰发布前往胶州湾的命令。在对于这回的情况确定应采取的方针之际，德国政府以美西战争中所发布的贵国（日本）法规的主张为其基础以采用。

同外务大臣代理进而说：

俄国舰艇为了到达其最近俄国港，可以装载必要的煤炭及粮食，但是不许可装载武器弹药。此外，当然不允许同一舰艇一回以上的入港及煤炭装载。如此，德国政府为了符合日本政府的希望，在尽力的同时严守中立。希望东京能够冷静地观察本事。

再者，本官因现在接到贵电第 227 号，应进而唤起德国外务大臣代理的注意。

1378 明治 37 年 8 月 14 日驻德国井上公使发与小村外务大臣（电报）

针对德国的俄舰援助说德报反驳之事　　8 月 14 日午后 1：20 柏林发 8 月 15 日午前 3：20 达东京

小村外务大臣 驻德井上全权公使　第 332 号

德国在青岛收容俄国舰艇，还要为了给予俄国其他的援助，做好了各种准备，及暗中给予其承诺。关此的报道传到了外国各报纸。对此，德国各报纸反驳之，以为此类报道全无根据。与日本舰艇进入德国港内时相比，给予俄国舰艇以上的待遇等绝不是德国的意思。

1379 明治 37 年　8 月 14 日驻德国井上公使发与小村外务大臣（电报）

有关俄舰的胶州湾再入港德国外相代理回答情况

8 月 14 日午后 8：05 柏林发　8 月 15 日午后 5：25 达东京

小村外务大臣　　驻德井上全权公使　　第 333 号

遁窜入胶州湾的俄国水雷舰一旦出港而再次入港。有关来自水野领事的以上报告，本官昨夜接到其转电时，已经迟于往访外务大臣代理。立即寄给同大臣代理私信，唤起其有关本事的注意。对此 8 月 14 日的回答现在到达本官之手。其文道：

我立即将今夜的贵柬回复给海军当局者。有关以上贵柬中所指示的事实，海军当局者将现存其手中以及能寄来的确报，全部没有迟滞地以回复的形式传达给我。因此，关于本事，我打算没有保留地将确实且满足的报告以供高览。在此将不取敢左之一事达于贵听。

有关维持我绝对的局外中立之义务，在青岛的我海军士官接到了最严重的各令。他们对交战国的任何一方都绝不允许其以青岛为海军基地。因而，非常清楚绝不允许俄国舰艇再度进入同港。所以，我海军省不相信俄国驱逐舰再度进入同港的报道。

据本官所闻，关于进行德国港的交战国舰艇，德国政府近日应当发布规。

注：在本电信译文中是 8 月 14 日柏林发，而在电信原文中是 8 月 13 日午后 8 时 5 分柏林发。

1380 明治 37 年 8 月 15 日驻芝罘水野领事发与小村外务大臣（电报）

俄舰"车萨雷别奇"号外三艘军舰旗撤去情报之事

8 月 15 日午后 2：55 芝罘发 8 月 15 日午后 4：50 达东京

第 338 号

根据「アッソシェーテッド、ブレス」通信员接手的电报，"车萨雷别奇"号及驱逐舰三艘的军舰旗于本日午前在德国总督的面前被降下，从我通信社未获得确报。右致内田公使的电报

1381 明治 37 年 8 月 15 日驻芝罘水野领事发与小村外务大臣（电报）

针对胶州湾俄舰德国官宪的措施情报之事

8 月 15 日后 7：10 芝罘发　8 月 15 日后 9：50 达东京

小村外务大臣驻罘芝水野领事　　第 339 号

从青岛接到的各报道在左之点上都相一致。

8 月 15 日正午俄国战列舰"车萨雷别奇"号及驱逐舰三艘的舰旗在青岛知事的面前被降下，此时德俄两侧有演说。

俄舰中能堪航海的部分应立即从胶州湾离去。其不堪航海的部分在德官监督之下，修缮至能堪航海的限度内。以上之训令从柏林传达至胶州官宪，

但是有关战斗力没有任何言及。

1382 明治 37 年 8 月 15 日小村外务大臣发与驻德国井上公使（电报）

来自德国公使内报的俄舰武装解除完结要点之事

8 月 15 日后 11：00 东京发

驻德井上全权公使小村外务大臣　第 237 号

本国驻德公使以一己人之资格密告本大臣，8 月 15 日早全部完结在胶州湾的"车萨雷别奇"号及三艘俄国驱逐舰的武装解除。青岛总督将此电报给同公使。

1383 明治 37 年 8 月 15 日驻德国井上公使发与小村外务大臣（电报）

对德国的措施表明谢意之件

附记对德国政府的海军方面之希望（一）（二）

8 月 15 日后 5：55 柏林发　8 月 16 日后 3：55 达东京

小村外务大臣驻德井上全权公使　第 334 号

本官于 8 月 15 日面会德国外务大臣代理，遵行贵电第 233 号训令。同外务大臣代理对本官如左所述：

本官（大臣代理）欣慰于得知日本政府能够满足对该事件的处理，且希望不再上演同样事件。

本官接到在胶州俄舰武装解除已经开始的电报。

此外，关联于本件同大臣代理说：

德国政府关于前述俄舰乘组员的处理方法未决，为了参考，欲得到有关处理"车萨雷别奇"号沉没后其将校下士卒之方法的报道。

关于该俄舰的将校，本官恐认为应在宣誓不再投入战斗之上，允许他们归国。但关于下士卒未定。

就此，本官希望能电报前记事实，接着同大臣代理说：

据说英国公使在其谈话中提及，英国政府决定对于交战国军舰，拒绝其威海卫入港。本官接到以上的北京电信

因此，希望有关本件亦如果有任何事实，就向本官电报。

最后同大臣代理对本官的问题答道：

德国政府持有发布有关交战国舰艇规则之意志。但因右不属于同政府之惯例而暂不采用之。

（附件）

（一）

事先言明希望收容在胶州湾的俄国军舰乘员，不依"车萨雷别奇"号之例，而被德国官宪执行在这回的交战中拘留的处置。

因此接到以下情报，"车萨雷别奇"乘员在被中立国军舰收容后送至俄国，为了再参加这回的战役而驶向远东。

（二）

欲向德国政府言明之事

帝国政府确信德国政府根据言明之处，在胶州湾的俄舰如果在被给予的时间内不出港时，能够确实解除其武装。因此，确信对于应被留在胶州湾的同国军舰，德国政府绝不应许允其修理以恢复其战斗力之类事情。

1384 明治37年8月15日驻德国井上公使发与小村外务大臣（电报）

针对德国中立问题的德国报纸评论之事

8月15日午后7：40 柏林发　16日午后2：10 达东京

小村外务大臣驻德井上全权公使　第335号

有关发生在胶州湾的过日之事件，《罗卡鲁·安查依盖尔》报作出如下评论。

俄舰现被解除其武装之事实应证明，对于今此困难之形势，德国政府全然公平之态度。而且，恶意批评者也应不敢以此非难德国政府。尽管从战争之初起德国政府就言明应严守其中立义务，但抱有猜疑心的诸国民，在胶州总督应采取之手段未被世上所知以前就已尝试发难。日本诸报纸于此重大的时机，固然对胶州湾事件之发展予以特别的注意，但是他们（诸报纸）不该不等到看见既遂之事实就攻击非难德国。现在他们也自认性急而有失其判断，而且吾人希望日本舆论亦速归稳静。

其他德国报纸亦以同样之意味评论。

1385 明治37年8月16日驻芝罘水野领事发与小村外务大臣（电报）

值俄舰入港之际，对青岛居留民训示之事

8月16日午前5：00 芝罘发　8月16日前8：53 达东京

小村外务大臣驻芝罘水野领事　第342号

俄舰于胶州湾入港后，本官就电训青岛居留民，信赖德国政厅之保护而不擅自动摇，此外即使敌兵上岸也不表示敌意。因此，居留民以日本人组合

（Japanischer·verein）之名，于 8 月 15 日访问总督，诉说其宗旨。总督对此明言，本官基于本国政府之训令应严守中立，8 月 15 日上午令"切萨莱维奇"号降下军舰旗，且正在着手解除武装，对驱逐舰也执行同样之处理，应拘留乘组员于当地。

本电信向驻清公使电报

1386 明治 37 年 8 月 16 日驻芝罘水野领事发与小村外务大臣（电报）

俄舰"切萨莱维奇"号内收容日本俘虏的情报上申之事

8 月 16 日午前 5：00 芝罘发 8 月 16 日午前 8：50 达东京

小村外务大臣驻芝罘水野领事 第 343 号

出现了在青岛的"切萨莱维奇"号舰内有 3 名日本俘虏之报道。以上与本官先此关于在旅顺日本俘虏报告之处相一致。就此，本官向日本政府建言，立即询问以上实否如何，果真为事实的话，没有迟滞的进而采取相当之措施。

1387 明治 37 年 8 月 16 日驻芝罘水野领事发与小村外务大臣（电报）

一艘日本军舰情报之事

8 月 16 日午前 11：55 芝罘发 8 月 16 日午后 2：15 达东京 小村外务大臣 驻芝罘水野领事 第 346 号

来电，上午 9 时我一艘军舰正向青岛入港。

内田公使向小田切总领事电报

1388 明治 37 年 8 月 16 日驻芝罘水野领事发与小村外务大臣（电报）

青岛入港军舰雷号的事务报告之事

附记出羽司令官电报通牒来自海军次官

8 月 16 日午后 3：40 芝罘发 8 月 16 日午后 7：05 达东京

小村外务大臣驻芝罘水野领事 第 338 号

进入青岛的是雷号，进行普通的访问，12 时半出港。

向驻清公司把电报完毕

（附记）

官房机密第 1148 号

别纸之通出来自出羽司令官，电报有之候，条此段及通牒候也。

明治 37 年 8 月 16 日

海军次官斋藤实（印）

外务次官珍田舍巳 殿

（别纸）

8月16日午前11：30发 8月16日午后2：00达

致海军大臣于青岛出羽中将

"切萨莱维奇"号、"贝斯托拉努依号"、"贝兹西乌姆努依"号、"贝兹波斯查德努依"号昨日解除武装。

1389 明治37年8月16日驻英国林公使发与小村外务大臣

有关遁入胶州湾俄舰的武装解除之事

机密第21号（9月20日接受）

外相兰斯顿侯不日将离开都门，将星期三的惯例面会提前至本日，特向本使要求访问。暂时之告别，旁往访面会致候处谈，涉及逃入胶州湾的俄国军舰之件。同侯事先向驻英德国大使谈到，英国政府正在密切注视德国针对俄舰的处理情况。由内话有之。本使将得自井上驻德公使的本日转送贵电之要领，秘密透露给同侯，告知其在胶州湾的俄舰完全解除武装。同侯表示了颇为满足之意。此段御参考迄报告中进。

敬具

明治37年8月16日

驻英

特命全权公使子爵 林 董（印）

外务大臣 男爵小村寿太郎 殿

1390 明治37年8月17日小村外务大臣发与驻德国井上公使（电报）

有关逃入青岛俄舰乘员的处理希望申入并英国的威海卫关闭之事

8月17日午后2：50东京发

驻德井上全权公使小村外务大臣

第241号

关于贵电第334号，帝国政府以特别之诠议，对令"瓦利扬格"号生存者在宣誓之上归国一事予以同意。然而，据尔后之报道所传，前生存者中的若干为了参与海军战斗行为，再次归来东洋。因此，对这回在胶州湾避难中的俄舰，希望德国政府决定在战争继续中拘留其将校以下士卒于青岛。

其次关于威海卫封闭之报道，事实上英国政府通告不许交战国舰艇使用同港，且不管任何交战国的舰艇，如果不拘前警告进入同港及其领海，立即拘留之，在战争继续中应管守之。

1391 明治 37 年 8 月 17 日小村外务大臣发与驻德国井上公使（电报）

有关我驱逐舰青岛入港向德国政府说明方之事

8 月 17 日午后 9：45 东京发

驻德井上全权公使小村外务大臣

第 242 号

本月 10 日海战的结果为俄舰若干艘在青岛港内避难。得知以上情况后，东乡联合舰司令长官立即分遣由巡洋舰及水雷驱逐舰组成的一舰队，令其沿山东沿海巡逻，以备俄舰从上述德国港出航之时。8 月 16 日，隶属同分遣舰队的一艘驱逐舰进入青岛港内。首先闻知俄舰在同港官宪管理之下解除其武装，不可能最早出至港外。至此，同舰队完全从山东沿海撤回。

唯恐前记舰队之行动或许被解释为针对德国官宪的示威活动，就此贵官于最近的机会面会德国外务大臣代理，以上记意思说明本事。我舰队之行动不过仅是针对从青岛出航俄舰的警惕手段，绝没有针对德国官宪的示威活动之意志。应陈述日本政府对上述情况能予以谅解。

附录三　安重根旅顺狱中陈述记录①

杀人犯被告人：安重根

针对地方法院的审判，是否要提出上诉，前述被告人安重根在作出决定前，向典狱长提出有事呈报高等法院院长。于是，高等法院院长嘱托翻译官国木末喜与之会面，被告陈述如下：

本人对地方法院以杀人被告事件的判决表示不服之处，首先由此陈述。

本人未曾与伊藤（博文）谋面，故没有私怨而将其杀死，乃为国家而绝非个人行为，故不应作为普通的杀人犯来审理，因此地方法院的审判不当，本人不服。

"日韩五条"、"七条协约"并非韩国皇帝及韩国人民希望缔结的条约，乃是日本以武力威压，强制缔结的条约。为反对之，本人发起义兵，且以至杀死伊藤。本人若服从地方法院的此次判决，即等于同意上述协约。由此点来看，也表示不服。

本人是为了韩国，作为义兵中将而采取了行动。日本人亦对此予以承认，日本军队和警察也承认是安应七在咸镜北道、俄国境内为了韩国而采取了行动。此次刺杀行为亦属此一资格之所为，应按照战俘对待，因而应适用于《国际公法》、《万国公法》，由一个普通法院的地方法院来审理判决，甚为不当，违反日韩协约。假令本人服从此一判决，各国将嘲笑日本是个野蛮国家。基于上述理由，本人不服此一判决。

伊藤作为统监来到韩国时，声明谋划皆是为了韩国，但这不过是应付各国的托词而已。其真实想法，与其声明完全相反。仅举一例为证，所有的韩国人均认为缔结《日韩协约》的李完用之流狗彘不如，亦将伊藤视为仇敌。

---

① 《安重根旅顺狱中陈述记录（听取书）》一文由张晓刚译自日文抄件，井上亘教授点读，宋成有教授审校。

如让伊藤活着，则只能危害东洋和平。本人相信，作为东洋一分子，清除如此恶人实乃义务，故将其杀死。因此，将本人作为一般普通的杀人犯来处理，是极大的错误。另外，将本人说成是暴徒，实在令人愤慨之至。由此而言，本人亦表示不服。

伊藤所作所为均是为了中饱私囊，他是蒙蔽日本天皇的威德，为非作歹的恶人。在此前的公审法庭上，检察官指控我谋杀了现今已非统监的伊藤是出于私怨，此种说法是错误的。伊藤在辞去统监之职后，依旧干涉我国内政，造成诸种问题。本人决非出于私怨，亦非作为个人而杀死了伊藤。

伊藤向世界吹嘘说，韩国举国上下，心悦诚服，这与事实完全不符，明眼人一定清楚实际情况如何。在此仅举一例来说明，由于韩国先皇聪明睿智，伊藤难以恣意左右之，遂将先皇废黜，另立不如先皇的现今皇帝。韩国人民自开国以来，未曾侵略过他国，乃是不以武国而以文国之美誉著称的人民。然而伊藤侵略韩国人民，为实现自己的意图，杀害所有人才。让此种人活着，即是危害东洋和平。故此，本人为了东洋之和平，将其从世界上清除，并非以个人身份完成此举。

本人已多次申明，日俄开战之时，日本天皇在《宣战诏敕》中宣布"欲巩固韩国之独立"。另外，《日韩协约》中也有同样的文字。然而，伊藤废除了韩国的军部，将司法权收归日本，行政权也将被收走。这些举动违反了其所宣称的韩国独立之类的承诺，保证韩国皇室的尊严也几乎只是名义上的。在日俄战争中，数万日本青年丧失了生命，围绕签订《日韩协约》亦失去不少人的性命。这都是伊藤的政策不当所造成的。清除此种恶人，出于何故（本人）必须受到过大的惩罚？这如同赦免大盗而严惩小贼一般，本人认为实属不当。

世人皆以为伊藤是 20 世纪的英雄或大人物，对其大加赞扬。在本人看来，他是个微不足道的小人物、奸恶之徒。例如在日清、日俄、日韩关系中，均因伊藤政策的失当，子弹横飞，无一日终止之暇。谚语云：顺天者昌，逆天者亡。《日俄宣战诏敕》宣布"欲巩固韩国之独立"，此乃接受了天意，且为日本皇帝之圣意。开战之当时，无人认为日本会获胜。然而，日本之所以获胜，即由于遵循了"顺天者昌"的道理。伊藤执行违反了日本皇帝圣意的政策，故如今日，使日本韩国陷入困境。有言道，强压之下必有反抗。因伊藤之行为奸恶，且极度强行，故不但不能收揽人心，反而只能激起更为强烈的反抗，其所作所为没有任何可以称道之处。

本人理解伊藤不得不实行如此政策的原因，即日本目前陷入财政异常困难之窘状，为弥补其亏空，对清韩两国推行了众所周知的政策。但此种政策是错误的，如同割取自身的肉来充饥一般，虽一时解决了饥饿，却不知带来更大的痛苦，有识之士无人不讥笑伊藤的此一政策。

日本在东洋的地位若以人体来比喻，恰如头部，所以行事一定要考虑世情，审时度势。然而伊藤之拙劣政策，不仅导致韩国人民，就连俄国、清国和美国等国也在等待日本衰弱的机会。今日如不悔改，必有横祸飞来。日本将对各国背负搅乱东洋和平的罪名。无论如何，日本要对东洋和平担负起责任。有句格言为"过则勿惮改"。我作为外国人秉着对日本负责的态度，怀揣一个成熟的意见。念及在此陈述唯恐有碍，故暂不陈述。

以上是我对东洋和平的形势发展的概述，也是我的行为不构成罪行的理由。如果高等法院院长问及被告所想的政策，本人陈述一己之见也无妨的话，请恕我直言。我的见解或许会被耻笑为愚见，但是，这绝非近日一蹴而就，而是数年来酝酿而成的。如实施我所阐述的政策，日本不仅能稳坐泰山，还能赢得各国至高无上的荣誉。正所谓欲称霸则要施展不同寻常的手段，而日本所采取的政策已很难适应 20 世纪。

总之，日本所采用的手段，无非是仿效古往今来列国一贯的伎俩，即击败弱国、吞并弱国而已。此举最终不能得以称霸，必须要实施列强各国未曾采取的行动。今日的日本正向着一等强国的行列迈进。日本的国民性就是快想快做，这是日本的缺点，也是日本执意要去做的。日本的国民性是速战速决，这是日本之缺点，也是我为之惋惜之处。

日本当前最紧要之处是：第一，财政的整顿，财政对人而言就是"精力"，也就是扶植财政就是强化国家的"精力"。第二，赢得各强国的信用。今日的日本没有得到诸强国的信赖。第三，如上所述，各国对日本虎视眈眈，欲伺机而行，所以希望审慎考虑本人的处理方案。

实现此三大要务的方法如何，窃以为比较容易。唯一要做的就是洗心革面、脱胎换骨，不要任何形式的战争。第一步就在于改变伊藤的政策，伊藤的政策会致使日本失去全世界的信用。如同《日韩协约》一样让人无法心悦诚服，引起反抗心理，毫无可取之处。日清韩如同兄弟，本应亲密相处。可现如今的状况恰如兄弟关系恶化，其中一个人寻求他人的帮助，向世界宣告兄弟间的不和一样。

日本向世界发布改变以往的政策，此举或许难免有蒙羞之嫌，但也是无奈之举。新的政策即开放旅顺、为日清韩三国之军港。将三国的有志之士会聚此地，组建"和平会"并公布于世，以此表明日本并没有野心。我确信将旅顺归还清国，作为和平根据地是上策，也正是我所言的"欲称霸的不同寻常的手段"。掌控霸权需要非常的手段，归还旅顺会让日本感到痛苦但也会得到利益。

世界各国将会惊叹日本的英明决策，并赞赏、信任日本。日清韩三国也将永久和平幸福。就财政而言，旅顺的东洋和平会招募会员，并向每名会员征收一元会费。不用怀疑日本、清国、韩国的人民会有数亿人加入，设置银行，发行兑换券和支票一定得到信任，在金融财政方面将会取得圆满成功。

在各个要地设置和平分会，并设置银行分店，如此这般，日本的金融便可以达到充裕的财政补充，作为旅顺的警备力量由日本出五六艘军舰驻守旅顺港，这样的话，归还旅顺其实与日本占有旅顺没有太大的不同。

以上方法可实现东洋和平，但为了应对列强各国必须要装备军队。日清韩三国分别指派代理员负责装备武装一事，招募三国年轻力壮的青年组建军队，让年轻士兵学习其他两国的语言，语言学习进步的同时，增强兄弟之国的观念。

这样，向世人展示日本的伟大态度，世界也会敬佩、尊崇日本。即便有些国家想觊觎日本，也无可乘之机。这样一来，日本出口增加，财政盈余，安如泰山，与清、韩两国一同共享幸福，亦会对各国产生一个示范效应。毫无疑问，清韩两国将推崇日本为君主，工商业的霸权亦将毫无争议地归属日本，有关"满铁"的申诉也将会无影无踪。如此一来，印度、泰国等亚洲各国纷纷积极申请加盟，日本便可以坐等将东洋收入囊中。

殷商灭亡的警示是各国推举周天子，所以周能掌握天下的霸权。现在，世界各国列强均不能贸然行事。在拿破仑时代之前，都是从天主教教皇得到王冠继承王位的，唯独拿破仑破坏了此规则，但此后无一人能违规称霸。

如上所述，日本若想掌握霸权，日、清、韩三国的皇帝要面见罗马的天主教（皇），起誓并接受王冠，世界将会惊异。目前天主教占据了世界宗教的三分之二，如果得到世界三分之二的民众的信任，其实力将会非常强大。反之（日本）如果与之对抗，终将不能成为强国。

韩国掌握在日本手中，其命运完全取决于日本的方针。日本如贯彻我所概述的政策，韩国也将会从中受益。

现在仍有一事为日本感到不胜悲哀，日俄战争时，称"日"出"露（俄）"灭，此可谓日本全盛时代。然而，今日：清、韩两国人民皆称日本统治每况愈下，此语意为日本处于衰微状态。日本需要引起特别的注意而行使政策，否则将无法恢复（全盛时代），而陷入困境，希望日本当局对此有所反省。

在此被告如此申诉，然而高等法庭院长却判决被告为杀人犯。法庭院长再三告诫说虽然会听取被告的申诉，但不会为本人上诉办理相关的必要的特别手续，关于这一点，本人深明其意。

本人当初就想一死以报效国家，故今日更不会因恐惧死亡而提出上诉。目前本人在监狱撰写了东洋政策及个人传记。而且洪神父从韩国来见本人。3 月 25 日，对于本人所信奉的天主教是具有纪念意义的日子。为了获此会面机会，恳请处刑缓期执行。

记录如上

明治四十三年二月十七日（1910 年 2 月 17 日）

于关东都督府高等法院

记录员：竹内静卫

后　　记

　　笔者于 2000—2004 年在北京大学历史学系攻读世界史博士学位，主修日本史，辅修东北亚近现代史。毕业后，来到大连大学任教。拙著即是我十余年来围绕日本史暨东北亚近代史这一主题陆续发表的相关研究成果的汇编。客观而言，囿于才疏学浅，许多篇章从内容到观点显得很肤浅，从结构到方法亦有诸多值得商榷和需要进一步斟酌之处，成书委实有些仓促。另一方面，近来经常接到同窗、同事及学界同仁们馈赠的专著大作，颇受从众心理的影响，遂按捺不住内心的渴望；虽有些"丑媳妇见公婆"的忐忑，但倘若能出版一本东北亚史研究的"专著"，或将会在心理上得到某些满足。

　　本书的编撰在体例和文章选择上颇费周章，最终确定以这种形式出版，主要基于以下几点考虑：一、由于本人博士论文主要就近代日本开港问题展开研究，加之博士毕业后因教学与科研工作的需要而扩展了研究领域，尤其是近年来申报并获批的几项课题均是围绕"东北亚早期现代化研究"、"中日韩开国与外交"、"中日韩开港与城市社会变迁"等内容展开的，并在期刊杂志上陆续发表了一些相关成果，故在前期积累的基础上确定了《东北亚近代史探赜》作为本书题名；二、在目录与章节的编排上，由于发表的文章长短不齐，体例不一，遂只好按内容或主题划分为"章"，同类文章只排序而不设"节"，于是就有了"第一章：国际政治篇"、"第二章：经济发展篇"、"第三章：军事博弈篇"、"第四章：思想文化篇"等顺序排列；三、书中收录的文章大多曾经公开发表过，但是在收入本书时在内容上作了一些增删，为使本书形成有机的总体，对部分篇章题目亦作了修改；四、书中有些内容相互关联而又独立成章，出于论证主题和突出观点的需要，在某些材料的使用上难免有重复出现的情况，诸如此类。特此说明，希望读者诸君给予理解和海涵。

　　值此拙著即将付梓之际，本人攻读博士期间的指导教师宋成有教授在百忙中寄来了序言，在此谨向老师表示深深的敬意和谢忱。能拜在恩师门下求学，从而真正开始学术生涯，乃是学生一生的光荣和幸福，在北大读博的四年里，先生给我以谆谆教诲和悉心指导，更使我受用终生。

光阴荏苒，在大连大学工作至今已届八载，笔者与大连大学人文学院的各位同仁、大连大学党委工作部的诸位同志以及《大连大学学报》编辑部的几位同事曾经分别共事，亦得到诸多支持与鼓励，在此表示诚挚的谢意。同时，借此机会也感谢多年来在工作中给予我多方关心和帮助的王文波校长、张祖立部长、刘毅院长等老领导。

在拙著编撰过程中，大连韩国学研究院刘秉虎教授、薛志强教授提出了建设性的意见；大连市委史志办王万涛主任、大连工人大学刘功成教授和大连近代史研究所王珍仁研究员亦提出了宝贵的建议；大连大学日本语言文化学院杨华老师、辽宁师范大学俞贤淑老师在资料整理及外文译校方面提供了无私的帮助；大连大学东北亚研究院硕士研究生国宇、刘钦同学花费大量时间对全书做了耐心、细致的校对。对此，笔者深怀感念之情。

最后，向长期在工作上给我以鼎力支持，对家庭默默奉献的妻子和儿子表示深深的感谢。向敬爱的父母和弟弟妹妹们也一并致谢。

书不尽言，言不尽意，拉拉杂杂写下一些文字，权作后记。拙著倘若能对日本史和东北亚近现代史研究者及学习者提供些微帮助或启发，笔者将感到无限慰藉。当然，书中存在的缺点和不足亦显而易见，尚望方家、读者不吝赐教和指正。

张晓刚
2012 年 10 月于大连